高职高专汽车三融合新型教材

汽车电工电子技术

主编 房毅卓
参编 李章宏　邝柏超　汤金池　范宗诚

机械工业出版社

电工电子方面的检测能力偏弱是当前汽车行业专业技术人员普遍存在的问题。本书紧扣高职院校汽车类专业汽车电工电子技术课程教学大纲要求，在反复征求来自不同企业的多位资深技术主管意见的基础上，贯彻"够用为度"的原则，大幅度地简化了电工电子理论教学内容。

本书精选了大量电路检测案例，使学生通过由简单到复杂的电路检测过程强化万用表和示波器的使用能力以及电路读图能力。本书按照任务驱动式课程模式编写而成，包括 8 个项目 18 个任务，理论内容主要包括基本电路与电子元器件知识及其典型应用电路读图；检测技能主要包括万用表、示波器的使用技能以及电路检测思维技能，以培养学生汽车电工电子检测技术中的检测、分析和资料获取三方面的能力为核心目标。

本书提供仿真电路供学生认知和练习电路检测，并以 18 个实际任务作为电路仿真到实际操作之间的桥梁。通过扫描二维码可以链接到微课视频、动画等教学资源，方便教师授课和学生课外学习。

本书可以作为高职高专、中职技校的汽车类专业学生教材，也可作为行业技术人员的培训教材。

为方便教学，本书配有电子课件，凡选用本书作为授课教材的教师均可登录 www.cmpedu.com 免费注册、下载。

图书在版编目（CIP）数据

汽车电工电子技术/房毅卓主编. —北京：机械工业出版社，2019.9
（2021.8 重印）

高职高专汽车三融合新型教材

ISBN 978-7-111-63851-3

Ⅰ.①汽… Ⅱ.①房… Ⅲ.①汽车-电工技术-高等职业教育-教材②汽车-电子技术-高等职业教育-教材 Ⅳ.①U463.6

中国版本图书馆 CIP 数据核字（2019）第 213162 号

机械工业出版社（北京市百万庄大街 22 号 邮政编码 100037）
策划编辑：蓝伙金 责任编辑：蓝伙金 曹新宇
责任校对：王明欣 封面设计：鞠 杨
责任印制：常天培
固安县铭成印刷有限公司印刷
2021 年 8 月第 1 版第 2 次印刷
184mm×260mm · 13 印张 · 2 插页 · 315 千字
1001—2500 册
标准书号：ISBN 978-7-111-63851-3
定价：45.00 元（含工作页）

电话服务　　　　　　　　　　网络服务
客服电话：010-88361066　　机 工 官 网：www.cmpbook.com
　　　　　010-88379833　　机 工 官 博：weibo.com/cmp1952
　　　　　010-68326294　　金 书 网：www.golden-book.com
封底无防伪标均为盗版　机工教育服务网：www.cmpedu.com

高职高专汽车三融合新型教材
编审委员会

高职高专汽车三融合新型教材
编写委员会

主　任：蔡兴旺（韶关学院）

副主任：欧阳惠芳（广州汽车集团股份有限公司）

　　　　曹晓光（广州科技职业技术大学）

　　　　毛　峰（东莞职业技术学院）

　　　　潘伟荣（广东交通职业技术学院）

　　　　王兆海（深圳职业技术学院）

　　　　黄　伟（广东机电职业技术学院）

　　　　夏长明（广州城建职业学院）

　　　　王玉彪（深圳风向标教育资源股份有限公司）

委　员：（按姓氏汉语拼音排序）

　　　　邓志君（深圳职业技术学院）

　　　　房毅卓（广东机电职业技术学院）

　　　　郭海龙（广东交通职业技术学院）

　　　　林锡彬（广汽传祺汽车销售有限公司）

　　　　刘奕贯（南京交通职业技术学院）

　　　　欧阳思（广州汽车集团零部件有限公司）

　　　　邱今胜（深圳信息职业技术学院）

　　　　孙龙林（深圳职业技术学院）

　　　　王丽丽（广州汽车集团股份有限公司）

　　　　王庆坚（广东交通职业技术学院）

　　　　王章杰（深圳风向标教育资源股份有限公司）

　　　　谢少芳（广东交通职业技术学院）

　　　　许睿奇（广州汽车集团零部件有限公司）

　　　　叶冰雪（华南理工大学）

　　　　张永栋（广东交通职业技术学院）

　　　　郑锦汤（广州华商职业学院）

　　　　周　逊（广州珠江职业技术学院）

　　　　周　燕（南京交通职业技术学院）

序　言

为认真贯彻执行教育部文件精神，服务汽车产业升级需要，在市场调研和专家论证的基础上我们列出了"高职高专汽车三融合新型教材"选题 18 种，并组建一流的编写队伍，在一线行业专家和院校名师组成的编审委员会的指导下编写了本套教材。

一、编写的指导思想和原则

本套教材以高职"汽车检测与维修技术"专业为主，兼顾汽车运用技术、汽车电子技术等专业教学需要，包括汽车各专业诸多平台课（《汽车企业文化》《汽车机械识图》《汽车机械基础》《汽车电工电子技术》等）、核心专业课（《汽车维修接待、沟通与管理》《汽车维护》《车载网络系统故障诊断与维修》《汽车发动机管理系统故障诊断与维修》《电动汽车与燃气汽车故障诊断与维修》等 12 本）和典型品牌汽车维修案例等大量教学资源。

1. 编写指导思想

以就业为导向，以岗位需求为核心，努力将职业素养、专业技能与企业文化深度融合（三融合），使学生在学习专业知识和技能的同时，接受职业素养和企业文化的熏陶，培养学生爱国爱岗、敬业守信、精益求精的人格和良好的素养。

2. 编写原则

以"必需、够用"为编写原则，一是以企业需求为基本依据，以培养职业素养、专业技能与企业文化深度融合为主线。二是兼顾行业升级需要和降低城市雾霾等环境保护的新要求，突出新能源汽车等新知识、新技术、新工艺和新方法。三是教材资源包括主教材和学习工作页，为教学组织提供较大的选择空间。

二、教材特色

以企业实际出发，以培养技术应用型技术人才为主，在总结多年教学经验和已有教材的基础上，充分吸取先进职教理念和方法，形成如下特点：

1. 吸收国内外先进职教经验，体现国内示范院校、骨干院校的最新教学成果

认真吸取了中德职业教育汽车机电合作项目（SGAVE），"双高计划"等近年来国内外的最新教学改革成果，认真总结借鉴了参加教材编写院校的许多成功经验，有效提升了教材的思想性、科学性和时代性。

2. 以"项目引领、任务驱动"为主线，实现"知行合一"

教材立足以客户要求和汽车维修过程为导向，以实际任务为驱动，实际职业要求为目标，模拟企业流程，贯穿从任务接受、任务接待、任务准备（含信息资料收集与学习、任务分析、维修计划制订、设备材料准备等）、任务实施（含故障检测、使用维修、安全环保、任务检查等）到任务交付的完整的行动过程。有些教材直接由企业主编（如《汽车企业文化》和《汽车维修接待、沟通与管理》）。结合国内保有量较大的汽车车型，按照学生认识规律，从感性到理性，由浅入深，将汽车的结构、原理、运用、维护、故障检测与维修

有机融合，其间插入学习工作页，促进学、做结合，理论紧密联系实际，着力提高学生实践技能、综合素质和就业能力。教材注重科学性和时代性。

3. 内容上力求反映行业最新技术发展动态

为了尽可能满足行业升级需要，降低城市雾霾等环境保护的新要求，教材引入了车载网络系统、汽车发动机管理系统和新能源汽车等汽车前沿技术，突出汽车新知识、新技术、新工艺和新方法。

4. 体现中职的有效衔接，避免重复或空白

本系列教材从课程体系上既考虑普遍性，也考虑专项针对性，以适应不同层次、不同起点的教学需要。

5. 教材形式活泼，教学资源丰富

教材适应高职学生特点，除了主教材外，还配以学习工作页和大量的教学资源（含PPT、微课视频、动画等），通过扫描二维码可链接教学资源，方便教师授课和学生课外学习。

三、教材编写队伍

本系列教材由机械工业出版社、广东交通职业技术学院、深圳职业技术学院、南京交通职业技术学院等10多所职业院校和广州汽车集团股份有限公司、深圳风向标教育资源股份有限公司等组织编写，并成立了教材编审委员会和教材编写委员会。编写团队包括企业高管、企业专家、技术骨干和院校院/校长、专业名师、学科带头人、骨干教师，结合"双高计划"项目，充分体现了"产教融合，校企合作"的开发特色，有利于教材反映最新的技术和最新的教学成果，为保证教材的质量、水平提供了丰富的资源支持。

教材编写大纲、体例和样章是保证高质量书稿的关键。在教材编审委员会的指导下，参考中德职业教育汽车机电合作项目（SGAVE）课程大纲要求，结合企业需要，列出选题计划，并统一教材编写的指导思想、原则和体例等。通过自荐或他荐方式，拟定了10多名教授领衔主编，并要求主编拟定各自负责的教材编写大纲、体例和样章。每一本教材编写大纲、体例和样章都经过3个专家主审，以便集思广益，许多教材大纲为了精益求精，经过多次反复修改，最后由蔡兴旺教授统一定稿，为保证教材的质量、水平奠定了良好基础。

高职高专汽车三融合新型教材编审委员会
高职高专汽车三融合新型教材编写委员会

前　言

随着电工电子技术在现代汽车上的迅速应用，汽车检测维修中对电工电子方面的检测能力要求越来越高。电工电子方面的检测能力偏弱是当前汽车行业专业技术人员普遍存在的问题。本书在反复征求来自不同企业的多位资深技术主管意见的基础上，贯彻"够用为度"的原则，大幅度地简化了电工电子理论教学内容。本书包括主教材以及学习工作页，注重以学生为主体，使学生通过大量仿真软件验证电格检测检修过程，逐步掌握这类工作的基本流程，逐步形成比较系统的检测、检修思维。

本书根据汽车检测维修工作中为保障汽车电子系统工作安全禁止汽车检测维修人员对电子控制单元内部维修的实际工作特点，大幅度地删减了传统汽车电工电子技术基础教材中不必要的相关电路理论知识。以使用方法最简单的专业电子仿真设计软件"虚拟电子工作台"（Electronics Workbench）软件 EWB5.0 为先导，使读者首先通过"旅游式"的仿真测试工作过程，理解和体验功能电路检测方法，逐步形成电路检修的思路，从而实现高效率、低成本的汽车电工电子技术基础理论与实训有机融合。

全书共分 8 大项目 18 个任务，主要讲授汽车中常用的电工电子电路的基本理论、读图方法、检测方法和思路，逐步培养学生的检测、分析和资料获取三方面的能力。

读者可扫描二维码观看微课视频、动画等教学资源，方便教师授课和学生课外学习。如用于汽车检测维修人员汽车电工电子技术培训，建议项目 3~项目 5 调整为自学内容。

建议：

1. 本书的主要使用对象为高职高专一年级学生。

2. 欧姆定律、电功率、串联电路这三个理论知识必须掌握。

3. 资料查找是当代专业技术人员的基本素质之一，使用本书过程中，查找资料也是学习的任务之一。

本书由资深电子高级工程师、汽车维修电工高级技师房毅卓教授担任主编。编写分工如下：房毅卓编写项目 1~项目 4、项目 8，并对全书进行审阅统稿和教学资源加工制作，汤金池编写项目 6，邝柏超编写项目 5，范宗诚编项目 7。

本书编写及课件制作过程中，得到机械工业出版社、中国汽车技术研究中心、广州汽车集团股份有限公司、深圳职业技术学院、韶关学院、深圳信息职业技术学院、南京交通职业技术学院、广州城建职业学院、广州珠江职业技术学院、华商职业技术学院、深圳风向标教育资源股份有限公司等单位和个人的大力支持与帮助，书中检索了大量汽车网站及汽车教材、论文资料，一并对此表示深深的谢意。

为了使用方便，本书仿真图的图形符号与软件内置图形符号一致，特此说明。

限于编者水平和能力，书中误漏之处难免，诚恳期望得到同行专家和广大读者批评指正。

编　者

目　录

项目 1
用电安全与锡焊入门

011

项目描述

本项目学习使用绝缘电阻表（习称兆欧表）检测绝缘电阻指标的方法，并初步学习汽车电气检修工作中最常用的"绞合连接"导线接线技术工艺，以及电路板焊接技术工艺，为今后的进一步学习和工作打下基础。

项目目标

1. 初步掌握"绞合连接"导线接线技术工艺。
2. 学会使用绝缘电阻表测量绝缘电阻。
3. 认知电烙铁的常见类型，并初步掌握简单的锡焊工艺。

任务 1　绝缘电阻检测与线材接线工艺

任务目标

1. 初步学习使用绝缘电阻表进行电气绝缘电阻检测。

2. 初步掌握电烙铁的使用常识。

3. 初步了解线材接线的技术工艺。

4. 初步体会线材锡焊的基本工艺过程。

5. 了解使用"酸性焊锡膏"的危害。

信息收集

安全是一切活动的重中之重。掌握安全、规范的操作工艺，形成良好的安全意识，是保证人身安全和工作安全的基础。使用绝缘电阻表对工作过程中常用的电子仪器、电工工具、设备进行检查，是保证从事电类检测维修的基本技能和要求。

另外，汽车的使用环境比较恶劣，导线因机械振动、拉扯以及腐蚀等造成断路或接触不良等引起电路故障比较普遍。因此，导线故障修复是汽车日常维修服务工作中一个常见的工作内容。汽车电路使用的导线种类比较多。本任务将学习电气绝缘安全专用仪器——绝缘电阻表的基本使用，以及汽车电路中普遍使用的多芯普通铜导线的"绞合连接"接线和焊接工艺，为今后的进一步学习打下基础。

1.1 绝缘电阻测量

测量电器绝缘电阻的专业仪器叫绝缘电阻表（图 1.1-1）。绝缘电阻表，习称兆欧表，是一种简便、常用的测量高电阻的直读数式仪表。在电气设备实际运行过程中，电气设备绝缘性能往往决定着整个电气设备的寿命。绝缘性能降低，可能导致人员伤亡、火灾、设备损坏等非常严重的事故。绝缘电阻表是测量电气设备绝缘性能最常使用的仪表之一。

图 1.1-1　绝缘电阻表

1. 绝缘电阻表简介

使用电器时，会接触到电器的外壳。如果外壳带电，就可能威胁到使用者的生命安全。外壳是否带电，一般常用试电笔进行检测。但是如果用试电笔检测带地线（汽车上叫搭铁线）（3 脚插头）的电气设备（包括家用电器）或仪器外壳时，试电笔指示灯不亮，则表示这个电器接地良好，使用安全。但用试电笔检测不带地线的电器（如大部分电烙铁等小家电）的金属外壳时，可能会发现有时试电笔指示灯是微亮的，而将 2 脚插头反转插入电源插座后，试电笔指示灯就不亮了。那么，此时使用这个 2 脚插头的电器安全吗？

注意：试电笔只是一个简易的检测仪器，它的主要功能是判断交流电的相线（俗称火线）。在日常工作和生活中虽然它也用于一些电路维修，但它不是用于检测电器绝缘电阻的专业仪器。

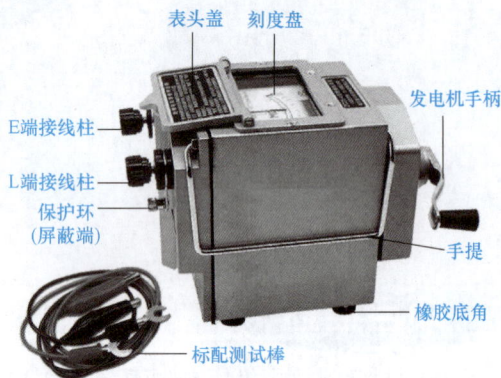

互动提问　万用表的欧姆档也可以测量 10MΩ 以上的电阻，为什么不能用万用表测量绝缘电阻呢？

絶缘电阻的阻值，一般在兆欧级以上，万用表在测量电阻时的电源电压很低（9V以下），在低电压下呈现的电阻值，并不能反映出在高电压下的绝缘电阻的真正数值，因此，为了得到准确的绝缘电阻，必须用备有高压电源的绝缘电阻表进行测量。

万用表测量的一般为低电压下的绝缘电阻，而绝缘电阻表测量的一般为高电压下的绝缘电阻，一般用来测量电路、电机绕组、电缆、电气设备等的绝缘电阻。电工使用的绝缘电阻表根据电压等级的不同，常用的有 500V、1000V、2500V 三种；不常用的还有 5000V 和 10000V 等，用于测量大容量的变压器、发电机、互感器、电力电缆等电气设备。在无特殊规定时，绝缘电阻表应按被测电气设备或线路的电压等级选用，一般额定电压在 500V 以下的设备可选用 500V 或 1000V 的绝缘电阻表，若选用过高电压的绝缘电阻表可能会损坏被测设备的绝缘。

为了正确使用绝缘电阻表，需要先补充关于电源插头的常识。插头按脚位个数分有 2脚、3 脚和 4 脚插头。其中 2 脚、3 脚插头都是用于 220V 单相电器连接电源插座。3 脚插头的接线规则是：左"零"、右"火"（相）、上接"地"（搭铁）。而 4 脚插头下面 3 个脚连接 3相电的相线，上面 1 个脚接地线（搭铁线）。常见与插头对应的插座如图 1.1-2 所示。

记住：3 脚插是单相电插头。

2．绝缘电阻表的使用

1）测量前开路和短路试验。将 L 和 E 端两连接线开路，轻轻摇动手柄，指针应指在"∞"处，这时如再把两连接线短接一下，指针应在"0"处，说明绝缘电阻表是良好的，否则绝缘电阻表有误差。

图 1.1-2　常见电器插座

2）被测设备应断开电源，内部有电容器的设备还应充分对电容器放电，以保证人身安全和测量准确。

3）L 端接到被测设备的"相端"，E 端接到被测设备的"地"（搭铁）。

4）摇把的转速应由慢而快，当转速达到一定值（约 120r/min）时，保持转速均匀稳定后再开始读数。

3．测量标准数据

常温下，常规电气设备和配电电路的绝缘电阻不应低于 0.5MΩ（对于日常运行中的设备和电路，绝缘电阻不应低于 1MΩ）。低压电器及其连接电缆和二次回路的绝缘电阻一般应不低于 1MΩ（注意：在断电后测量）；在比较潮湿的环境不应低于 0.5MΩ；二次回路小母线的绝缘电阻不应低于 10MΩ。Ⅰ类手持电动工具的绝缘电阻不应低于 2MΩ。

1.2　线材接线

导线的种类很多，分类方法也很复杂。汽车中最常见的绝缘多芯铜导线线径很细，又比较柔软，需要采用锡焊进行强化处理。因此，我们采用简单易行的单芯导线常用的绞合连接

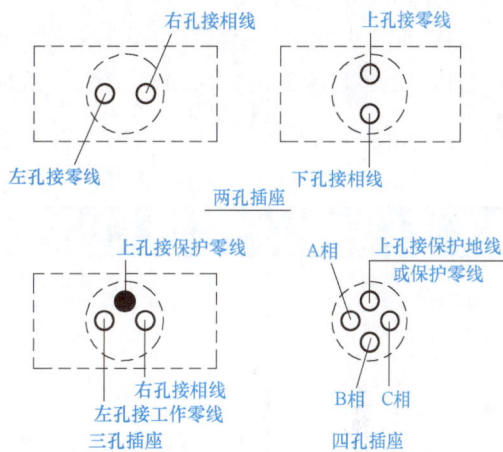

法进行预处理，然后再进行锡焊强化处理。

1. 剥线

剥线的专用工具是剥线钳。剥线钳的种类也比较多。我们推荐使用图 1.1-3 所示的 6.5in（1in＝25.4mm）鹰嘴万用剥线钳。鹰嘴万用剥线钳最大的特点是使用技术简单、剥线质量高。其主要技术指标见表 1.1-1。

剥线步骤如下：

1）根据缆线的绝缘层厚度调节剥胶拉力。

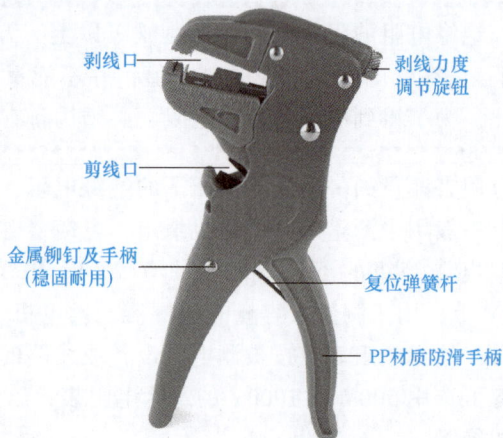

图 1.1-3　6.5in 鹰嘴万用剥线钳

2）调节好剥胶长度。

3）握住剥线工具手柄，将电缆夹住，缓缓用力使电缆外表皮慢慢剥落。

4）松开工具手柄，取出电缆线，这时电缆金属整齐露出外面，其余绝缘塑料完好无损。

表 1.1-1　剥线钳的技术指标

	剥线范围/mm^2	剪线范围/mm^2
单芯线	0.2～3.3	0.08～2.0
多股线	0.2～5.5	0.09～3.5
排线	0.2～3.5	8（最大值）
特点	• 可调节的剥胶拉力，适合不同厚度绝缘外层，不损伤铜芯 • 剥胶长度调节范围 2～20mm • 可剥 8mm 宽幅扁平导线（可多次剥更宽排线） • 设计新颖、良材精工、剥剪轻松	

2. "绞合连接" 接线工艺

在进行"绞合连接"接线前，应注意观察剥出的线芯是否被腐蚀，如果线芯受腐蚀严重，就要考虑更换新导线进行修复。如果芯线受腐蚀比较轻微，可以使用 0 号砂纸边转动导线边打磨线芯，以保证后面锡焊工艺的质量。在处理好线芯后，将线芯绞合在一起。剪去头部少许，使线芯绞合部分齐整，然后使用单芯线的"绞合连接"接线工艺（参见图 1.1-4）进行下列步骤的接线操作：

1）将两导线的线芯头作 X 形交叉。

2）将它们相互缠绕 2～3 圈后扳直两线芯头。

3）将每个线芯头在另一线芯上紧贴密绕 5～6 圈后剪去多余线头即可。

4）接头焊接。

5）绝缘防潮。

近年在汽车维修工作中已开始普及使用热缩管。使用热缩管，不仅可以简化接头的绝缘

操作工艺过程，而且可以提高接线修复段导线的防水效果，对提高接头部分的防腐蚀效果非常有利。

1.3 线材锡焊

1. 电烙铁简介

电烙铁是最常用的焊接工具之一，常用电烙铁的功率为15~500W。一般是根据待焊件的大小来选择电烙铁的功率，待焊件越大，选用的电烙铁的功率也越大。常用电烙铁规格见表1.1-2。

新烙铁使用前，应将烙铁头通电烧热，蘸上松香后用烙铁头刃面接触焊锡丝，使烙铁头上均匀地镀上一层锡。这样做，便于焊接和防止烙铁头表面氧化。旧的烙铁头如严重氧化而发黑，可用细砂纸或钢锉彻底除去表层氧化物，使其露出金属光泽后，重新镀锡，才能使用。

（1）汽车维修中常用的电烙铁 汽车维修中常用的电烙铁有使用220V交流电源的电烙铁和直接使用汽车12V直流电源的25~50W电烙铁（图1.1-5）。

（2）焊锡和助焊剂 焊接时，还需要焊锡和助焊剂。

1）焊锡。焊锡是焊接电气电路接头、电子元件的原料。初学者建议选用质量比较好的锡铜无铅焊锡丝（Sn99.3Cu0.7），这种焊锡丝熔点较低，而且内含松香助焊剂。

2）助焊剂。常用的助焊剂是松香和焊锡膏。使用助焊剂可以帮助清除金属表面的氧化物，既利于焊接，又可保护烙铁头。导线或电路板焊接时最好不要用焊锡膏，残留的焊锡膏对接头的金属导线有腐蚀性，会造成接头在修复的数月后再次出现接触不良或断路故障。

（3）辅助工具 为了方便焊接操作，常使用尖嘴钳、偏口钳、镊子和小刀等作为辅助工具。应学会正确使用这些工具。

图1.1-4 "绞合连接"接线工艺

表1.1-2 常用电烙铁规格

规 格	烙铁头温度	形 状	用 途
AC 220V（16~40W）内热	450~520℃	直柄	电路板、电线连接头焊接
AC 220V（150~300W）外热	620~680℃	直柄/枪式	线材和板材焊接
12V 30W	480℃	直柄	电路板、电线连接头焊接

2. 线材锡焊工艺

锡焊工艺包括：接头预处理、焊接、冷却、检查焊接质量和绝缘处理5个过程。

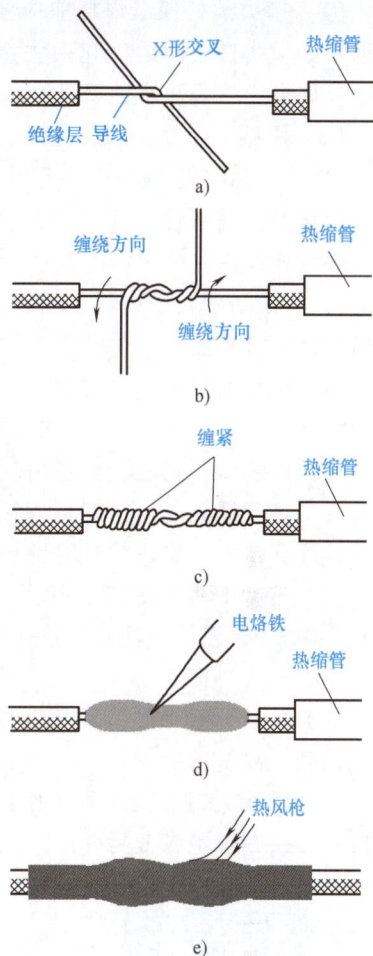

（1）接头预处理　焊接前应注意线材表面是否氧化或被腐蚀。如果线材表面因氧化失去金属光泽，则应用 0 号砂纸打磨；如果线材表面腐蚀严重，则应更换。

（2）焊接

1）右手持电烙铁，左手用尖嘴钳或镊子夹持元件或导线。焊接前，电烙铁要充分预热。烙铁头刃面上要吃锡，即带上一定量焊锡。

图 1.1-5　电烙铁

2）在准备焊接的线材表面镀锡。方法是：一边用烙铁头刃面接触线材表面，一边送锡丝（由于焊锡丝内部有助焊剂，无需另外涂敷助焊剂到线材表面）到烙铁头，使熔化的焊锡顺着线材流动（这时可以缓慢移动烙铁头），直至线材表面均匀布满一层薄薄的焊锡。

3）焊接。电烙铁头与线材接头大约成 60°左右接触绞接好的线材，以便于熔化的锡从烙铁头上流到焊点上（这时可以缓慢移动烙铁头）。烙铁头在焊点处停留的时间与焊点大小有关，焊点越大，停留的时间越长。

（3）冷却　保持焊接件不动，待焊点处的锡冷却凝固后（此时焊锡的光泽已转为银灰色），才可松开左手。注意：这一步非常重要，冷却过程中如果焊接件移动，对焊接质量影响很大。

（4）检查焊接质量　焊接完成后，转动焊接部分的导线，焊接点的焊锡应光亮、圆滑而无毛刺，锡量适中。

（5）绝缘处理　由于汽车使用环境恶劣，导线容易受到潮湿有害气体的腐蚀，因此导线接头必须做好绝缘密封处理。现在流行使用热缩管进行绝缘密封处理。

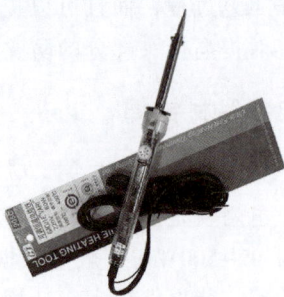

名师点评

1）在焊接过程中，冷却阶段保持焊件不动是焊接质量的保证。绞接头处的焊锡光泽度和圆润度是焊接工艺良好的标志。

2）无论是对线材表面镀锡还是焊接后发现焊锡量不足或过多，都要避免在烙铁头上熔锡后对焊接点的补焊操作。因为在烙铁头上熔锡时助焊剂已经挥发。

3）在日常的线材焊接工作中，禁止使用"酸性焊锡膏"作为助焊剂。因为这类焊锡膏的残留物腐蚀性很强，2~3 个月后，修复的接头会因"酸性焊锡膏"的腐蚀而再次出现故障。

4）在汽车维修工作中，当遇到较大的焊接物件（或者气温较低）时，可能会因为电烙铁功率不够大而无法焊接，这时可以利用热风机吹焊件的同时进行焊接，也可以使用两把电烙铁焊接。

任务总结

本任务学习了使用绝缘电阻表检测电气设备绝缘电阻，以及线材接线技术工艺，基本要求如下：

1）能够在阅读绝缘电阻表使用说明书的基础上，使用绝缘电阻表对实验室常用电气产

品绝缘电阻进行检测。

2）能使用电烙铁对绞接后的线材进行焊接，并能对烙铁头进行维护。

3）初步掌握线材接线的技术工艺。

任务实施

完成学习工作页任务 1。

任务 2　电路板焊接入门

任务目标

1. 加强学习电烙铁的使用技能。

2. 初步体会电路板焊接的基本工艺过程。

信息收集

2.1　电路板常识

电路板一般也称印制（即导线是"印制"上去的）电路板（简称 PCB）（图 1.2-1），是用来承载电路和构建电路的依托板。电路板的用途很广，因此分类方法也比较复杂。根据制造电路板使用的材料分类，可分为有机材质（酚醛树脂电路板、玻璃纤维电路板等）和无机材质（陶瓷电路板、氧化铝陶瓷电路板、氮化铝陶瓷电路板等）。根据电路板的布线层数分，又分为单层板、双层板和多层板。

常用的一种适合初学者和电路功能调试用的印制电路板是有机材质的通用电路板，被称为"万能板"（或"洞洞板"）（图 1.2-2）。万能板是一种按照标准 IC 间距（2.54mm）布满焊盘，可按意愿插装元器件及连线的印制电路板。相比专业的 PCB，洞洞板具有以下优势：使用门槛低、成本低廉、使用方便、扩展灵活。缺点是：元器件之间连线需要自己连接。

注意：万能板也有双层板，初学者一般使用单层板。

2.2　电路板的焊接

电路板的设计制作是一项专业性很强的工作，有兴趣的读者可通过网络了解。本次任务是通过焊接制作一个简单的电路板，了解焊接制作电路板的过程和焊接经验。

焊接制作电路板的过程如下：

1）图 1.2-1 所示的电路板有两个面，有焊盘的一面是用来焊接电子元件引脚的，电子元件的引脚应从另一面通过焊盘的孔穿过来。

2）电路中的元件应按特定规则对电路中的各元件进行布局（本任务电路要求不高，参照电路图布局即可）。

3）焊接过程请参照图 1.2-3 所示的"五工序法"进行元件引脚的焊接（注意：在第 2

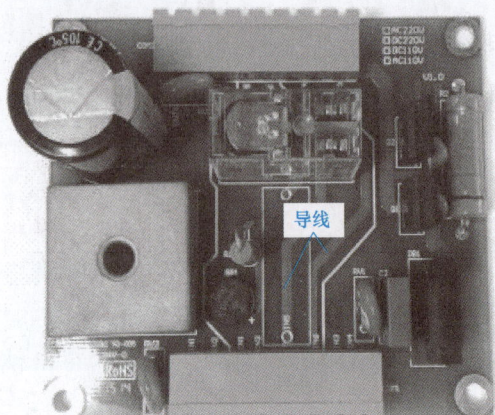

图 1.2-1　电路板

图 1.2-2　万能板

步~第 5 步工序时，不要让烙铁头悬空，可以通过电烙铁头对电路板施加一定的压力，这样可以减少初学者手抖的现象）。

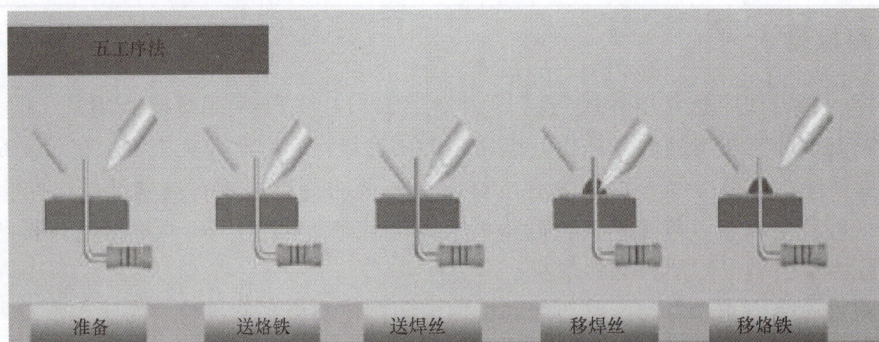

图 1.2-3　五工序法

4）焊接完成后，剪掉多余元件引脚。

5）电路板焊接完成，对电路的焊接质量和电路焊接的正确性进行检查。

6）电路功能测试。

特别说明：

　　汽车产品用电路板焊接完成后，还要进行高低温、振动、电磁兼容性等很多项目的测试。因此，个人由于不具备必需的测试条件，不可对损坏的汽车电控单元的电路板进行维修。所以，本任务学习的目的是让读者了解焊接制作电路板的过程和焊接经验，以备在今后对汽车简单电路单元进行维修，并能应对日常生活中的不时之需。

任务总结

　　本任务学习了简单电路板焊接工艺，基本要求如下：

1）能够根据电路图在"万能板"上正确布局电路中的相关元件。

2）能使用电烙铁焊接简单的电路，并初步掌握电路板制作的基本技能。

任务实施

完成学习工作页任务 2，并完成学习工作页项目考核。

项目2
电路检测及 EWB5.0 仿真软件使用入门

02

项目描述

　　电路检测是电路探究和检修的基础。在加强学习电路基础知识的基础上，通过对最简单电路的仿真检测，学习 EWB5.0 仿真软件的基本使用方法和电位、电压的检测方法，使读者初步了解电位、电压检测的意义。

　　强化中学已经学过的欧姆定律、功率和串联分压电路三个基本电学理论的灵活应用。

　　学生应具有较好的计算机使用基础，通过使用 EWB5.0 仿真软件进行大量的仿真练习，很快熟悉电压表、示波器等仪器仪表的使用，并能够快速掌握电路检测的方法和思维。

项目目标

1. 强化欧姆定律、功率和串联分压电路这三个基本电学理论及其应用。
2. 强化电路中电压、电位的概念。
3. 记住 "在不同的工作电流电路中，接触电阻的标准是不同的"。

4. 初步学习仿真检测电位、电压的方法。

5. 初步学习数字万用表的使用。

任务 3 电路检测

任务目标

1. 加强学习电路基础知识，强化"心中有图"的检修理念。

2. 初步学习电位、电压的概念。

3. 学习万用表基本常识和"蜂鸣档"的使用。

4. 初步学习"跑电路法"。

5. 记住"在不同的工作电流电路中，接触电阻的标准是不同的"。

信息收集

3.1 电路基础知识

现代汽车是机电一体化产品，无论内燃机汽车、混合动力电动汽车，还是纯电动汽车，都包含各种各样的电路，汽车电路的检测能力是汽车专业人员的必备关键能力之一。实际工作中，汽车整车电路看似非常复杂，但需要检测的电路，大部分都是某个单独功能的电路。90%的汽车局部功能电路都属于简单电路。

例如：汽车发电机控制电路虽复杂，但如果单独看某个缸的喷油器或点火电路则非常简单，和我们初中学过的一个开关控制一个灯泡类似。"看懂整体电路，找到目标局部功能电路，并对目标局部功能电路进行检测和状态分析。"——这就是汽车电路检测和检修的核心任务。

1. 电路的组成与基本计算

由于90%的汽车局部功能电路都属于简单电路。掌握简单电路的原理及检测方法十分重要，而且难度也很低。

如图 2.3-1 所示的汽车防雾灯电路，它就是由一些常见元器件组成的电路。这个电路由以下四部分组成：

1）电源。电源（蓄电池）是供给电路电能的设备，它是将其他形式的能（如化学能、机械能、光能等）转换成电能的装置，其作用是向负载提供电能。汽车上常见的电源有蓄电池、发电机等。

2）负载。这个电路中的防雾灯属于负载，在初中的物理课中叫做用电器。它是将电能转换成其他形式的能量（光能）的装置。常见的负载有电灯、电暖气、电动机等。

3）导线。导线（包括车架）在电路中承担电能输送与分配的任务，把电源和负载连接成一个闭合回路。汽车电路中常用的导线以铜导线为主。

4）控制保护装置。控制保护装置用来控制电路的通断并保护电源和负载不受损坏，如开关、熔丝、继电器等。

a)   b)

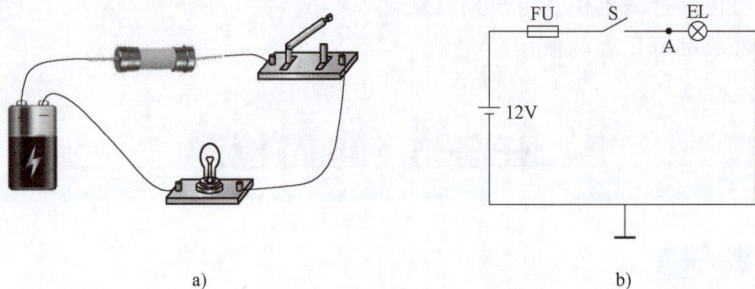

图 2.3-1　汽车防雾灯电路

下面分别说说组成电路的这四个部分在检测和检修中必须注意的主要参数。

（1）电源　电源的主要参数包括电源电压和电源内阻。

1）电源电压：电源的作用是为负载提供能源，电源的输出电压必须和负载的额定工作电压对应。例如，使用汽油机的汽车，普遍使用 12V 电源供电，负载的额定工作电压都是12V。必须注意：负载标称的额定工作电压并不是指负载必须在这个标称值时才能正常工作，电源电压在一定范围变化时，并不影响负载的正常工作。例如，任何时候检查汽车的蓄电池电压，几乎都不是标称的 12V（实测 10.5～13.5V 都是正常的）。

2）电源内阻：几节报废的干电池，测量电池两端电压，可能会达到 1.4V 左右，但装到手电筒中，手电筒的灯却根本亮不了，这就是旧电池内阻太大造成的。汽车有用于简单检测蓄电池内阻的专业仪器，叫做高率放电计。请通过百度了解一下高率放电计的知识。

（2）负载　负载的主要参数是额定电压和额定功率。中学阶段学过这组公式：

$$P=U\cdot I\rightarrow(U=I\cdot R)\rightarrow\quad P=U^2/R\quad R=U^2/P$$

（3）导线　导线种类繁多，它的参数也有很多。在汽车上，不同的部位使用的导线参数也有不同的要求。具体使用要求可查阅维修手册。

实际工作中，导线最常见的问题就是断路和接头部位接触不良。80% 是断路问题，20% 是接触不良问题。导线接头部位接触不良又包括接触电阻大和时断时续两种。导线接头部位存在接触电阻是不可避免的，当接触电阻超出标准时，电路就会出现故障。请记住：在不同的工作电流电路中，接触电阻的标准是不同的。电流越大的电路中，接触电阻应该越小。

例 1　在 12V 电压的汽车上，某控制电路中有 1A 电流流过继电器，该电磁线圈回路中如果只有一个接触电阻为 0.5Ω 的导线接头连接点，那么根据欧姆定律，这个导线接头连接点上就会分配到：$U=I\cdot R=1\text{A}\times0.5\Omega=0.5\text{V}$ 的电压，而继电器电磁线圈上就会分配到12V−0.5V＝11.5V 的电压，11.5V 在 12V 继电器的正常工作电压范围内，因此不影响继电器的正常工作。

例 2　在 12V 电压的汽车上，控制 1 号喷油器的电路中有 10A 的瞬时起动电流流过，如果喷油器电路中有一个接触电阻为 0.5Ω 的导线接头连接点，那么根据欧姆定律，这个导线接头连接点上就会分配到：$U=I\cdot R=10\text{A}\times0.5\Omega=5\text{V}$ 的电压，而喷油器电磁线圈上就会分配到 12V−5V＝7V 的电压，7V 已经不在该喷油器的正常工作电压范围内，因此这个喷油器

就不能正常工作了。

注意:车架既是汽车车身的重要部件,也是汽车电路中最大且最重要的一根导线。很多电器都是利用自己的壳体和车架组成电路的。由于车架的电气连接部位可能出现锈蚀,因此,这些部位电气连接的接触电阻非常容易出问题。

(4)熔丝　熔丝的作用是为当电路出现故障时,防止过大电流造成更大危害而设置的。可以从熔丝熔断的状况,大概判断造成故障的电流大小。如果熔丝腔体透明良好,则可能是电路中出现的瞬间电流过大或者熔丝线脚接触不良造成的,一般直接更换同型号的熔丝就可以了。如果熔丝腔体已经发黑,则肯定是电路中出现的电器严重损坏或短路造成的,必须找到故障原因,才可以更换熔丝。

2. 电路中的电位和电压

(1)电位　电路中的电位是指:电路测量点到参考点(一般指接地点)之间的电压。在汽车电路中,一般以汽车的底盘为参考点(俗称搭铁)。

例如,图 2.3-1b 中 A 点的电位就可以参照图 2.3-2(假设电压电源为 12V)用电压表进行测量。

记为:$V_A = ?$

从图 2.3-2 可见:如果开关 S 闭合,A 点的电位正常情况下应该为 +12V 左右。则排查的重点应放在电压表的左边部分电路。

注意:所有检测都是有明确目的的。检测前必须预判测量点正常值范围,否则测量就完全没有意义。

(2)电压　电路中的电压检测主要是为了确定电路中零部件的工作状态是否正常。

图 2.3-2　A 点的电位检测

例如:图 2.3-2 中,就是用电压表测量雾灯两端的电压。

可以记为:$U_{EL} = ?$

从图 2.3-2 可见:如果开关 S 闭合,雾灯两端的电压正常情况下应该为 +12V 左右。如果为 12V,但雾灯不亮,则排查的重点应放在电压表右边的雾灯电路部分(包括导线、灯座和灯泡)。

有的同学说:"电位测量和电压测量好像差不多啊!"没错,电位测量和电压测量都是使用电压表检测,但侧重点不同。如果图 2.3-2 所示电路的故障是因为熔丝 FU 熔断造成的,测熔丝两端电压就比测熔丝两端电位方便一些。

简单地说,电位测量一般用于划分故障范围;而电压测量一般用于确定故障部位。

例如,检测图 2.3-3 中的 B 点电位。如果 $V_B = +12V$,就说明 B 点左边供电部分基本正常,重点就应该放在 B 点右边部分了。

3.2　"跑电路"法

互动提问　什么是"跑电路"法呢?

所谓"跑电路"法就是利用万用表的蜂鸣档按电路图逐一检测所有电子元件之间的导

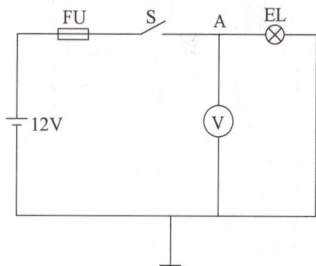

线连接是否正确。

下面以图 2.3-3 为例，具体介绍一下"跑电路"法的工作过程：

首先，注意看图 2.3-3 所示的电路结构规律。

1）电源正极通过开关 S2 分别连接到了 R1 上端引脚，R3 上端引脚，S3 上端引脚。

2）电源负极分别连接到了 R2 下端引脚，S4 下端引脚，R5 下端引脚。

其次，使用图 2.3-4 白色箭头所指的万用表蜂鸣档，短接 2 个表笔，就能听到"哔哔"的蜂鸣声。例如：检查与电源负极到 R2 下端引脚，S4 下端引脚，R5 下端引脚这三条导线。只需先断开电源连线，然后将万用表的一个表笔连接到电源负极的导线上，另一支表笔分别接 R2 下端引脚，S4 下端引脚，R5 下端引脚，每次只要听到"哔哔"的蜂鸣声，就表示这条线没问题了。练习几次，你就会发现，测这三个点，只需要 3~5s 就完成了。

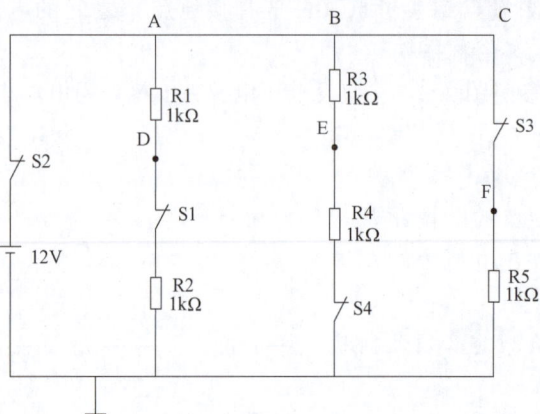

图 2.3-3 电位检测分析

图 2.3-4 万用表蜂鸣档

互动提问 每个电阻都有 2 个引脚，怎么知道哪个引脚是电阻的下端啊？

悄悄地告诉你：反正电路又没通电，2 个引脚都量一下不就行了。相信聪明的你已经知道"跑电路"法怎么用了，一定自己练练啊！

使用"跑电路"法总结如下：

1）使用万用表蜂鸣档，短接 2 个表笔，就能听到"哔哔"的蜂鸣声。

2）断开电路电源！断开电路电源！断开电路电源！

3）对照电路图，先检测连接到电源正极所有导线，再测连接到电源负极的所有导线，然后检测每个支路的所有导线。

名师点评

这个方法很简单，当你一时想不到好办法的时候，简单办法总比没办法强。

另外，在维修工作中，无论使用哪种检测方法进行故障排查，最终都会将故障范围缩小到某局部电路，对于检测连接故障的局部电路，使用"跑电路"法是直观且简单

的方法。

电路在之前维修时被接错，是比较少见的问题，也是电路检修中最头痛的问题。高手依据故障能研判出哪些电路是正常的，可以少"跑"一些电路，新手则会多"跑"一些电路。

3.3　万用表操作使用

万用表是一种多用途电子测量仪器，一般包含电流表、电压表、电阻表等功能，有时也称为三用电表。

常用的万用表有数字万用表和指针万用表。由于指针万用表读数不方便，也不准确，在汽车专业工作中极少使用。

数字万用表用于基本故障诊断，有便携式万用表和台式万用表两种。台式万用表分辨率可以达到七、八位，在汽车专业极少使用。

数字万用表很多特殊功能，但主要功能就是对电压、电阻和电流进行测量。

1. 数字万用表使用前的初步检查

任何测量仪器在使用前都必须对其进行初步检查，保证其工作状态良好。常用数字万用表面板如图 2.3-5 所示。

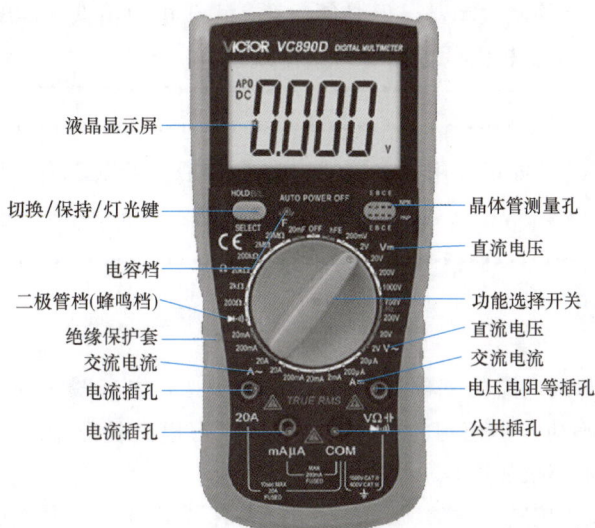

液晶显示屏

切换/保持/灯光键

电容档

二极管档(蜂鸣档)

绝缘保护套

交流电流

电流插孔

电流插孔

晶体管测量孔

直流电压

功能选择开关

直流电压

交流电流

电压电阻等插孔

公共插孔

图 2.3-5　数字万用表

数字万用表初步检查的方法：

1）黑表笔插入 COM 孔，红表笔插入 V/Ω 孔，档位开关旋转至二极管档。

2）按下 POWER 电源开关，瞬间应可以看到显示屏上显示清晰完整的各种字符。

3）连接（一般称短接）黑、红表笔，应能听到清晰的蜂鸣声，液晶屏读数接近于 0。如果显示"1--"，则表示万用表或表笔有故障。如果此时出现闪烁的电池报警符号，表示万用表内部电池即将耗尽，提醒使用者注意更换电池。

2. 数字万用表蜂鸣档的使用

数字万用表蜂鸣档一般是用来快速判断电路的导通性。在通路的情况下蜂鸣器会发出蜂鸣声。也用于检测二极管的状态，红笔输出+电压，常用于检测电路是否导通，在电阻小于50Ω（型号不同而有别）时蜂鸣器便可以发出声响。

这个功能在实际中用于简单判断电路两点之间的电路连接状况时作用很大，可以提高测量线路通断的工作效率，是电子线路检修的必备功能。

蜂鸣档主要用于测量电路两点间的通断，也就是电阻小于多少蜂鸣器就会响。具体操作方法如下：

1）将黑表笔插入 COM 孔，红表笔插入 V/Ω 孔。

2）将量程开关调至二极管档（蜂鸣档），并将黑、红表笔短路，应能听到"哔哔"的蜂鸣声。

3）将两表笔接入待测电路的两点，如果两点之间电阻值低于50Ω，此时内置蜂鸣器会发出声音，表明该电路存在短路现象，若显示数值为"1"，则表明开路。

🔧 名师点评

1）用万用表蜂鸣档检测时，被测电路一定要断电才能用。不要带电检测！

2）仪表屏幕上面显示的不是电阻值（到底是什么意义，以后会学到）。

3）万用表蜂鸣档检测效率高，但必须注意，由于电阻值低于50Ω万用表就会发出蜂鸣声。所以，对于电阻较大的电路有时会出现误判。

💧 互动提问

如果万用表表笔的一根线断了，可以不借助别的材料判断是哪个表笔出问题了吗？

任务总结

本任务的核心是掌握电路的基础知识，初步认识"心中有图"的重要性，并在学习万用表基本常识和"蜂鸣档"的使用的基础上，初步学习电路检测中最简单的"跑电路"法对电路进行检测。基本要求如下：

1）能比较灵活地应用欧姆定律、功率和串联分压电路这三个基本电学理论计算电路中的电阻、电压、电流。

2）能使用万用表检测电路中的电压、电位。

3）理解并记住"在不同的工作电流电路中，对接触电阻的标准是不同的"。

4）能使用仿真软件搭建简单电路，并检测电路中指定位置或元件的电位和电压。

任务实施

完成学习工作页任务 3。

任务4 EWB5.0仿真软件使用入门

任务目标

1. 初步掌握电子仿真软件 EWB5.0 使用方法。
2. 学会使用"跑电路"法检测电路的连接状况。
3. 初步掌握使用"电位测量"法检测电路工作状况。

信息收集

4.1 EWB5.0仿真软件简介

当前流行的电子仿真软件 NI Multisim 14.0 功能强大，但入门较困难，搭建电路效率也比较低。根据汽车电工电子技术课程的需要，笔者认为使用加拿大 Interactive Image Technologies 公司于 20 世纪 90 年代初推出专门用于电子电路仿真的"虚拟电子工作台"（Electronics Workbench）软件 EWB5.0 更为合适。

EWB5.0 最大的特点是界面直观，操作简便。创建电路、选用元器件和测试仪器等均可以直接从屏幕图形中选取，而且测试仪器的图形与实物外形基本相似。

4.2 EWB5.0仿真软件的基本操作使用

1. EWB 的启动和退出

（1）启动和主窗口介绍　由于 EBW5.0 软件版本过低，在使用前，需要执行以下操作：右击 EWB 的启动快捷图标，选择属性/兼容性/兼容模式，勾选以兼容模式运行这个程序：下拉菜单中选择 Windows 98/Windows Me，保存后即可使用，如图 2.4-1 所示。

另外，由于软件兼容原因，在软件使用中如出现屏幕显示异常（如屏幕上出现拖动元件的黑色区域、示波器等仪器界面显示不完整等），可最小化窗口，然后重新显示即可。笔者建议通过双击任务栏该程序图标实现屏幕刷新。

| 常规 | 快捷方式 | 兼容性 | 安全 | 详细信息 | 以前的版本 |

如果此程序不能在这个版本的 Windows 上正常工作，请尝试运行兼容性疑难解答。

　　　　运行兼容性疑难解答

如何手动选择兼容性设置?

兼容模式

☑ 以兼容模式运行这个程序：

Windows 98 / Windows Me

图 2.4-1　兼容模式启动 EWB

双击桌面上 EWB 的启动快捷图标后，屏幕上出现软件名称、版本、版权等初始化信息；稍后，进入主窗口，其界面如图 2.4-2 所示。

在主界面中，屏幕中央最大的窗口为工作台，可以在上面安排实验电路和摆放仪器。工作台上边依次是元器件库栏及仪器库栏、工具栏和菜单栏。菜单栏可以选择电路实验所需的

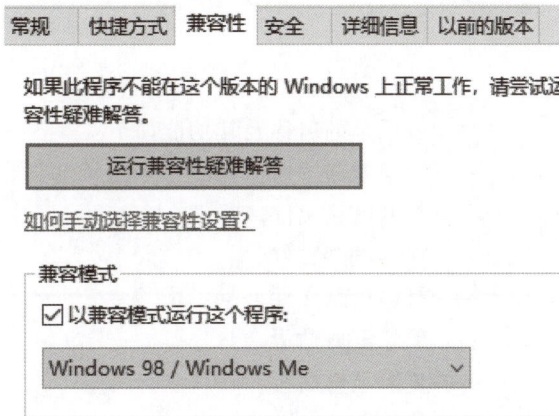

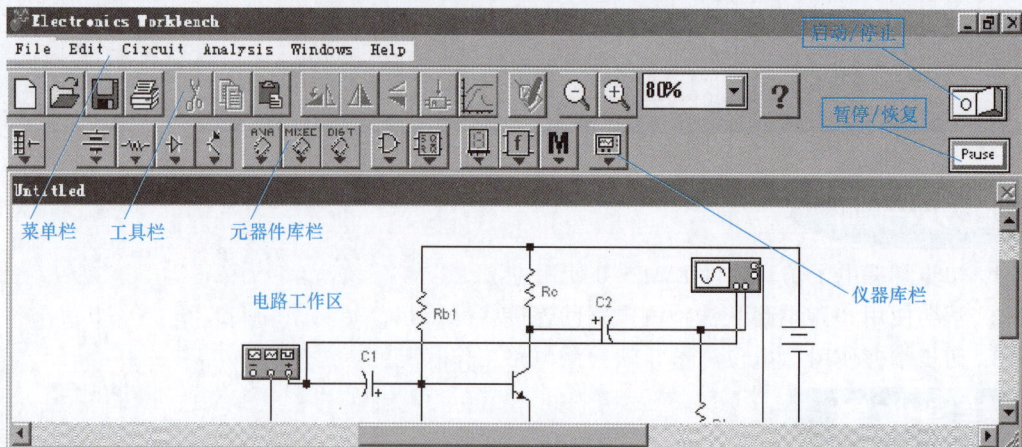

图 2.4-2　EWB5.0 软件界面

各种命令；工具栏包含了电路实验中常用的各种工具；元器件库栏提供了电路实验中所需的各种元器件；仪器库栏提供了电路实验中所需的各种测试仪器。屏幕的右上方是控制电路工作的电源开关。

（2）退出 EWB　退出 EBW 有两种方法。一种是选择主菜单的 File 下的 Exit 命令来退出系统；另一种是单击右上角的"关闭"图标。

2. EWB 的工具栏

图 2.4-3 对工具栏做出了简单的标注。

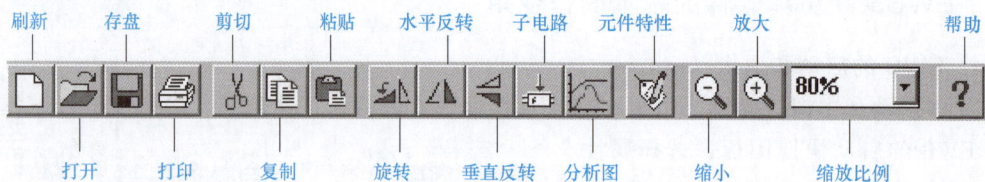

图 2.4-3　EWB 的工具栏

工具栏中各图标的名称及其功能如下：

刷新——清除电路工作区，准备生成新电路。

打开——打开电路文件。

存盘——保存电路文件。

打印——打印电路文件。

剪切——剪切至剪贴板。

复制——复制至剪贴板。

粘贴——从剪贴板粘贴。

旋转——将选中的元件逆时针旋转 90°。

水平反转——将选中的元件水平反转。

垂直反转——将选中的元件垂直反转。

子电路——生成子电路。

分析图——调出分析图。

元件特性——调出元件特性对话框。

缩小——将电路图缩小一定比例。

放大——将电路图放大一定比例。

缩放比例——显示电路图的当前缩放比例,并可下拉出缩放比例选择框。

帮助——调出与选中对象有关的帮助内容。

3. EWB 的元器件库栏

在 EWB 5.0 系统中提供了多个种类的元器件库,这给电路的实验带来了极大的方便。下图为元器件库栏,元器件库栏的各图标含义如图 2.4-4 所示。

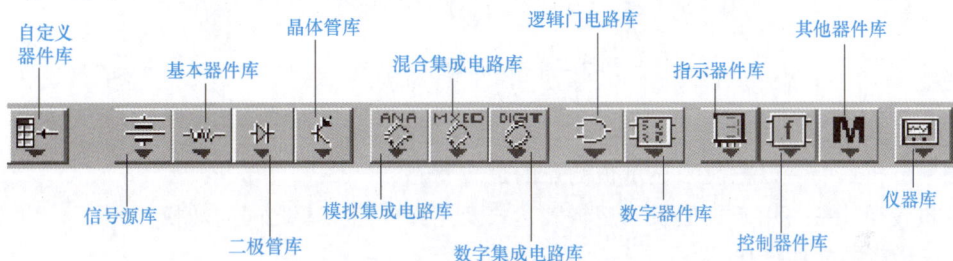

图 2.4-4　EWB 的元器件库栏

单击某一元器件库栏的图标,即可打开该元器件库。

元器件库的主要种类:

信号源库——主要是各种交直流有源元件。

基本器件库——主要有电阻、电容、电感、开关、变压器、连接点等。

二极管库——主要有二极管、硅桥、可控硅等。

晶体管库——主要有晶体管、场效应管等。

模拟集成电路库——主要有各类运算放大器、锁相器等。

混合集成电路库——主要有数模转换、模数转换、555 定时器等。

数字集成电路库——主要有 74 系列和 4000 系列集成电路等。

逻辑门电路库——主要有各种常用的逻辑门等。

数字器件库——主要有组合逻辑器件与时序逻辑器件等。

指示器件库——主要有电流表、电压表、数码显示器、指示灯、蜂鸣器等。

控制器件库——主要有乘法器、除法器、限幅器等。

其他器件库——主要有熔丝、电子管、直流电机等。

注意:指示器件库里的指示灯参数显示的电压参数是最高工作电压,仿真时要特别注意设置指示灯的最高工作电压高于电源电压。

4. EWB 的仪器库栏

单击仪器库栏的仪器图标,会显示出 7 种仪器的图标。各图标含义如图 2.4-5 所示。

7 种仪器的功能如下:

数字多用表——具有自动调整量程的数字显示仪表,用于测量电压、电流、电阻等。

函数信号发生器——用于产生各种频率的正弦波、锯齿波和矩形波信号。

示波器——以波形来显示信号的幅度和频率的变化。

波特图仪——用于测量和显示电路的幅频特性与相频特性。

数字多用表　函数信号发生器　示波器　波特图仪　字信号发生器　逻辑分析仪　逻辑转换器

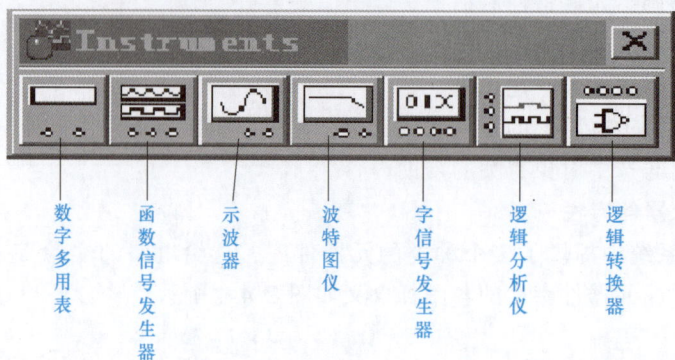

图 2.4-5　EWB 的仪器库栏

字信号发生器——用于产生 16 位二进制数字信号。

逻辑分析仪——以方波来显示被测点的逻辑状态。

逻辑转换器——用于真值表、逻辑表达式及逻辑电路三者之间的转换。

5. EWB 的文件操作

在 EWB5.0 中，用户搭建的各种电路都以文件的形式来存放，其扩展名为 .ewb。

（1）打开文件　要调用一个以前建立的电路文件，选择菜单 File 中的 Open 命令，或单击工具栏中的"打开"图标，屏幕上将弹出一个对话框，通过它，选择要打开文件所在的驱动器名、路径和名称后，单击"打开"按钮或双击所选的文件名即可打开。

（2）建立新文件　建立一个新的电路，选择菜单 File 中的 New 命令或用鼠标左键单击工具栏中的（新建）图标。这时，屏幕出现一个空白的工作台，你就可以进行新的实验了。

（3）EWB 的编辑操作　一个电路搭接好后，往往要对它进行编辑和修改，可采用 Edit 下的命令。单击 Edit 菜单，屏幕出现以下子菜单：

1）剪切。用于移动所选择的元件或文字。用鼠标选中要剪切的元件或文字，再选择 Cut 命令或单击工具栏中的"剪切"图标，剪切的内容被移到剪贴板中。

注意：仪器是不能被剪切的。

2）复制。用于复制所要的元件或文字。用鼠标选中要复制的元件或文字，再选择 Copy 命令或单击工具栏中的"复制"图标。

3）粘贴。将剪贴板中的信息粘贴到电路所需的位置。将光标移到要粘贴的位置，再选择 Paste 命令或单击工具栏中的"粘贴"图标。可把用剪切或复制命令存放到剪贴板的信息粘贴到某位置。

4）删除。用于永久地移走所选择的元件或文字。用鼠标选中要删除的元件或文字，再选择 Delete 命令即可。由于被删除的内容不能恢复，故使用必须小心。

5）全选。该命令将光标所在的工作窗口中的所有元件、仪器和连线均置成高亮。

6）部分复制。用于复制全部或部分内容到剪贴板。选择 Copy as Bitmap 命令，用变成十字形的光标拖出一个包围你所选内容的矩形，再释放鼠标按键，其内容被拷贝到剪贴板中。

6. EWB 的基本操作方法

（1）元器件的操作

1）调用元器件。调用元器件时，单击要调用元器件所在元器件栏的图标，弹出一个元器件库，然后将元器件从元器件库中拖曳至电路工作区即可。将光标移到所需的元件上，按住鼠标的左键，将该元件直接拖到工作区合适的位置放掉，即完成元件的调用。按上述方法，我们在不同的元器件库中依次调出电路中所需的晶体管、电阻、电容、电源、接地等元器件。

注意：图中元器件的标称值是默认值。

对于有些集成电路，在调用时需确定它的具体型号。以调用 TTL 数字逻辑集成电路 74 系列中的 7400 为例，当把 Digital　IC 元器件库栏中 74 系列 IC 的图标拖到工作区放掉时，会弹出一个列表框，从中选择集成电路的具体型号，再单击"Accept"即完成调用。

如果要删除某一元件，可直接把该元件用鼠标拖回到对应元器件库图标中或先选中该元器件，单击工具栏"剪切"图标即可。

2）选取元器件。从元器件库中调出的元器件放到工作区时是红色的，这是它的选中状态。在此状态下，可以对元器件进行剪切、复制、移动、旋转、删除、设置等操作。

在电路中要选中某元器件，只需单击该元器件即可。凡被选中的元器件，以红色显示，以便识别。

如果要同时选中工作区中一组相邻元器件，可以在这组元器件的适当位置拖曳画出一个矩形区域。包围在该矩形区域内的这组元器件即被同时选中。

如果要取消某元器件的选中状态，只需单击电路工作区的空白部分即可。

3）移动元器件。为了使电路符合要求，布局合理，方便连接，可以适当地移动和调整元器件的位置。如果要移动一个元器件，用鼠标左键单击某元器件，其颜色变红，该元器件被选中；按住鼠标左键，可以把元器件移动到任何位置。

如果要移动一组元器件，先选中该组元器件，其后用鼠标左键拖曳其中任一元器件，则所选中的这组元器件可一起移动。

4）元器件的旋转和反转。在元器件选中状态下，每单击一次工具栏的"旋转"图标，元件逆时针旋转 90°；另外两个图标的功能只能使元器件垂直或水平翻转。

注意：有些元件是不能旋转的，如集成电路。

5）设置元器件标号和标称值。对于电路中的多数元器件都应有一个固定的标号和标称值。EWB 对常用元器件的标称值有一个默认值，如电阻默认值为 1kΩ；电容默认值为 1000μF 等。如何正确标注一个元器件呢？以电阻为例，在选中状态下，用鼠标直接双击该元件，弹出一个对话框，可输入数据。其中在 Label 项中的 Label 框中输入该元器件的标号；在 Value 项中的 Resistance（R）框中输入该元器件的标称值。

对于晶体管、集成电路等元器件，只需选择元器件的标号和型号。以 NPN 型晶体管为例，在 Models 项的 Library 框中选择以不同厂家命名的元器件库；在 Models 框中选择元器件的具体型号，单击"确定"即完成设置。

右击该元器件，可弹出一个菜单，选择 Component Properties 命令，也可完成对元器件的有关设置。不同元器件的设置内容并不完全一致，在使用时应加以注意。

6）元器件的故障设置。EWB 可供人为设置元器件的隐含故障。双击该元件，在弹出的对话框中选择 Fault 选项，可任意设置漏电、开路、短路或无故障状态，为电路的故障分析教学提供了方便。

（2）导线的操作

1）导线的连接。当元器件和元器件的引脚连线时，将鼠标移到一个元器件的引脚上，在出现一个黑色圆点时按下鼠标左键，移动鼠标在屏幕上拖出一条连线到要连接的另一个元器件的引脚，当出现黑色圆点时松开鼠标左键，一条连线连接完成。

如果是元器件引脚和线段相连，将从元器件引脚拖出的连线移到要连接的该线段上，当出现一个小圆圈时，松开鼠标，连接结束。

2）导线的删除与改动。删除导线最快的方法是：将鼠标移动到和该线相连的一个接点（每个接点有四个方向），把鼠标移到接点靠该连线的一侧，会发现出现一个黑色圆点。此时，按住鼠标左键，该连线发生形变。这时向外移动鼠标，即可删掉该连接导线。

删除导线最稳妥的方法是：右击要删除的连线，这时弹出一个菜单，选择 Delete 命令，在弹出的对话框中选择"是"，即可删掉该连接导线。

也可将拖曳移开的导线连至另一个接点，实现连接导线的改动。

3）改变导线的颜色。在复杂电路中，为避免线多而发生混淆，可将连接导线设置为不同的颜色加以区分，有助于对电路图的识别。要改变导线颜色，双击该导线，在弹出的对话框中，选择 Schematic Options 选项，按下 Set Wire Color 按钮，在弹出的颜色选择框中选择某一颜色，按"确定"后即可完成导线颜色的设置。

4）"节点"的使用。"节点"存放在基本元器件库中，将其取出后可用于元器件和导线的互联。

注意：一个"节点"最多可以连接来自四个方向的导线。当你需要在一根导线上连接另一根导线时，请记住在要连接的位置先放置一个"节点"。

5）向电路中插入元器件。将元器件直接拖曳放置在导线上，然后释放即可将该元器件插入电路中。

6）从电路中删除元器件。先选中该元器件，单击工具栏（剪切）图标即可。

（3）仪器的调用与连接　仪器库存放有 7 台仪器可供使用。这些仪器每种只有 1 台。调用仪器时，单击仪器库栏中的仪器库图标，在弹出的仪器库中找到需用的仪器图标（各种仪器在仪器库中只用图标表示），用鼠标拖曳出所需仪器图标放到工作台合适位置，仪器即调出。

仪器调出后，要注意仪器与电路的连接。每台仪器都有若干连接端子，用于将仪器和电路的连接。仪器和电路的连接与元器件和导线的连接一样，但要注意区分仪器各连接端子的功能，不要盲目连接。

需要观察测试数据与波形或需设置仪器参数时，可以双击仪器图标即可打开仪器面板，然后可自行观测或设置仪器参数。

不使用的仪器可用鼠标拖曳到仪器库栏存放，也可以删除。此时与仪器相连的导线会自动消失。

7. 电路仿真

（1）电路仿真前的准备工作　电路搭接完毕，确信连接无误后，就可以对它进行各种仿真测试。我们可用 EWB 提供的各种仪器来测量和观察电路的工作特性，以观测电路是否符合设计。

要求在仿真操作之前，必须对显示模式和分析模式等加以设置，使仿真结果更接近实际

设计的效果。选择 Circuit 菜单下的 Schematic Options 项,屏幕上显示:(栅格)、(显示/隐藏)和(字体)三个选项的设置。单击不同的选项,在弹出的选择框中,根据提示,单击所需的设置,当方框中打上"√"时,则该项设置有效,否则无效。

(2)电路仿真的启动、暂停和停止

1)启动:单击工作台左上方的电源开关,就可启动电路工作,开始仿真。

2)暂停与恢复:单击电源开关下方的 Pause 按钮,它立刻变为凹进的 Resume 按钮,则暂停仿真。如果要继续仿真,再单击 Resume 按钮即可恢复。

3)停止:在启动状态,再单击一次电源开关,即可停止电路仿真。

(3)故障模拟(图 2.4-6 所示) EWB 软件具有元器件故障模拟功能。可以方便地看出元器件在出现故障时对电路产生的影响。我们可对电阻、电容、晶体管、集成电路、接点等元器件,模拟其开路、短路、漏电等故障。以接点为例,双击需要模拟故障的接点,弹出一个选择框,单击 Fault 项。单击要模拟故障的引脚号,其相应框中会出现"√";然后单击四种故障模拟方式中的一种。选中后,选项边上的圆圈中出现"·",最后单击"确定"按钮来确认。设置完毕后,可以通过观察波形等手段,来了解故障元器件对电路产生的影响。

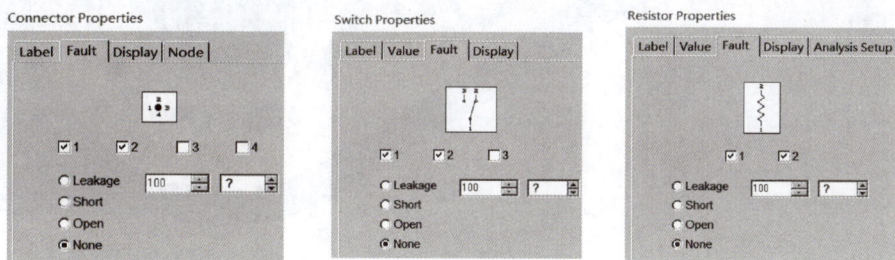

图 2.4-6 故障模拟设置

任务总结

本任务通过电子仿真软件 EWB5.0 的入门学习,重点学习用"电位测量"法检测电路工作状况技术;强化电路的基本概念,并通过电子仿真强化"跑电路"法检测电路的连接状况的技能。基本要求如下:

1)能口头说明电源、导线、开关部件、负载各自的主要参数,以及它们之间的相互联系。

2)能使用仿真软件搭建简单电路。

3)能用仿真软件提供的万用表的电阻档对电路进行"跑电路"法检查。

4)能使用仿真软件提供的电压表检测电路中的电位和电压。

任务实施

完成学习工作页任务4,并完成学习工作页项目考核。

项目 3
电子元件常识及 EWB5.0 仿真软件应用

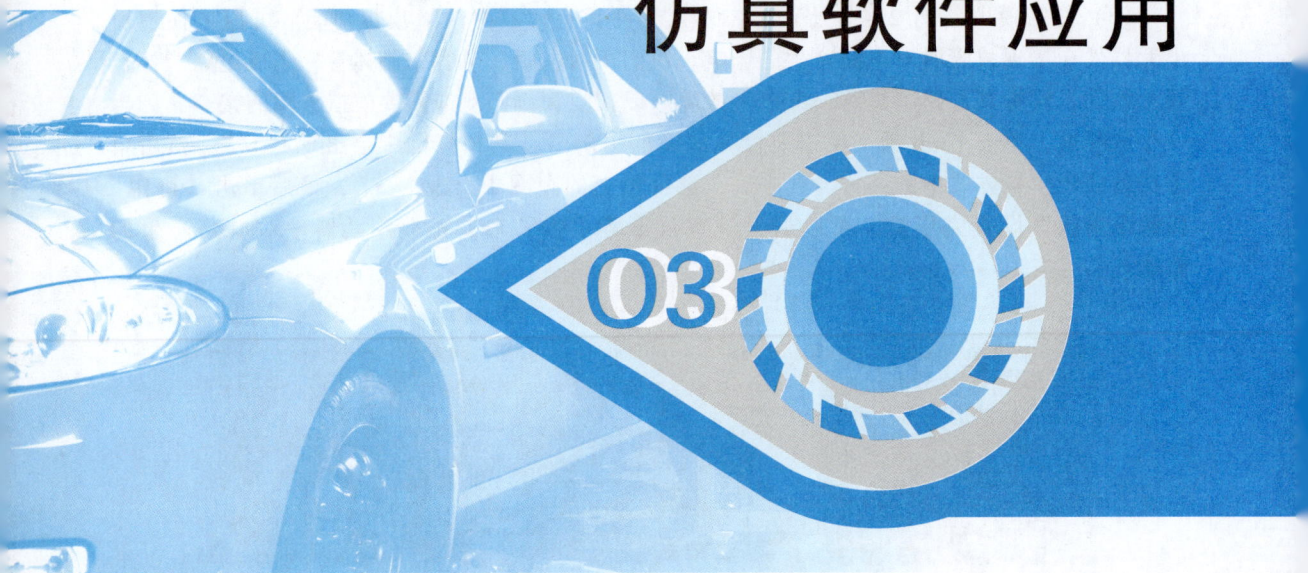

03

电子技术在汽车上的普遍应用是现代汽车技术的重要标志。本项目主要学习电子元件的概念和应用常识。

由于汽车检测维修工作中不涉及电子单元内部维修，本着"够用为度"的职业教育思想，本项目将通过指导读者使用专业电子仿真软件进行典型应用电路的功能验证过程进行学习。在仿真验证学习的过程中，读者将通过反复练习，强化基本电路理论、简单电路识图能力、电路检测思维、万用表应用技能、示波器技能、网络资料检索这 6 项核心专业能力的培养。

项目目标

1. 在使用仿真软件提供的电压表、电流表进行仿真电路检测的基础上，能够使用真实的万用表对继电器构成的二次控制电路进行检测。

2. 在使用仿真软件提供的示波器对电路进行仿真检测的基础上，能够使用真实的示波器对 1 路低压电路的信号波形进行检测并读取信号的周期、最大值、占空比。

3. 能够记住并应用欧姆定律、串联分压电路原理分析检测到的数据。

4. 能灵活使用仿真软件进行"跑电路"法、电位检测法、电压检测法进行简单电路检测。

5. 掌握开关、继电器的基本检测方法。

6. 初步学会使用 EWB5.0 仿真软件搭建简单电路,并对电路进行仿真检测。

7. 初步掌握汽车温度传感器、光敏传感器的基本特性和基本检测方法,以及其应用电路的结构和检测方法。

8. 了解电阻、电容器、电感、二极管、晶体管的基本特性,并使用仿真软件检测以了解其典型应用电路的基本特点。

任务5 开关控制电路的检测

任务目标

1. 初步学懂两种开关控制电路的检测方法。
2. 强化学习使用 EWB5.0 电路仿真软件。

信息收集

5.1 开关控制电路的两种基本结构类型

在汽车电路中,开关控制电路占 90% 左右。掌握好开关控制电路的检测思维和方法,在汽车电路的检测与维修工作中是至关重要。

开关控制型电路如图 3.5-1 所示,主要有控制接地型(即搭铁型)和控制电源型(即控制相线型)两种结构类型。

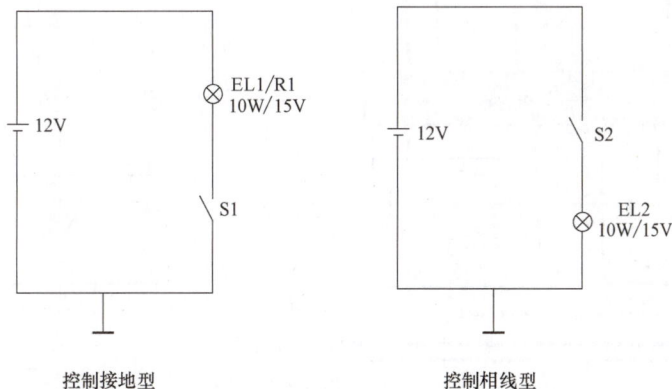

图 3.5-1 开关控制型电路

从图 3.5-2 所示的某早期车型的汽车常规电器电路图中可以看出,它们大部分都是图 3.5-1 所示的两种电路结构,只是控制开关的符号不同。

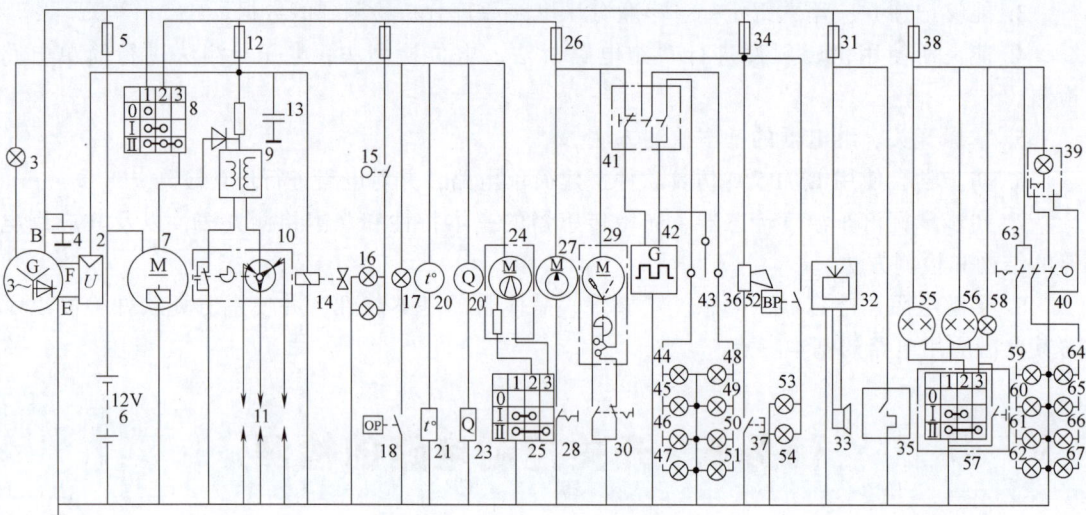

图 3.5-2　汽车常规电器电路图

再请看图 3.5-3 所示的丰田卡罗拉轿车发动机喷油器（图中右下方蓝线框内的 4 个元件就是喷油器）控制电路，4 个喷油器下端引脚连接到蓄电池正极，喷油器上端引脚由发动机电控模块（图中 ECM）的开关元件来控制喷油器的工作状态。

图 3.5-3 中的喷油器控制电路部分的等效电路如图 3.5-4 所示。由图 3.5-4 可见，喷油器控制电路本质上就是控制接地型开关控制电路。只是开关元件放置在了电控模块内部，开关元件的状态由电控模块程序控制。

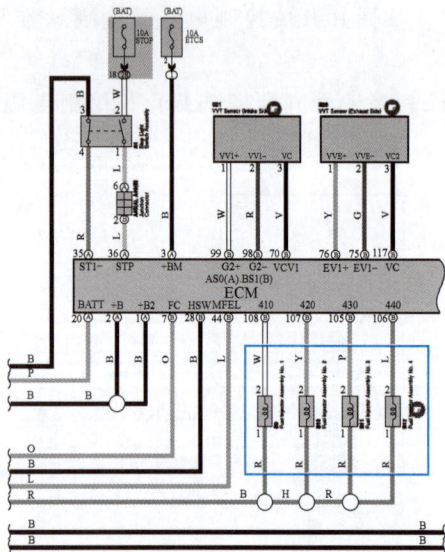

图 3.5-3　丰田卡罗拉轿车发动机喷油器控制电路

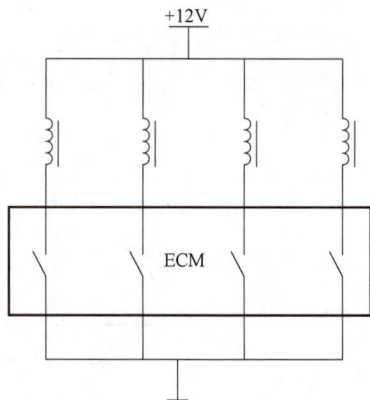

图 3.5-4　喷油器控制等效电路

开关元件有很多种。例如，我们日常生活中的开关就有墙壁电灯开关、声控开关、电风扇调速开关、电视或空调用的红外线遥控器等各种不同的开关。但是，无论开关元件是哪种类型的，它的作用都是控制负载工作在不同的状态。因此，"开关控制电路的检测几乎大同

"小异"，真正理解了这句话，并掌握控制接地型和控制电源型这两种结构类型的开关控制电路的检测思维和方法，是本门课程的核心目标。

互动提问

这两种结构类型的电路如果出现以下故障，你相信自己有能力通过检测找到故障点并通过更换相关部件排除故障吗？

1）无论开关断开或闭合，灯泡始终不亮。

2）无论开关断开或闭合，灯泡始终都亮。

3）开关断开时灯泡不亮，开关闭合时灯泡发光暗（"发光不正常"）。

4）开关断开时灯泡不亮，开关闭合时灯泡有闪烁，而且这一路的灯泡经常坏。

5）开关控制灯泡工作状态的功能正常，但灯泡无规律损坏。

如果能通过检测找到故障 1）、2）的故障点并通过更换相关部件排除故障，你的本次任务的学习成绩就是"合格"；如果能通过检测找到故障 1）、2）、3）、4）的故障点并通过更换相关部件排除故障，你的本次任务的学习成绩就是"良好"；如果能通过检测找到故障 1）、2）、3）、4）、5）的故障点并通过更换相关部件排除故障，你的本次任务的学习成绩就是"优秀"了。

名师点评

1）"通过检测找到故障点"和"找到故障原因"是不同级别的诊断，找到故障原因是水平更高的级别。汽车检测工作的目标不是"找到故障原因"，而是找到发生故障的部件。

2）"通过更换相关部件排除故障"是现代汽车的维修规范。无论损坏的部件多么昂贵，都应该采用"换件式"维修方式。因为汽车对安全性要求很高，对于仅仅是修复了功能的部件，我们没有能力检测被修复部件的其他安全性能指标，也就无法保证该部件安全性。

3）开关常见的故障有三种：不能闭合、不能断开和接触不良（包括接触电阻大和断、续通断）。

5.2　两个电阻组成的串联电路的电压分配关系

互动提问

下面这个公式还记得吗？

$$\frac{U_2}{U_1}=\frac{R_2}{R_1}$$

对，这是两个电阻的串联电路的电压分配关系公式。

如果把图 3.5-5 中的灯泡（额定电压 12V）电阻标为 R_1，开关电阻标为 R_2。则：

1）当开关闭合时，$R_2=0$。由图 3.5-5 可知，电路中的电流应为灯泡工作电流。根据上

面的公式，可知：

$$U_2 = IR_2 = I \times 0 = 0;$$
$$U_1 = 12V - U_2 = 12V - 0 = 12V;$$

即：灯泡 R_1 两端的电压为 12V，所以灯泡就应该亮（正常发光）。

2）当开关断开时，$R_2 = \infty$。由图 3.5-5 可知，电路中的电流为 0。根据上面的公式，可知：

$$U_1 = IR_1 = 0 \times R_1 = 0;$$
$$U_2 = 12V - U_1 = 12V - 0 = 12V;$$

即，灯泡 R_1 两端的电压为 0V，所以灯泡就应该不亮。

以上计算很简单，但这是开关控制电路计算的最基本理论知识，也是检测开关控制电路的最低理论要求。

欧姆定律和两个电阻的串联电路的电压分配关系公式必须记住，并能够灵活应用。

$$U = IR$$
$$\frac{U_2}{U_1} = \frac{R_2}{R_1}$$

电路检测对理论的要求不高，但没有以上这两个的最基本理论知识作为基础，电路检测学一辈子也还是门外汉。

图 3.5-5　串联电路

5.3　开关的检测

开关是在电路中应用最普遍的电气元件之一。因此，学会开关的检测至关重要。开关的种类很多，本任务仅对最简单的触点开关（无触点开关后续任务中会学习）的检测进行学习。

开关的检测和很多的电气元件检测相似，分为离线检测和在线检测两种。所谓电气元件离线检测，就是使用专用仪器对电气元件单独进行检测。而电气元件在线检测，就是不将电气元件从实际电路中拆下来，而使用仪器对电气元件的不同工作状态进行检测，进而判断电气元件好坏。在实际电路检测时以在线检测为主。

1. 开关的离线检测

日常工作中一般使用万用表电阻档对开关进行粗略的检测，万用表电阻档的使用方法请通过网络搜索学习。

粗略的检测开关的方法很简单，使用万用表电阻档的最小测量档位（一般是 200Ω 档）进行检测。具体方法是：把万用表的红、黑表笔连接到开关的对应引脚。当开关断开时，万用表读数显示为"超出量程"（不同型号的万用表显示方式不同，请阅读万用表说明书）；当开关闭合时，万用表读数显示接近于"0"（这里检测的是开关内部触点的接触电阻）。

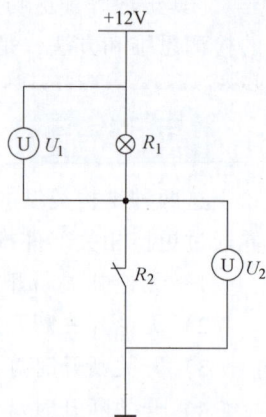

> **名师点评**
>
> 1）开关需要检测的参数很多，专业生产厂家检测开关都是用专用的仪器的。
>
> 2）控制电路中的电流越大，要求开关的接触电阻越小，对于工作电流超过 10A 的大电路，这样粗略的检测不一定可靠。

2. 开关的在线检测

开关的在线检测方法如图 3.5-5 所示，一般使用电压表通过检测开关或负载两端的电压间接来判断开关的好坏。

1) 当开关闭合时，根据前面的理论分析，开关两端的电压应接近于 0，而负载两端的电压应接近于电源电压。

2) 当开关断开时，开关两端的电压应接近或等于电源电压；而负载两端的电压应接近于 0。

互动提问

可否试试用初中学过的串联电路电压分配关系解释一下以上两个结论？

使用电压表通过检测开关两端的电压来间接判断开关好坏的方式既适用于小电流电路，也适用于大电流电路。这种检测方法的本质是对电路理论中的欧姆定律的一种实用形式的应用。

例如：对于图 3.5-5 所示电路，如果灯泡功率为 12W，则电路中的工作电流为 1A。当开关闭合时，开关两端的电压应接近于 0；当开关断开时，开关两端的电压应为 12V。如果开关内部触点接触电阻大于 0.5Ω，则当开关闭合时，开关两端的电压就会超过 0.5V，这样就可以立刻判断出开关可能内部接触不良。

如果灯泡功率为 1200W，则电路中的工作电流为 100A。当开关闭合时，开关两端的电压还是应接近于 0；当开关断开时，开关两端的电压还是应为 12V。如果开关内部触点接触电阻大于 0.5Ω，则当开关闭合时，就会导致灯泡两端电压远小于 12V，而开关两端电压远远超过 0V，这样就可以立刻判断出开关可能损坏。

名师点评

1) 在做任何检测操作前，必须知道将要检测到的数据正常范围（如，开关闭合时，开关两端电压应接近于 0）；如果不知道就不要做无意义的检测了。

2) 对于电路中含有大电感负载的高压大电流电路（例如，电动汽车的电动机电路），必须在开关状态稳定后再实施检测，读数完毕应移开万用表的两个表笔！

案例　某电气工程师在检测一个大功率抽水机的控制交流接触器（类似于继电器）的输出触点间的电压时，在操作交流接触器断开的瞬间，万用表表笔前端金属部分被强烈的瞬间电弧熔化掉数毫米，护目镜保护玻璃和手套的外表面也被瞬间气化的金属蒸气污染成黑色。

如果在这个事故中，电气工程师没有戴护目镜和手套，那将对他的眼睛和手造成严重的损伤。

名师点评

大功率抽水机内部的电磁线圈相当于一个自感系数很大的电感器，它的储能也非常大，当突然断开其电源时，其自感产生的电压可能会击穿万用表内部的保护元件，进而形成很大的瞬间电流。

任务总结

本任务学习汽车电路中应用最多的两种开关控制电路的检测方法，通过电路仿真过程，体会并学懂简单开关型控制电路的检测维修。具体要求：

1）掌握两种开关控制电路的电路结构。

2）使用 EWB5.0 电路仿真软件对两种开关控制电路进行检测，体会两种开关控制电路的不同特点。

3）通过仿真练习，体会在开关型控制电路中，负载无论是灯泡还电动机或其他性质的负载，检测方法和数据变化规律都是差不多的。

4）通过实物电路板检测，强化对两种开关控制电路的"感觉"（即：维修思维）。

任务实施

完成学习工作页任务 5。

任务6 继电器控制电路的检测

任务目标

1. 初步学懂汽车电路维修的基础核心能力——含继电器的简单开关型控制电路的检测维修。

2. 强化学习使用 EWB5.0 电路仿真软件。

3. 学会使用仿真软件搭建和检测含继电器的简单二次控制电路。

4. 掌握含继电器的简单开关型控制电路的检测维修。

5. 掌握在含继电器的开关型控制电路中，负载无论是灯泡还是电动机或其他性质的负载，检测方法和数据变化规律都是差不多的。

信息收集

6.1 机电继电器简介

如图 3.6-1 所示的机电继电器在中学物理课已经学习过，它主要包括电磁铁、机械操纵机构和电气触点三部分。

当没有电流流经电磁铁线圈时，图 3.6-1c 所示的中间的动触点与上面的静触点闭合，因此，上面的静触点称为常闭触点，而当有电流流经电磁铁线圈时，磁场力使导电弹簧片带动活动触点从上面的静触点快速移动到下面的静触点，使动触点与上面的静触点断开，而与下面的静触点闭合，因此，下面的静触点称为常开触点。

1. 继电器的主要参数

1）直流电阻：继电器线圈中的线圈的电阻，可以用万用表测量。

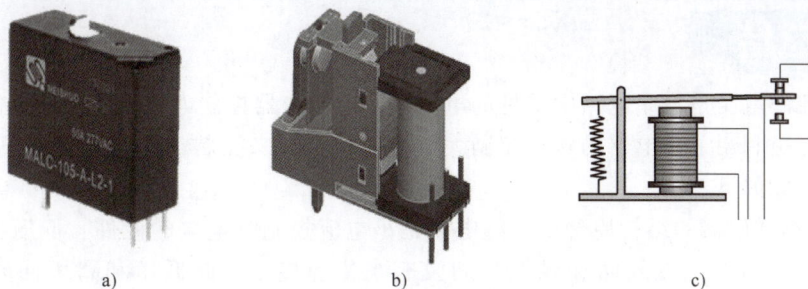

图 3.6-1 机电继电器结构示意图

2）额定电压：继电器正常工作时候所需要的电压，继电器有直流或者交流类型。

3）吸合电流：继电器吸合动作的电流。

4）释放电流：继电器释放动作的电流。

注意：继电器的吸合电流明显大于释放电流，请使用稳压电源直接给继电器供电测试一下。

2. 继电器的常见故障

继电器和普通开关相比，增加了电磁铁、机械操纵机构部分。因此，触点部分的故障与触点开关故障是相似的。继电器常见的故障主要有以下几种：

1）内部触点接触不良或外部引脚与插接器接触不良。

2）电磁线圈故障：电磁线圈损坏的机会是极少的，容易出故障的部位是继电器电磁线圈外部引脚与继电器插接器接触不良。

3）继电器机械操纵机构故障率很低，损坏的概率不大。

6.2 固态继电器简介

电子继电器又叫固态继电器，它是一种使用半导体电子元件切换开关状态的器件，具有无工作触点、使用寿命长的特点，但其造价高、过载能力较差，一般用于开关速度要求较高的产品中。固态继电器又分为直流固态继电器和交流固态继电器。固态继电器的实物及应用电路如图 3.6-2 所示。

请注意：在固态继电器的壳体上有主要的参数和引脚功能标识：

1）输入电压范围。

2）额定输出电流。

3）额定输出电压。

注意：直流固态继电器和交流固态继电器工作原理完全不同，不能互相代用。

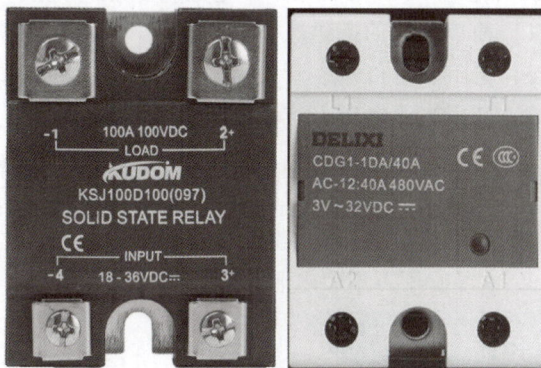

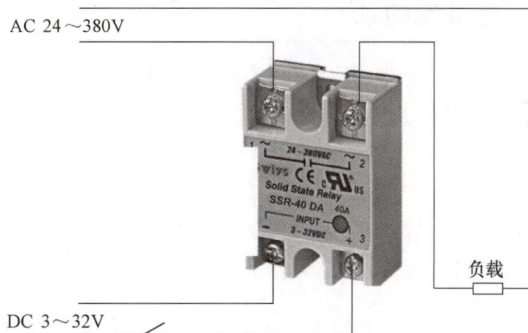

图 3.6-2 固态继电器及其应用电路

继电器控制电路是汽车电路中常见的电路之一。继电器控制电路本质上还是简单开关型控制电路。它是利用了继电器的触点控制大电流的特点，来控制工作电流更大电流的负载。本任务主要目标如下：

1）能根据继电器的结构原理说明继电器是小电流控制大电流的元件、低压控制高压的元件。由于继电器的电磁线圈和触点之间没有电气连接，因此低压和高压回路是独立的（这称为带电隔离）。

2）能画出使用 1 个继电器的控制电路，并指出控制回路、主回路。

3）能检测继电器控制电路。

任务实施

完成学习工作页任务 6。

任务 7　电阻电路认知与仿真检测

任务目标

1. 初步学习使用 EWB5.0 电路仿真软件完成：

1）简单电路的搭建。

2）电阻、电位器、开关三个元件的基本参数设置和键盘操作。

3）使用直流电压表仿真测量电位、电压。

4）使用直流电压表仿真测量电路中指定测量点的电位。

5）验证由电阻构成的串联电路中，各电阻上的电压分配关系。

2. 了解电阻的基本常识和简单的检测方法。

3. 学习使用万用表电阻档测量电阻。

信息收集

7.1　电阻器的认知

电阻器是对电荷运动具有阻碍作用的元件，通常简称电阻。电阻两端的电压和通过它的电流的关系可以用欧姆定律来描述：

$$U = IR$$

上式中，U 表示电阻两端的电压，I 表示通过电阻的电流，R 表示导体的电阻。

电阻的常用单位如下：

$$1\mathrm{M}\Omega = 10^3\,\mathrm{k}\Omega = 10^6\,\Omega$$

电阻在电路中的应用非常普遍。电阻通常被用来调节电流或信号的大小，或者使电路中

的电压处于某种特定状态。

1. 电阻的分类

根据电阻值是否可调整，可以将电阻分为固定电阻和可变电阻两类。有固定的电阻值（电阻值简称阻值）的电阻称为固定电阻；阻值可以人为调整的电阻称为可变电阻或电位器。另外，还有一些电阻，它们的电阻值随着其使用环境的某些量的变化而变化，例如，随着照射光强度改变而改变电阻值的电阻称为光敏电阻；随着温度改变而改变电阻值的电阻称为热敏电阻；随着压力改变而改变电阻值的电阻称为压敏电阻等。在电学中，将这些把非电学量（如照射光强度、温度等）变换成电学量（如电阻、电流等）的元件，通称为传感器。以上三种元件分别叫做光照度传感器、温度传感器和压力传感器，传感器在现代汽车中得到了广泛的应用，大家在今后学习中，要特别重视这类元件的学习。下面介绍常见的一些固定电阻和可变电阻。

（1）固定电阻的类型 固定电阻简称电阻，广泛应用于实际电路中。在汽车电子模块内部使用也非常普遍。一般常用的电阻有以下几种类型：

1）碳膜电阻。图 3.7-1 所示的碳膜电阻是最常用的电阻之一。它是将碳膜沉积在陶瓷小圆筒表面而制成的。碳膜上刻着螺旋形的小凹槽，控制引脚之间的碳量，从而设定了电阻值。这种电阻表现出出色的可靠性、可焊性、噪声稳定性、湿度稳定性和热稳定性。典型的功率范围是从 1W/4～2W。电阻值范围从大约 10Ω～1MΩ，容许误差约为 5%。

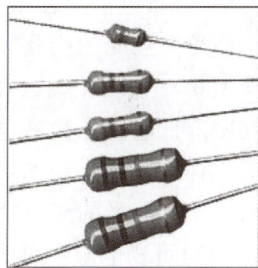

图 3.7-1 碳膜电阻

2）金属氧化膜电阻。图 3.7-2 所示的金属氧化膜电阻是一种用金属氧化膜包裹陶瓷心制成的通用电阻。这种电阻在高温条件下工作时，具有机械和电稳定性及可读性。它们的表面涂有特殊的漆，使它们能抵御火、溶剂、热和潮湿。典型的电阻值范围从 1Ω ～200Ω，典型的容许误差为±5%。

3）精密金属膜电阻。图 3.7-3 所示为精密金属膜电阻，这是一种十分精确、超低噪声的电阻。它是用陶瓷做基层，包裹着金属膜，全都包在环氧树脂外壳中。这种电阻用在精密设备中，如测试仪器、数字和模拟设备以及音视频设备中。电阻值范围从大约 10Ω～2MΩ，功率范围从 W/8～W/2，容许误差为±1%。

4）大功率绕线电阻和水泥电阻。这种电阻用于大功率的场合，它们包含釉瓷外壳、水泥并包装着绕线电阻的铝壳。电阻成分是由环绕着陶瓷柱的电阻线构成的。这是最耐用的电阻，有很强的散热性能和高温稳定性。电阻值范围 0.1Ω～150kΩ，功率范围约 2W～500W 或更大。

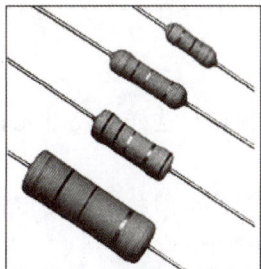

图 3.7-2 金属氧化膜电阻

图 3.7-3 精密金属膜电阻

5）热敏电阻。图 3.7-4 所示是对温度敏感的电阻。随着温度的变化，其电阻也发生变化。把电阻值随温度的上升而增加的热敏电阻称为 PTC 元件（或正温度系数热敏电阻）；把电阻值随温度的上升而减小的热敏电阻称为 NTC 元件（或负温度系数热敏电阻）。NTC 特性的热敏电阻在汽车中的应用十分普遍，将在后面的章节中详细介绍。

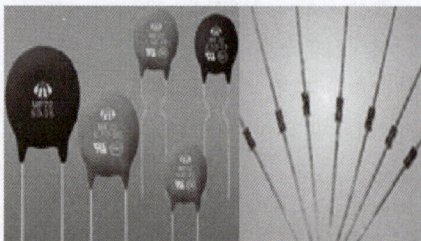

图 3.7-4　热敏电阻

记住：NTC 特性的热敏电阻，一般用来做温度传感器。如汽车上的发动机冷却液温度传感器、进气温度传感器等测温传感器都是 NTC 特性的热敏电阻。PTC 特性的热敏电阻一般用来做加热器，蒸蛋器里面用的加热器就是 PTC 特性的热敏电阻。

6）光敏电阻。图 3.7-5 所示的光敏电阻是对光敏感的电阻。随着光强度的变化，其电阻发生变化。用来制作光敏电阻的典型材料有硫化镉（CdS）及硒化镉（CdSe）两种。增大光强度则降低电阻。光敏电阻在汽车中的应用较多，将在后面的章节中详细介绍。例如：汽车的前照灯自动变光系统中用来检测对面来车灯光的光强度传感器，使用的就是光敏电阻。

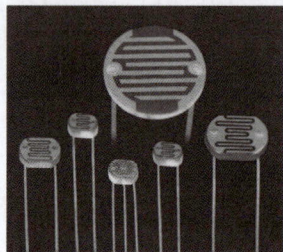

图 3.7-5　光敏电阻

（2）可变电阻　可变电阻一般用于需要人为调整电阻值的电路。一般常用的可变电阻有以下几种类型：

1）可变电阻。图 3.7-6 所示的左边两个可变电阻一般称为电位器，一般用于低功率直流电路。电位器用于需要频繁调节电路参数的电器。如汽车音响和家电的音量以及电视机的亮度、对比度、色度等调整普遍使用电位器。实际应用中，根据电位器电阻值调整的变化规律，将电位器分为对数电位器和线性电位器。在很多车型的汽车上使用线性电位器作为传感器，例如：节气门位置传感器、车高传感器以及早期的翼板式空气流量传感器都是使用电位器作为传感器。

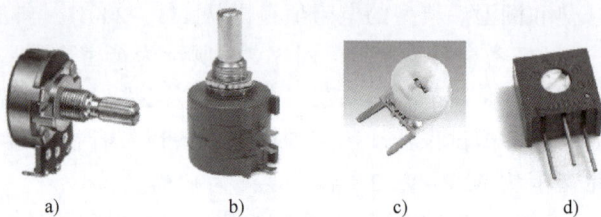

a)　　　　　b)　　　　　c)　　　　　d)
图 3.7-6　可变电阻
a)、b) 电位器　c)、d) 微调电阻

名师点评

1）传感器的作用是把非电检测数据转化成电流或电压数据，这样电控单元就可以间接地知道对应的相关数据的变化了。

2）传感器不一定都是具有高科技含量的神秘元件。例如，车门状态检测传感器其实就是一个开关，节气门位置传感器就是一个旋选角度为 90°的电位器。

3) 传感器就像我们的眼睛一样，无论内部多么复杂，只要知道它检测的是什么参数，初步判断它的好坏不一定很难。例如，如果能分辨出眼前有几个手指，就说明眼睛是看得见的。

2) 微调电阻。图 3.7-6 右边两个电阻为微调电阻，通常安装在印制电路板上，它们用于微调电路，不允许用户调整。

注意：无论汽车电气检修还是机械检修，都不要养成看见可调整部件就想去随便调整一下试试的习惯。要在维修手册的指引下实施调整。

可变电阻的典型应用电路如图 3.7-7 所示，图中展示了可变电阻器接线端典型的接线方式。

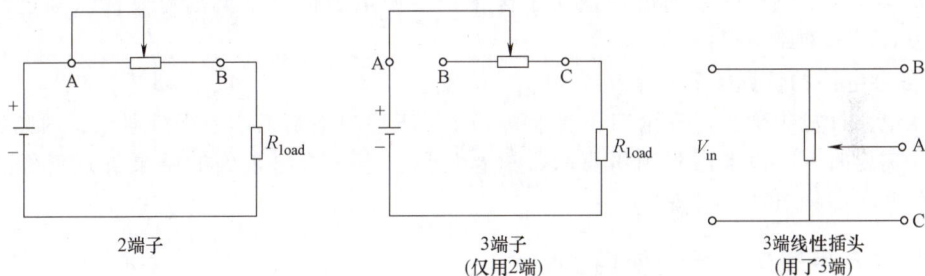

图 3.7-7　可变电阻的典型应用电路

2. 电阻的主要特性参数

电阻普遍应用在多种电器电路中，由于不同电器的用途和使用条件不尽相同，而且电路各部分的要求也不尽相同。因此，必须根据需要选择不同特性的电阻，把反映电阻特性的技术数据，称为特性参数。电阻的主要特性参数包括以下几个方面：

1) **标称阻值**：电阻器上面所示的阻值。

2) **额定功率**：在正常的大气压力 90~106.6kPa 及环境温度为 -55℃~+70℃ 的条件下，电阻器长期工作所允许耗散的最大功率。

3) **允许误差**：标称阻值与实际阻值的差值跟标称阻值之比的百分数称阻值偏差，它表示电阻器的精度。允许误差与精度等级对应关系如下：±0.5% 为 0.05 级、±1% 为 0.1 级、±2% 为 0.2 级、±5% 为 Ⅰ级、±10% 为 Ⅱ级、±20% 为 Ⅲ级。

4) **温度系数**：温度每变化 1℃ 所引起的电阻值的相对变化。温度系数越小，电阻的稳定性越好。阻值随温度升高而增大的为正温度系数，反之为负温度系数。

5) **噪声**：产生于电阻器中的一种不规则的电压起伏，包括热噪声和电流噪声两部分，热噪声是由于导体内部不规则的电子自由运动，使导体任意两点的电压不规则变化。

额定功率是电阻的重要指标之一。如果把电阻的电阻值的重要性排在第一，在一般使用场合电阻的额定功率的重要性就应该排在第二。

在有的汽车中，散热风扇的低速档是通过给风扇电动机串联一个大功率电阻实现的。如果这个电阻的标称值是 0.8Ω/25W，更换时绝对不可以用做实验的 0.8Ω/0.125W 电阻代替。如果用 4.7Ω/0.125W 的电阻代替，这个电阻会在通电的几秒钟内烧冒烟并损坏。

例如：使用 220V 电源的 20W 电烙铁心的电阻约 2.4kΩ，作为电阻标称时标识为：2.4kΩ/20W。这个标识的意义是：这个电阻是 2.4kΩ，在一般环境条件下消耗功率 20W 时，可以连续通电使用。如果某时段电源电压上升到 240V（我们家里使用的照明电虽然标准是 220V，但在不同的时段，实际电压是有一定偏差的），这把电烙铁的功率就变为 24W 了，这时电烙铁一直通电就容易烧坏。

另外，还必须注意：更换功率较大的电阻时，必须注意安装工艺，而且不要随意调整它的位置，因为安装位置可能和散热条件有很大关系。例如，风扇电动机损坏的电吹风，它的电热丝一般也会损坏，其原因就是散热条件的差别造成的。

维修工作中，使用和更换电阻时，不仅要注意电阻值的大小，还要注意其他参数。在不了解已损坏电阻特性和电路特点时，应注意尽量用同阻值、同类型电阻进行更换。

3. 电阻的标识

电阻器表面印刷有一系列色带或文字标记来注明电阻值。常见的有直标法和色环法两种。请读者通过网络学习。

4. 复杂电路的仿真检测

复杂电路计算烦琐，对理论知识要求高。在汽车检测维修工作中很难遇到，因此建议工作中万一需要时，可以考虑利用仿真软件进行检测，直接得出正确的结果（这就像用计算器做多位乘法一样方便、准确）。

7.2 数字万用表电阻档的使用

在测量电阻时，由于电阻值范围很大，大部分数字万用表测量电阻范围为 0.1Ω ~ 200MΩ。超过测量范围时，屏幕会显示"1--"（不同的表显示方式有差别），表示被测电阻大的超过了量程。测量开路时，也会显示"1--"。

测量电阻的操作手法如图 3.7-8 所示。由于人体电阻一般为 10kΩ 左右，在测量大阻值电阻时如果测量手法错误，就会导致测量数据错误。

使用数字式万用表测量电阻的方法是：

1）将表笔插进"COM"和"VΩ"孔中，把旋钮打旋到"Ω"中所需的量程档位（如果不能确定大致所需的量程档位，建议先置 2MΩ 档位，然后根据显示结果变换档位）。

2）短路红、黑表笔，屏幕显示的读数应该接近于 0。

3）用表笔接在电阻两端金属引脚，等待读数稳定后读取测量到的电阻值。

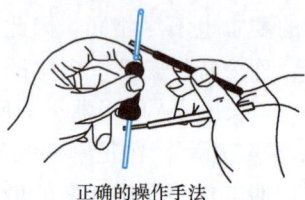

正确的操作手法

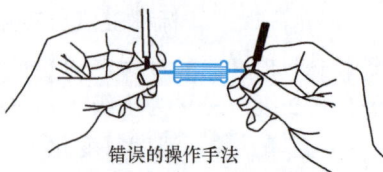

错误的操作手法

图 3.7-8　测量电阻的操作手法

名师点评

1）数字万用表的档位指的是本档位测量的最大值，屏幕显示的数字就是当前测量值。读取测量值时，要特别注意屏幕上显示的单位。

2）粗略测量电路中的电阻时，必须在关掉电路电源的情况下测量电阻，否则可能损坏万用表或电路板。

3）有些型号的数字万用表提供了在电阻方式下误接入电压信号时进行保护的功能。但使用中一定要尽量避免带电检测电路中的电阻。

4）在进行低电阻的精确测量时，必须从测量值中减去万用表的测量导线的电阻（这个操作称为"校零"）。典型的测试导线的阻值在 $0.2 \sim 0.5\Omega$ 之间。如果测试导线的阻值大于 1Ω，测试导线就要更换了。

任务总结

电阻的概念比较简单，应用却很普遍。但在汽车配件中，可以单独使用的情况比较少。汽车电路检测工作中最常用的电阻测量有两种：①通过检测电路中的（接触）电阻，来确定电路的连接状况（这是大多数检测目的）；②通过检测电阻，初步判断传感器（如：热敏电阻、光敏电阻等）或执行器（如：喷油器、风扇电动机等）的状况。本任务的必须达到以下目标：

1）能使用 EWB5.0 电路仿真软件搭建比较复杂的电路。

2）能通过使用仿真软件验证由电阻构成的串联电路中，各电阻上的电压分配关系。记住：在电阻组成的串联电路中，电阻值越大的电阻上，分配的电压越高（这个结论是串联电路理论的文字描述）。

3）知道电阻的两个基本参数（电阻值和功率）和简单的检测方法。

4）初步学会使用万用表检测电路的接触电阻（注意：电路断电！）。

任务实施

完成学习工作页任务 7。

任务8 电容器认知与仿真检测

任务目标

1. 初步学会使用示波器观测信号波形。

2. 掌握电容器的基本参数和特性。

3. 掌握使用交流电压表仿真测量电路中的电压，验证电容器通交流、隔直流，通高频、阻低频的特性。

4. 初步学会使用示波器观测验证电容器在交流电路中的电流和电压的相位特点。

信息收集

8.1 电容器的认知

1. 电容器基本知识

电容器是一种由两个彼此绝缘又互相靠近的导体组成的元件，以存储电荷的方式存储电能，通常简称为电容。电容一般用 C 表示，常用的单位如下：

$$1F = 10^6 \mu F = 10^{12} pF$$

电容对电流也有阻碍作用，可以用下式表达：

$$X_C = \frac{1}{2\pi f C}$$

上式中：X_C 表示电容对电流的阻碍作用，称为容抗，f 为电源的频率。电容两端的电压和通过它的电流的关系也可以用欧姆定律来描述。从上面的表达式可知：电容器的容抗 X_C 与电源的频率和电容的容量成反比，当频率趋近零时，电容器的容抗趋于无穷大，这时它就像一个无穷大的电阻。因此，电容器的导电规律为：通交流，隔（因为两极板之间是绝缘介质）直流；通高频，阻低频。

电容器是电子元件中种类最复杂的一种元件。一般将其简单地分为：固定电容、可变电容；或无极电容、极性电容（又称电解电容）等。

由于在汽车检测维修工作中，作为配件使用的电容器的应用较少。因此，读者仅需了解以下基本常识即可满足工作的需要。

1）电解电容是极性电容，是通过电化学的方法将氧化膜镀到金属（铝和钽）上来制造的。同体积的电解电容器通常有更大的电容量，但容量误差也较大，主要用在电源电路中。电解电容在使用时必须注意极性不能接反，否则会导致电路故障或电容器爆炸。图 3.8-1 为常见电解电容的内部结构和负极标识。

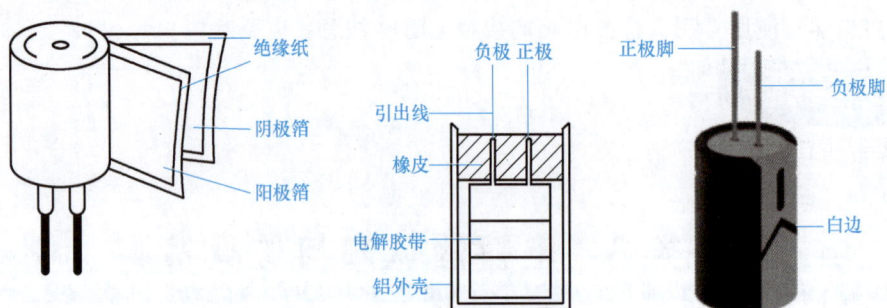

图 3.8-1　电解电容的内部结构和负极标识

2）电容器具有储存电能的作用，在检修高压大电容电路时，除应按维修手册操作（一般要求关闭电源开关后等待一段时间）外，最好再用电压表检测一下连接有高压大电容电路的电压。因为一旦电容器放电元件损坏，高压大电容上的电能在短时间（有的电容器24小时后储存的电能仍然很大）内是无法充分释放的。曾经有人被电容器储存的高压电能电击而受伤。

3）实际应用电路中会在大容量电容器两端并联适当电阻对电容器进行放电，从而防止电路断电后因电容器里储存的电能对维修人员造成伤害。由于并联电阻的阻值一般都在 $100k\Omega$ 左右，所以放电时间不能过短。最好在操作前对有关电容器的两端电压进行检测，以保证安全。

电容器的主要技术指标包括：电容量、耐压值和工作频率。电容器的工作频率与其介质有关，在现代电源电路中必须要重视。

2. 电容器的串联与并联

1）2个电容器的串联，总电容为

$$\frac{1}{C} = \frac{1}{C_1} + \frac{1}{C_2}$$

2）2个电容器的并联，总电容为

$$C = C_1 + C_2$$

电容器的工作特性，请读者通过仿真软件验证。

电容器的种类很多，请有兴趣的读者自行搜索进一步学习吧。

8.2　示波器基本知识与仿真使用

示波器是以波形图的方式反映被测电信号电压随时间变化的仪器。示波器就像一个高速测量并记录数据的电压表，把每一个时刻测量到的电压都以描点的方式记录下来，这些点就构成了电压变化的图像，即波形图上的任意一点，表示在这个时刻被测电信号的电压是多大。

请先看两个使用示波器的案例。

案例 1　某车主说：我的车上仪表板的 ABS（防抱死制动系统）故障指示灯无规律亮，到修理厂用故障诊断仪清除故障码后就好了。修理工读取故障码，显示右车轮轮速传感器故障，更换右车轮轮速传感器（在没有明确判断故障原因的情况下就实施维修的师傅永远当不了技术主管！）后试车，用故障诊断仪清除故障码后试车，故障灯不再亮了。几天后，该车车主又来了，说故障和以前一样，故障指示灯又亮了。技术主管用示波器检测轮速传感器波形（该车的轮速传感器是磁感应式传感器）如图 3.8-2b 所示，依据波形判断故障是由于图 3.8-2a 所示的脉冲环（也称信号发生器）的某个信号齿异常。拆解后发现脉冲环的一个信号齿有缺损（出现这种问题一般是修理工没有按照正常拆装工艺操作造成的），更换脉冲环后，故障彻底排除。

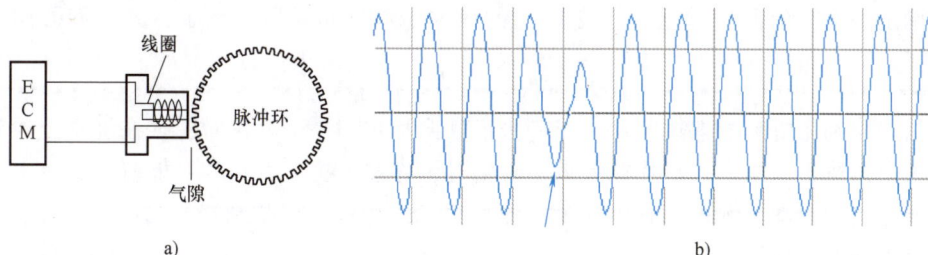

图 3.8-2　轮速传感器及其波形

案例 2　某二手车在修理厂进行了全车保养，工作完成后试车时发现 ABS（防抱死制动系统）故障指示灯亮。读取故障码，显示左前车轮轮速传感器故障。修理工对调了左、右前轮的轮速传感器（在同一辆车上采用相同配件对调的检测方法，在维修工作中比较常用），故障依旧。技术主管用示波器检测左、右前轮的轮速传感器波形如图 3.8-3 所示。由波形图可见，两路信号幅度差异较大。仔细拆解对比检查发现，左车轮轮速传感器前部的垫片偏厚（应该是维护时修理工没有规范放置配件），更换该垫片后，故障排除。

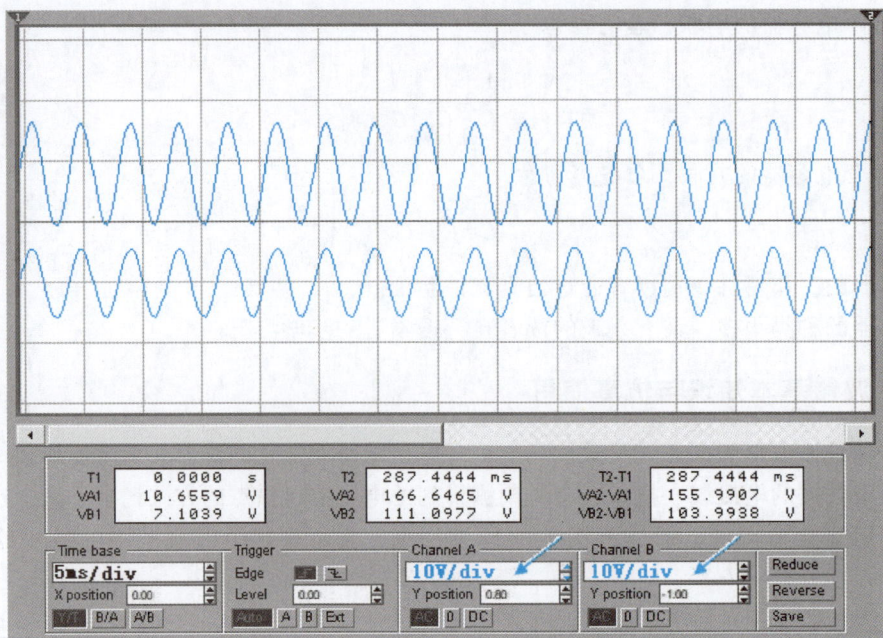

图 3.8-3　左、右前轮的轮速传感器波形

名师点评

　　从以上两个案例可见，有些故障用示波器检测波形是一种高效判断故障的好办法。相信读者从两个故障的波形图也可以看出来吧？示波器用起来很难吗？汽车示波器是记忆示波器，比普通示波器用起来简单多了。记忆示波器可以先把信号波形存储下来，然后再调整水平（时间）和垂直（电压）的放大倍数。如果用熟悉了，其实和万用表差不多。

　　相信大家都用电脑处理过照片。当一张证件照片被缩小 100 倍时，你在屏幕上看到的可能就是一个黑斑；但当一张照片被放大 100 倍时，你在屏幕上看到的可能就是这个人的某个部分。通过这两个图，都很难看出这个人的长相。照片只有调整到适当的放大倍数，才能够看到这个人的面部特征。

　　示波器使用的核心工作就是调整输入到示波器的波形图像的放大倍数，只是分水平和垂直两个方向分别调整而已。简单地说，如果看到示波器屏幕显示有变化，就说明信号已经输入到示波器了。通过反复调整分水平和垂直两个方向的比例参数，总可以调整出满意的波形图。

　　示波器的工作原理请大家上网搜索学习，本任务重点学习示波器的简单使用方法。示波器的使用过程及读数方法请大家通过后面的应会仿真练习和实操进行学习吧。

　　请在 EWB5.0 仿真软件中环境打开以下文件初步了解示波器的使用：

1）操作提示：请开启 EWB5.0 的 windows/description。

2）示波器_time base-down.ewb　　操作提示：调小左下角 time base 值。

3）示波器_time base-up.ewb　　　操作提示：调大左下角 time base 值。

4）示波器_channel a- down.ewb　　操作提示：调小 channel a 值。

5）示波器_channel a-up.ewb　　　操作提示：调大 channel a 值。

6）示波器_channel a-test1.ewb　　操作提示：操作练习 1。

7）示波器_channel a-test2.ewb　　操作提示：操作练习 2。

8）示波器_ a-b.ewb　　　　　　　操作提示：2 路信号输入。

9）示波器_channel a-yposition.ewb　操作提示：Y 轴移位效果。

10）示波器_channel a-dc-ac.ewb　操作提示：选择 channel a 下的 AC/DC。

通过上面的操作你感觉示波器操作难吗？做完本次任务，你就可以掌握示波器在未来汽车维修应用中的常用技巧了。

名师点评

1）使用示波器检测信号，有时不需要读取波形数据，只有把波形调整到便于观测的程度，才可通过波形的形状判断信号是否正常。如案例 1。

2）示波器屏幕上显示的被测信号的波形大，不一定被测信号的电压幅值就大。判断案例 2 涉及的图 3.8-3 所示的两个传感器波形大小时，必须注意右下端箭头所指窗口的数据一样时才可以通过波形大小简单判断电压幅值哪一个大。

10V/div 的含义是：示波器屏幕垂直方向上的每格代表 10V 电压。上面那一路信号的最大值大约 17V，下面那一路信号的最大值大约 10V。而左边 Time base 窗口的 5ms/div 的含义是：示波器屏幕水平方向上的每格代表 5ms 的时间。示波器的这种读数方式和地图的比例尺类似。

就是说：示波器的两路信号的波形在垂直方向是可以独立改变比例的。波形图显示的图形大，不一定电压读数就大。

3）汽车示波器是比较高级的具有波形存储功能的记忆示波器，检测信号时不一定当时调整到最佳读数状态（如果示波器不是记忆示波器，使用时必须要调整好波形大小）。就像我们用手机照相一样，可以拍照后再进行裁剪处理。记住：汽车检测用的示波器有存储功能，绝大多数波形观测时都可以先存储（1s 左右就足够了），后调整读数。

任务总结

和电阻一样，电容器在汽车配件中应用（如纯电动汽车中的超级电容器）也很少。在汽车检修中也基本没有对于电容器的检测工作。因此本任务的目标是：

1）掌握电容器的基本概念；并能认知常见 3 种以上电容器的类型和标识。

2）初步掌握示波器的使用方法。

任务实施

完成学习工作页任务 8。

任务 9 电感电路认知与仿真检测

任务目标

1. 强化使用软件示波器观测信号波形的能力。

2. 掌握电感的基本参数和特性。

3. 掌握使用交流电压表仿真测量电路中的电压，验证电感通直流、阻交流，和通低频、阻高频的特性。

4. 初步学会使用仿真软件示波器观测验证在交流电路中电感器的电流和电压的相位特点。

信息收集

9.1 电感器基本知识

电感器是一种由导线绕制而成的元件，以存储磁场的方式存储电能，通常简称为电感。一般用自感系数 L 表示电感的大小，常用的单位如下：

$$1H = 10^3 mH = 10^6 \mu H$$

电感对电流也有阻碍作用，可以用下式表达：

$$X_L = 2\pi f L$$

上式中：X_L 表示电感对电流的阻碍作用，称为感抗，f 为电源的频率。电感两端的电压和通过它的电流的关系也可以用欧姆定律来描述。从上式可见，电感的感抗 X_L 与电源的频率和电感的自感系数成反比，当频率趋近零时，电感的感抗趋于零，这时它就像一段理想导线。因此，电感的导电规律为：通直流（因为电感是用导线绕制的）、阻交流；通低频、阻高频。

电感的种类也比较多。与电阻与电容器类似，按自感系数是否可以改变，可分为固定电感和可变电感。电感性元件在汽车上应用比较普遍，主要有继电器、点火线圈、喷油器和电磁式转速传感器等。常见电感的电路符号如图 3.9-1 所示。

继电器在本项目的任务 1 中已经介绍了。下面我们简单介绍一下点火线圈和电磁感应式传感器。

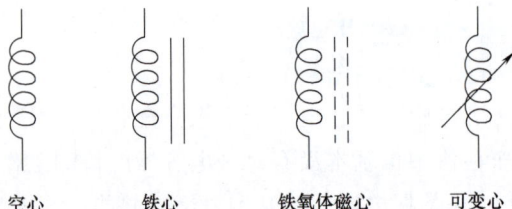

空心　　　铁心　　　铁氧体磁心　　　可变心

图 3.9-1　常见电感的电路符号

9.2　电感器在汽车上的应用

1. 传统断电器点火线圈

传统断电器点火系统的工作原理如图 3.9-2 所示，工作原理如下：点火线圈是一个（漏磁）变压器，变压器的原理和电感的特性中学物理已经学过了。下面简单分析一下传统断电器点火系统的工作过程。

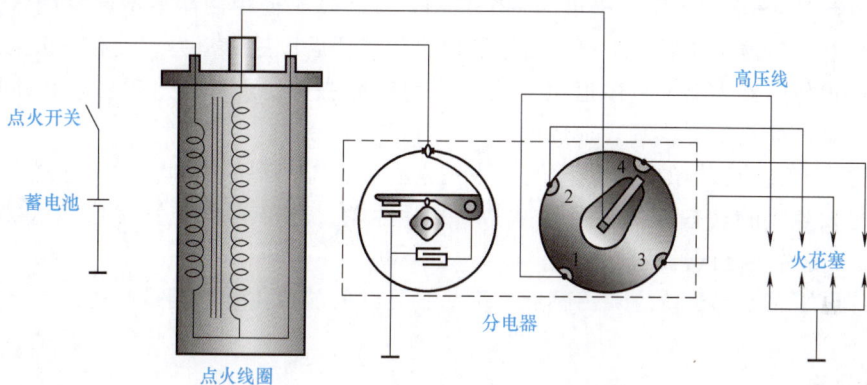

图 3.9-2　传统断电器点火系统

1）断电器触点闭合时——储能过程。断电器触点闭合时，电流从蓄电池经初级线圈的正端子、负端子、断电器触点至接地（搭铁）。结果，线圈周围便产生了磁场，即铁心中储存了磁场能。

2）断电器触点张开时——产生高压。当曲轴带动凸轮轴时，分电器凸轮使触点张开，于是流经初级线圈的电流便突然中断，在初级线圈内产生的磁通开始突然减弱。由于初级线圈的自感效应和次级线圈的互感效应，每个线圈内都产生电动势，阻止已有的磁通减弱。初级线圈自感电动势升至约 0.5kV，而次级线圈互感电动势升至约 30kV，火花塞的空气间隙被击穿，就产生火花放电。

由于传统断电器点火系统的断电器的使用寿命短、点火提前角调整不够准确、点火线圈成本高等原因，现代汽车中已改用性价比更高的电子点火系统了。后续课程将会进一步介绍。

2. 电磁感应式传感器

电磁感应式传感器结构简单，主要由传感器电磁线圈、永磁体、软磁铁心等组成。电磁感应式传感器在汽车上用来检测转速和转角，如曲轴位置（CKP）、凸轮轴位置（CMP）和防抱死制动系统（ABS）的轮速检测等。

图 3.9-3 所示，是现代汽车发动机曲轴位置传感器。传感器脉冲轮（也称信号发生器）固定在曲轴上与曲轴一起转动，与永磁体的极轴和齿圈构成磁通回路，极轴正对齿顶或正对齿隙，使磁路的磁阻明显变化。齿圈旋转，齿顶与

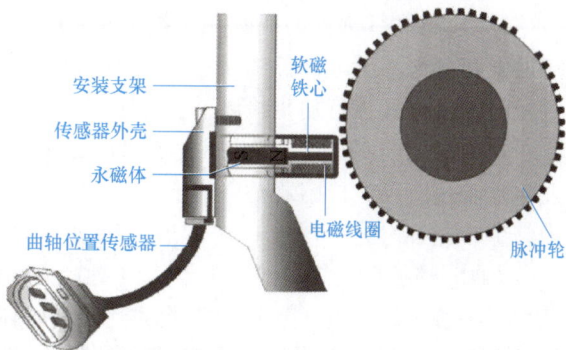

图 3.9-3　曲轴位置传感器（电磁感应式传感器）

齿隙交替出现使磁路磁通量也交替变化，使电磁线圈产生感应电动势，将传感器线圈的交变电动势送至汽车电脑计数分析，便可以确定曲轴位置。

由于电磁感应式传感器的输出脉冲信号幅度和被测件转速有很大关系，特别是被测件转速较低时输出脉冲信号幅度过小。因此，现代汽车中已逐步使用输出脉冲信号幅度与被测件转速无关的霍尔传感器和磁阻传感器检测转速和转角了。

案例 日产（NISSAN）轿车使用两年后冷起动困难。

这是日产某4S店技术主管提供的一个案例。日产轿车使用两年后冷起动困难，故障码为凸轮轴位置传感器工作异常。更换凸轮轴位置传感器后，故障消失。最后查出的原因是由于凸轮轴位置传感器内部永磁体退磁（汽车使用环境恶劣，永磁体退磁一般和使用环境的振动强度、温度变化等有关系）造成的。

由于磁感应类传感器的输出信号与以下因素有关：①内部的线圈；②传感器内部的永磁体；③信号发生器的状态（例如图3.9-3中的脉冲轮，也称为信号发生器）；④安装工艺（即传感器和脉冲轮之间的间隙）。

所以，电阻正常的磁感应式传感器，不一定是好的。即使传感器是好的，输出信号也不一定好。

3. 喷油器

喷油器如图3.9-4所示，喷油器实际上是一个电磁阀，由针阀与衔铁制成一个整体，当汽车电脑发出脉冲信号时，衔铁与针阀一起被吸起，一定压力的燃油从喷口喷出，当电磁线圈断电时，磁力消失，衔铁与针阀在弹簧的弹力下回位关闭喷口。汽车电脑输出的脉冲时间决定了喷油量的大小。

与磁感应类传感器同理，内部针阀卡滞、喷口堵塞、驱动电流过低等因素也会导致喷油器故障。所以，电阻正常的电磁驱动执行器，也不一定是好的。即使执行器是好的，输出功能也不一定好（如驱动电流过低，也会导致执行器工作失常）。

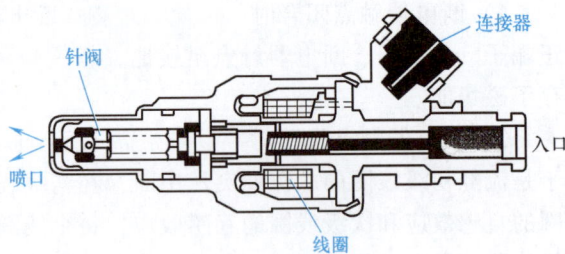

图3.9-4 喷油器

🎓 名师点评

1）电感类零部件的线圈一般都是使用绝缘导线（漆包线）绕制的，所以，汽车使用的大部分电感类零部件的某一组线圈电气连接端（即：引脚）的首、尾都可以使用电阻检测的方式进行初步检测。但电阻正常，不一定这个部件就是好的。

2）作为传感器使用的电感类零部件的输出信号的幅度与传感器的安装工艺及信号发生器转速有关；传感器是好的，不一定输出信号就好（例如：传感器和脉冲轮之间的间隙不正确时）。

3）电感类高压零部件（如点火线圈）内部出问题（如：点火线圈的次级线圈的线圈层间绝缘损坏）时，通过电阻检测判断其好坏是极不可靠的。

电感器在汽车中应用比较多（如电磁式转速传感器、喷油器等）。对电感性质的配件检测时，通过测量电阻仅可以初步判断其状况。电感性质的配件检测最好的方式是使用故障诊断仪读取数据流（请百度了解"故障诊断仪数据流"），也可以使用示波器观察波形进行检测。本任务的目标是：

1）了解电感的基本概念，能认知常见的两种以上电感器。

2）强化示波器的使用方法，能正确读取波形的幅度和周期。

任务实施

完成学习工作页任务 9。

任务 10　二极管认知与仿真检测

任务目标

1. 强化学习使用 EWB5.0 电路仿真软件。
2. 使用仿真软件验证测量，掌握二极管的基本导电特性及应用电路。
3. 使用仿真软件检测半波整流电路、桥式整流电路，掌握其电路结构。
4. 了解三种滤波电路的特点。
5. 能简单描述利用半波整流电路、桥式整流电路构成防止电源反接电路的应用。

信息收集

10.1　半导体与二极管的概念

1. 半导体

根据电性质将物质分为导体、绝缘体和半导体三类。把导电能力介于导体和绝缘体之间的物质称为半导体。常见的半导体材料有硅、锗、磷砷化镓和磷化镓等。下面以硅为例，展开电子电路的研讨。

纯净半导体单晶材料叫做本征半导体。在纯净的硅晶体材料的硅原子的最外层只有四个电子，硅原子彼此之间通过共价键相互关联，最终形成固体材料。

按照分子运动论观点（如图 3.10-1），构成物质的微观粒子总处在永不停息的热运动之中。少量能量较大的电子能够挣脱束缚，从共价键中逃逸出来，形成一个自由电子（图中：●），而由于这个电子的逃逸，出现了一个共价键空位（图中：○）。这个没有了电子的空位叫做空穴。在本征半导体中，自由电子和空穴成对出现，称作"电子-

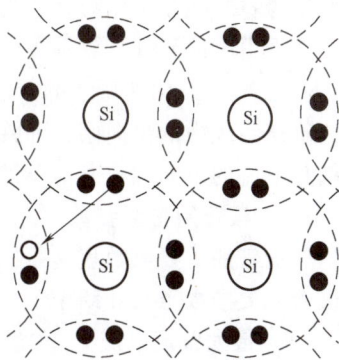

图 3.10-1　本征半导体原子

空穴对"。在本征半导体两端施加一定电压，自由电子和空穴定向运动，就形成了电流。自由电子和空穴都能够参与导电，所以统称为载流子。温度越高，微粒热运动越剧烈，电子-空穴对数量越多，在一定电压作用下能够形成的电流越大，本征半导体导电性能也就越好。这种导电性能随温度升高而明显改善的特性叫做半导体热敏性。热敏性给半导体器件的工作稳定性带来了较多麻烦，但人们也利用半导体的热敏性制造出半导体热敏电阻（也称为半导体温度传感器）等元件，热敏元件作为温度传感器，广泛地应用在现代汽车上。例如，发动机冷却液温度传感器、空调温度传感器等。

当光子射击到半导体晶体上时，也会激发出许多电子-空穴对，半导体的导电性能也会随光线的照射而明显变好。这种导电性能随光的照射而明显改善的特性叫做半导体光敏性。利用这一特点，人们制造了各种光敏元件，光敏元件在汽车上也有较普遍的应用。例如，光电式方向盘转角传感器、自动变光系统用的灯光传感器等。

在通常情况下，本征半导体内的电子-空穴对数量很有限，导电性能很差。为了改善半导体的导电性能，在纯净的本征半导体内掺入微量（但其中包含的原子数是非常多的）最外层有 5 个电子的五价元素，如磷、砷或钨。每个五价原子与硅原子最外层电子形成共价键时就会多出一个自由电子（如图 3.10-2）。掺入的五价元素越多，自由电子数量越多，半导体导电性能就会越好，这种主要由自由电子定向运动形成电流的掺杂半导体材料叫做 N 型半导体。

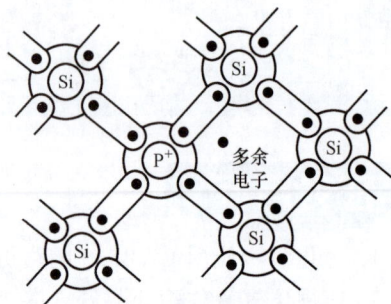

图 3.10-2　掺杂磷元素

而在本征半导体中掺入三价元素（如硼、铝或铟等），使得硅原子最外层的四个电子中有一个无法形成共价键，人为地制造出硅原子周围的空穴，利用大量的空穴使半导体导电性能变好，这种利用大量空穴导电的半导体叫做 P 型半导体。

N 型半导体中自由电子的浓度很高，而 P 型半导体中空穴的浓度很高，它们虽然都是导电性能得到改善的掺杂半导体，但载流子性质完全不同，导电过程并不一样。

2. PN 结和二极管

当将 N 型半导体与 P 型半导体接触时，在接触的界面附近会形成一个具有单向导电性的区域叫做 PN 结。分别在 N 型半导体与 P 型半导体上连接上导线，并用绝缘材料把整个半导体部分保护起来（防止外界污染）构成的这个有 2 个引脚的元件，就称为二极管。二极管的电路符号如图 3.10-3。

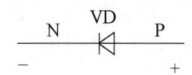

图 3.10-3　二极管

记住：图 3.10-3 所示的二极管符号与液压系统中的单向阀是相似的。液压系统中的单向阀只允许液体向箭头方向流动。而电路中的二极管也是类似的，二极管就是电流的单向阀，有箭头的一边称为二极管的正极，另一边称为二极管的负极。

3. 二极管的主要参数

二极管的主要参数表达了二极管的电气性能，能够反映二极管品质的优劣。现将常用的二极管主要参数意义介绍于下：

（1）最大整流电流 I_{FM}　最大整流电流 I_{FM} 是二极管长期工作允许通过的最大正向平均电流。最大整流电流 I_{FM} 与二极管 PN 结的面积、结构、材料和散热条件有关。二极管的正

常工作电流不能超过 I_{FM} 的标称数值，否则二极管将很容易因热击穿而烧坏。

（2）最高反向工作电压 U_{RM}　最高反向工作电压 U_{RM} 是确保二极管不会反向击穿的最大反向工作电压，一般半导体器件手册中标出的最大反向工作电压约为反向击穿电压的一半。

（3）最大功耗 P_M　最大功耗 P_M 是保证二极管正常工作所允许的最大功率损耗，其数值与二极管 PN 结的面积、结构、材料和散热条件有关。

10.2　常用二极管

1. 整流二极管

整流二极管利用二极管的单向导电性，常串联于电源电路中用来阻断交流电的反方向电流，使电路中的电流转变成只有正向电流的脉动直流电，为用电设备提供直流电源。汽车上使用的发电机内部就安装有整流电路（汽车技术中叫整流板），用于将发电机发出的交流电转换成直流电，为蓄电池和汽车其他电器供电。

2. 发光二极管

发光二极管也叫 LED 器件，符号如图 3.10-4。发光二极管发出的光线单色性好、发光效率高，常用作现代灯饰和指示器件，随着发光二极管研究技术的发展，已开始取代传统小功率照明灯具。汽车发光二极管的转向灯、雾灯等已经开始普及。

3. 光敏二极管

光敏二极管也叫 PIN 器件，符号如图 3.10-5。它对一定光谱范围内的光线均表现出不同的光敏性。如红外线光敏二极管等。

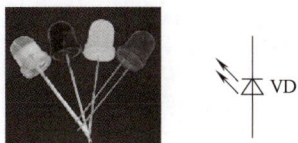

图 3.10-4　发光二极管实物及其图形符号

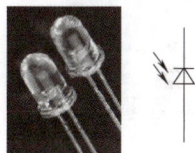

图 3.10-5　光敏二极管实物及其图形符号

4. 稳压二极管

稳压二极管利用二极管的反向击穿特性，反向连接于电路之中，工作于反向电击穿状态。稳压二极管特有的电路符号如图 3.10-6 所示，画有箭头的电极仍然为二极管的正极。图 3.6-7 所示为稳压二极管的应用电路。

图 3.10-6　稳压二极管实物及其图形符号

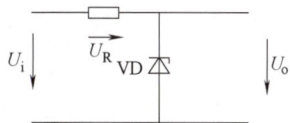

图 3.10-7　稳压二极管的应用电路

二极管的应用十分普遍，请读者通过网络了解各种二极管的外观和更多的专业知识。本任务中的应会部分将通过典型电路的仿真让读者了解应用电路的特性。

任务总结

二极管在汽车配件中没有独立应用。对二极管的检测在汽车发电机检测时会用到，一般都是通过测量二极管的正、反向电阻来初步判断其状况。检测电路波形是判断二极管状态的可靠方法之一。本任务的目标是：

1. 了解二极管的基本概念，简单的检测方法，并会用常见的 2 种以上二极管。
2. 会用示波器测量实车上的喷油和点火等信号波形。

任务实施

完成学习工作页任务 10。

任务 11　晶体管认知与仿真检测

任务目标

1. 强化学习使用 EWB5.0 电路仿真软件。
2. 使用仿真软件验证测量，了解晶体管的基本导电特性和基本应用电路。
3. 使用仿真软件检测共射极电路、共集电极电路、桥式双向驱动电路的电路结构。掌握怎样根据电路需要设置晶体管的静态工作点。

信息收集

11.1　晶体管基本知识

晶体管由三块掺杂半导体间的两个 PN 结构成，根据 PN 结排列结构的不同，晶体管分为 NPN 型和 PNP 型两种，如图 3.11-1a、b 所示，图 3.11-1c 为它们对应的电路图形符号。

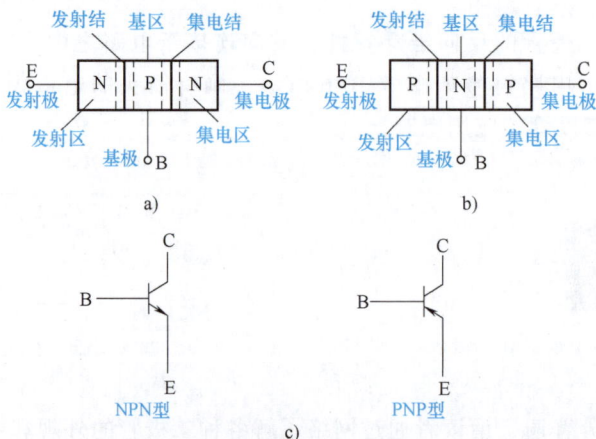

图 3.11-1　晶体管结构及符号

在晶体管的三个区域各接出一个电极，与发射区相连的电极叫做发射极，用字母 E 表示；与基区相连的电极叫做基极，用字母 B 表示；与集电区相连的叫做集电极，用字母 C 表示。发射区与基区之间的 PN 结，叫做发射结；基区与集电区之间的 PN 结叫做集电结。

根据导电极性，可以将晶体管分为 PNP 和 NPN 两种；根据功率不同，可以将晶体管分为小功率、中功率和大功率三种；根据工作频率不同，可以将晶体管分为低频、中频、高频和超高频四种；根据制造晶体管的半导体材料不同，可以将晶体管分为两种：用硅材料制作的晶体管简称"硅管"，用锗材料制作的晶体管则被称作"锗管"，由于硅管的温度稳定性大大优于锗管，因此，汽车电子设备中普遍使用硅晶体管。

晶体管的典型应用，我们将通过仿真实验进行验证。

11.2　晶体管三种典型放大器简介

晶体管有共（发）射极、共集电极和共基极 3 种典型电路。由于这些理论对今后的汽车检测维修工作直接意义不大，因此我们通过最常用的共射极放大器的例题，了解一下晶体管放大电路的计算过程。

例　图 3.11-2 所示的共射放大器电路是目前普遍使用的单管低频小信号电压放大器电路，已知：$R_B = 510\text{k}\Omega$、$R_C = 4\text{k}\Omega$、晶体管为硅管，$R_E = 1\text{k}\Omega$，$\beta = 50$，求：1）静态工作点 Q；2）电压放大倍数 A_u 以及输入、输出电阻 R_i 和 R_o。

解：

1）静态工作点 Q 的计算：

① 根据电路图 3.11-2 画直流通路（画直流通路的方法是将电路中所有电容器视为开路）图 3.11-3。

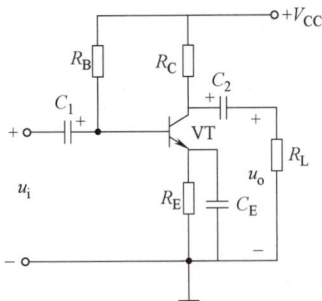

图 3.11-2　共射放大器

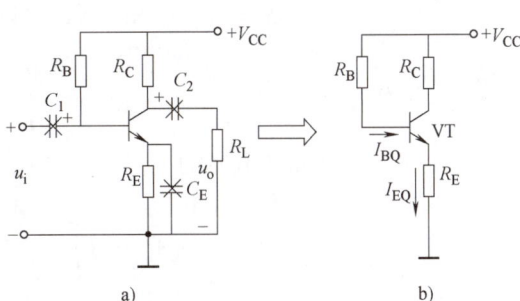

图 3.11-3　画直流通路

② 根据直流通路电路图并注意到流过电阻 R_B 和 R_E 上的电流不同，可以列出回路电压方程：

$$V_{CC} = I_{BQ} R_B + U_{BEQ} + I_{EQ} R_E$$

因为 $I_{EQ} \approx I_{CQ} = \beta I_{BQ}$，硅管 $U_{BEQ} \approx 0.7\text{V} \ll V_{CC} = 12\text{V}$，所以 $V_{CC} \approx I_{BQ}(R_B + \beta R_E)$，则

$$I_{BQ} \approx \frac{V_{CC}}{R_B + \beta R_E} \approx \frac{12\text{V}}{510\text{k}\Omega + 50 \times 1\text{k}\Omega} = 0.021\text{mA} = 21\mu\text{A},$$

利用晶体管电流控制关系式，可得集电极电流：

$$I_{CQ} = \beta I_{BQ} = 50 \times 0.021\text{mA} = 1.05\text{mA}$$

在由直流通路的输出回路列出回路电压方程，得：

$$U_{CEQ} \approx V_{CC} - I_{CQ}(R_C + R_E)$$

$$= 12\text{V} - 1.05\text{mA} \times (4+1)\text{k}\Omega$$

$$= 6.75\text{V}$$

2）电压放大倍数 A_u 以及输入、输出电阻 R_i 和 R_o 的计算：

根据电路图 3.11-2 画交流通路（画交流通路的方法是将电路中所有电容器视为短路；电源视为短路）图 3.11-4c。

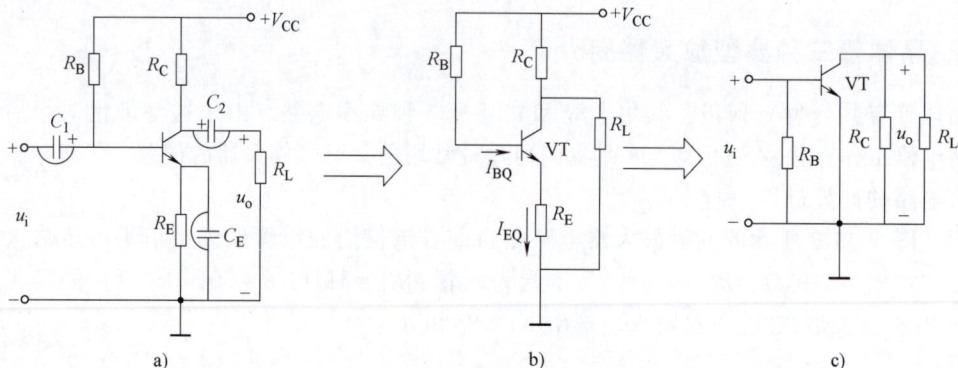

图 3.11-4 画交流道路

输入电阻为

$$R_i = R_B // r_{be} = 510\text{k}\Omega // 1\text{k}\Omega = \frac{510\text{k}\Omega \times 1\text{k}\Omega}{510\text{k}\Omega + 1\text{k}\Omega} \approx 1\text{k}\Omega$$

输出电阻为

$$R_o \approx R_C = 4\text{k}\Omega$$

因此，放大器不带负载时的电压放大倍数为

$$A_u = -\beta \frac{R_C}{r_{be}} = -50 \frac{4\text{k}\Omega}{1\text{k}\Omega} = -200$$

从而放大器带负载时的电压放大倍数为

$$A_u' = -\beta \frac{R_L'}{r_{be}} = -50 \frac{4\text{k}\Omega // 4\text{k}\Omega}{1\text{k}\Omega} = -50 \frac{\frac{4\text{k}\Omega \times 4\text{k}\Omega}{4\text{k}\Omega + 4\text{k}\Omega}}{1\text{k}\Omega} = -100$$

特别说明： 以上计算式中的 "//" 表示 "并联"。

从例题可见：晶体管电路的计算过程还是比较复杂的，在未来实际工作中极少会遇到。晶体管电路的计算一般是在电路设计阶段由专业人员完成，因此，我们无须掌握具备这类计算能力。请大家通过本任务的学生工作页中的仿真练习体验和了解其他的晶体管应用电路。

下表给出了晶体管三种典型放大器的性能比较。请大家通过学生工作页中的仿真验证任务进行验证和了解。

三种典型放大器性能比较

	共射极放大器	共集电极放大器	共基极放大器
电路图			
静态工作点	$I_{BQ} = \dfrac{V_{CC} - U_{BEQ}}{R_B} \approx \dfrac{V_{CC}}{R_B}$ $I_{CQ} = \beta I_{BQ}$ $U_{CEQ} = V_{CC} - I_{CQ} R_C$	$I_{BQ} = \dfrac{V_{CC} - U_{BEQ}}{R_B + (1+\beta) R_E}$ $I_{CQ} = \beta I_{BQ}$ $U_{CEQ} \approx V_{CC} - I_{CQ} R_E$	$U_B = V_{CC} \dfrac{R_{B2}}{R_{B1} + R_{BE}}$ $I_{CQ} = \dfrac{U_B - U_{BEQ}}{R_E}$ $I_{BQ} = I_{CQ}/\beta$ $U_{CEQ} \approx V_{CC} - I_{CQ}(R_C + R_E)$
R_i	$R_B /\!/ r_{be}$(中)	$R_B /\!/ [\, r_{be} + (1+\beta)(R_E /\!/ R_L)\,]$(高)	$R_E /\!/ \dfrac{r_{be}}{1+\beta}$(低)
R_o	R_C(高)	$R_E /\!/ \dfrac{r_{be} + R_B /\!/ R_S}{1+\beta}$(低)	R_C(高)
A_u	$-\beta \dfrac{R_C /\!/ R_L}{r_{be}}$(高)	$\dfrac{(1+\beta)(R_E /\!/ R_L)}{r_{be} + (1+\beta)(R_E /\!/ R_L)} \approx 1$(略小于1)	$\beta \dfrac{R_C /\!/ R_L}{r_{be}}$(高)
相位	u_o 与 u_i 反相	u_o 与 u_i 同相	u_o 与 u_i 同相
高频特性	差	好	好
用途	低频放大器和多级放大器的中间级	多级放大器的输入、输出级和中间缓冲级	高频放大器、宽频带电路和恒流电路

任务总结

晶体管在汽车配件中没有独立应用。一般都是通过测量晶体管2个PN结的正、反向电阻，仅可以初步判断其状况。本任务的目标是：

1）会用万用表检测晶体管，并基本知道 R_B、R_C 和取值范围。

2）理解静态工作点的设置目的是：通过人为改变电路中的特定条件，使电路中的负载元件工作在特定条件下，以使电路工作状态发生改变。

3）会用示波器检测实车传感器的波形。

任务实施

完成学习工作页任务11，并完成学习工作页项目考核。

项目 4
多级放大电路与集成电路仿真检测

04

项目目标

1. 强化学习使用 EWB5.0 电路仿真软件。
2. 了解多级放大电路的特点和放大倍数的检测方法。
3. 强化电路检测综合技能训练。

任务 12　多级放大电路认知与仿真检测

任务目标

1. 理解多级放大器的放大倍数等于各级放大器放大倍数的乘积。
2. 了解放大器之间有三种耦合方式及其特点。

3. 强化电烙铁焊接技能。

信息收集

12.1　多级放大器的概念和特点

前面所讨论的放大器都是放大器的单元电路，在一台完整的电子设备中，往往需要使用多个性能不同的单元放大器来完成一定工作任务。图 4.12-1 为常见设备的放大电路结构框图，在点画线框内的部分就是电子设备内部电路，其中按照电路功能又分成了输入级、中间级和输出级，每一部分都有自己的技术特征，三部分中的每一部分又可以由多个单元电路构成。

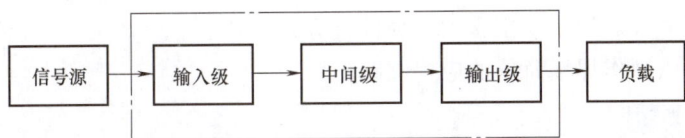

图 4.12-1　常见设备的放大电路结构框图

　　输入级：一般要求和信号源相匹配，以保证信号能够高效率输入到放大电路。

　　中间级：中间级的主要任务是对微弱信号进行足够的放大处理，所以常由多级共射放大器组成，以求获得符合设计要求的放大倍数。

　　输出级：为驱动负载，该电路需要具备较大的驱动电流和电压（即驱动功率）。

　　电子设备通常由多级功能各异的放大器组成。这就要求在多级单元电路之间完成信号的"级联"（即传输）问题。多级放大器的级联方式包括阻容耦合、变压器耦合以及直接耦合三种方式。

　　阻容耦合是指前、后级之间的信号是通过电容器传输的。因电容器具有通交流、隔直流的特性，决定了采用阻容耦合方式的多级放大器**不能**够放大直流信号。

　　变压器耦合是前、后级之间的信号是通过变压器传输的，因变压器也不能传输直流信号，所以，采用变压器耦合的多级放大器**不能**够放大直流信号。

　　直接耦合方式的前、后级放大器之间是通过导线或电阻网络传输的，因此，采用直接耦合的多级放大器不仅能够放大直流信号，而且还能放大交流信号。或者说：**直接耦合的多级放大器是万能的**。

　　由于直接耦合的多级放大器调试和对电子元件要求高，因此，采用阻容耦合、变压器耦合的多级放大器应用更广泛。

12.2　多级放大器的放大倍数

　　首先讨论两级放大器电路的放大倍数问题。假如两级放大器电路的放大倍数都是 10，如果对第一级放大器输入 1mV 的信号，那么第一级放大器输出的信号就等于：

$$U_{o1} = U_{i1} \cdot A_1 = 1\text{mV} \times 10 = 10\text{mV}$$

　　由于第二级放大器的输入信号就是第一级放大器的输出信号，所以，这个两级放大器电路的放大倍数就等于：

$$U_o = U_{i2} \cdot A_2 = (U_{i1} \cdot A_1) \cdot A_2 = = U_{i1} \cdot (A_1 \cdot A_2) = (1\text{mV} \times 10 \times 10) = 100\text{mV}$$

因此，两级放大器电路的放大倍数：

$$A = A_1 \cdot A_2$$

由此，多级放大器电路的放大倍数：

$$A = A_1 \cdot A_2 \cdot \cdots \cdot A_n$$

可见，使用多级放大器将信号放大几百万倍不是难事！这个事实我们将通过感应测电笔的制作进行体验。

关于多级放大器的特性，请通过学生工作页的仿真检测进行验证。

任务总结

本任务的目标是：

1）知道多级放大器的基本概念和三种耦合方式的特点。

2）能用电烙铁制作焊接简单的应用电路。

任务实施

完成学习工作页任务 12。

任务 13 集成电路认知与仿真检测

任务目标

1. 强化学习使用 EWB5.0 电路仿真软件。

2. 了解集成电路的概念。

3. 使用仿真软件验证和检测运算放大电路。

4. 了解电路"运算"的含义。

信息收集

13.1 集成电路基本知识

集成电路是 20 世纪 50 年代后期至 60 年代发展起来的一种新型半导体器件。采用一定的工艺，把一个电路中所需的晶体管、电阻、电容和电感等元件及布线互连一起，制作在一小块或几小块半导体晶片或介质基片上，然后封装在一个管壳内，成为具有所需电路功能的微型结构；其中所有元件在结构上已组成一个整体，使电子元件向着微小型化、低功耗、智能化和高可靠性方面迈进了一大步。它在电路中用字母"IC"表示。集成电路发明者为杰克·基尔比（基于锗（Ge）的集成电路）和罗伯特·诺伊思（基于硅（Si）的集成电路）。当今半导体工业大多数应用的是基于硅的集成电路。

集成电路已广泛应用于通信、遥控与遥测、自动化控制、计算机、汽车等现代化电子产品和设备中，而且正在迅速发展。

13.2　集成电路分类

1. 按功能分类

集成电路就是把具有某项功能的电子元器件（二极管、晶体管、小电阻、小电容）和连接导线集中制作在一小块半导体芯片上，组成具有该功能的整体。它与分立元件组成的电路相比，体积更小，重量更轻，功耗更低，而且大大提高了电路工作的可靠性，减少了组装和调整的工作量。

集成电路按功能不同，可分为两大类：模拟集成电路和数字集成电路。模拟集成电路主要处理连续变化的模拟信号，即用于放大或变换连续变化的电压或电流信号。数字集成电路是基于数字逻辑（布尔代数）设计和运行的。数字集成电路是用于处理数字信号的电路，数字集成电路是目前用量最大的电路，也是现代集成电路技术发展的重要标志之一。

2. 按集成度分类

单位面积（通常指 1 平方英寸）半导体芯片上包含的元器件数量叫做集成度。集成电路按集成度可分为四类：包含几十个元器件的叫小规模集成电路，包含一百到几百个元器件的叫中规模集成电路，包含一千到十万个元器件的叫大规模集成电路，元器件数超过十万个的叫超大规模集成电路。目前已生产出包含上百万个元器件的超大规模集成电路，而芯片的面积只有几十平方毫米。

13.3　集成电路的使用常识

使用集成电路时，只要掌握了它的外部特性和外接电路的正确连接方法，就能方便地使用它们。对于其内部电路结构及制造工艺一般不去研究。

集成电路的外特性主要是指外部引脚编号的排列规律及其功能、符号、主要参数等。这些都可从集成电路产品手册中查到。

不同类型的集成电路的外引脚排列规律是不同的，而且引脚有多有少。但一般总是从外壳顶部看下去，从标记起，按逆时针方向编号。圆管壳封装的以凸键为参考标记，逆时针方向数，依次为 1、2、3……；直插式与偏平型，将印有器件型号的背面朝上，缺口、色点等标记放在左边，标记左下脚为第 1 脚，然后按逆时针方向计数管脚，如图 4.13-1 所示。

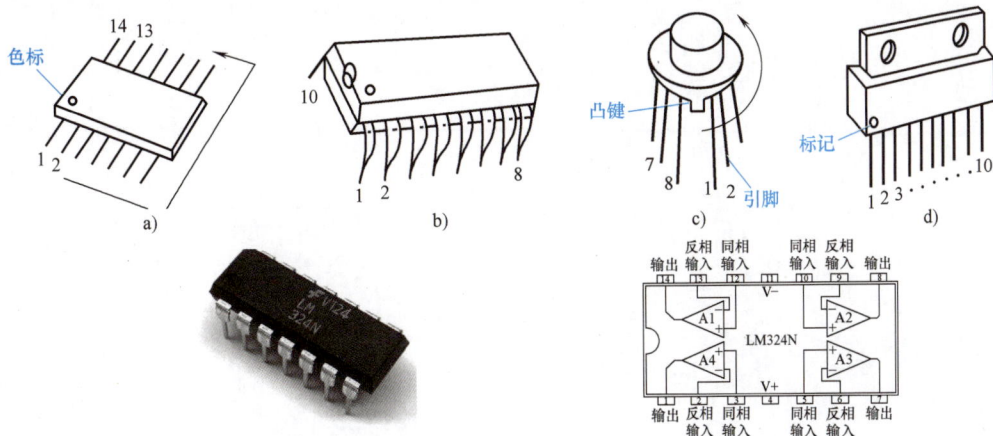

图 4.13-1　常见运算放大器芯片

同一个集成电路用在不同的外接线路中，可以组成多种功能的实用电路，因此使用集成电路时，外接线路一定要正确无误。集成电路损坏后，尽量采用原型号替换。

集成电路的种类很多，常用的模拟集成运算放大器、集成功率放大器及集成稳压器是最常用的集成电路。本项目通过集成运算放大电路的仿真测试来了解和体验集成电路的特点和应用。

任务总结

本任务的目标是：

1）知道集成电路、引脚功能，并知道常见集成电路引脚标志。

2）了解 2 种以上集成电路的应用。

3）能使用万用表对较简单的实际应用电路进行综合检测。

任务实施

完成学习工作页任务 13，并完成学习工作页项目考核。

项目 5
数字电路仿真检测

05

项目描述

汽车电控系统学习需要必要的数字电路常识。本项目通过电路仿真验证过程学习相关数字电路常识。

项目目标

1. 通过 2 个典型案例了解数字信号的基本概念、特点及检测要点。
2. 通过汽车 CAN 总线了解局域网的基本概念、特点及检测要点。

任务 14　数字电路认知与仿真检测

任务目标

1. 掌握数字信号定义。
2. 掌握高、低电平定义。

3. 了解电源电压为+5V的数字电路，高、低电平范围多大。

4. 掌握方波和矩形波的占空比特点。

5. 掌握汽车电脑是怎样控制喷油器的喷油量的。

14.1 数字电路基本常识

随着计算机技术的飞速发展，数字化电子技术的应用已经深入到了人类社会的方方面面。数字电子技术在汽车生产中也得到广泛的应用，使汽车的性能得到了全面的提升，汽车不再是简单的交通工具，是集各种先进科技技术于一身的科技产品。在数字电子技术的支持下，汽车在智能化方面得到不断地完善，而且有很多汽车企业开始研发无人驾驶系统，这些都是数字化技术的功劳。

本任务以汽车上普遍使用的霍尔传感器、空调鼓风机（PWM）、喷油器（喷油时间）和 CAN 总线技术为案例，阐述数字信号在汽车检测中的应用，以及相关必需的基本知识。

霍尔传感器是利用半导体的霍尔效应原理的传感器。在汽车上普遍应用于检测转动部件（如图 5.14-1）的转速（如轮速传感器、凸轮轴位置传感器等），以及平动位置（如无极变速器柱塞位置传感器）等机械位置的非接触检测。曲轴位置传感器的输出信号如图 5.14-2a 所示。

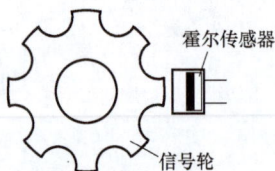

图 5.14-1　霍尔传感器检测

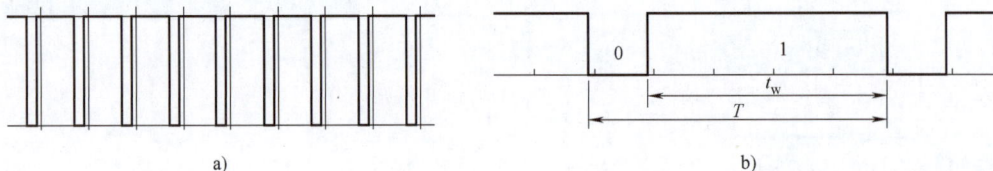

a)　　　　　　　　　　　b)

图 5.14-2　曲轴位置传感器的输出信号

互动提问　什么是数字信号？什么叫高电平？什么叫低电平？

从图 5.14-2a 可见：凸轮轴位置传感器输出的信号只有 0 和 1 两种信号。这种只有 0 和 1 两种状态的信号称为数字信号，也称为数字脉冲信号。传输和处理数字信号的电路叫数字电路。在数字电路中，0 或 1 就像开关的断开、闭合一样，表示电路某个时刻处于哪一种状态，而没有大、小的差别。大多数情况下默认 0 表示低电压状态，1 表示高电压状态。

早期的汽车上检测转动部件普遍采用电磁感应式（也称磁电式）传感器。这类传感器输出信号的幅度受转动部件的转速及安装间歇影响很大。检测低转速时输出信号幅度很小，而转速高时输出信号幅度很大，这对电脑系统的信号采集电路提出了很高的要求。目前已逐步被信号输出与转速无关的霍尔型传感器取代。

例 1　某车型的霍尔式凸轮轴位置传感器的电源电压为 8V，当检测到传感器输出电位为 8 V 左右（数字信号允许有一定的误差）时，就说"传感器输出信号为高电平 1"；当检测到传感器输出电位接近 0 时（数字信号允许有一定的误差）时，就说"传感器输出信号为低电平 0"。

例 2　某车型的霍尔式凸轮轴位置传感器的电源电压为 10V，当检测到传感器输出电位为 10V 左右（数字信号允许有一定的误差）时，就说"传感器输出信号为高电平 1"；当检测到传感器输出电位接近 0 时（数字信号允许有一定的误差）时，就说"传感器输出信号为低电平 0"。

注意：

1）数字电路中的 0 和 1 只表示两种不同的状态，没有大小的区别。工业数字控制电路中也有用电流的有、无表示 0 和 1 两种状态。请搜索"RS232 串行通信"。

2）数字电路中信号电位大约在 2/3 电源电压以上时即为高电平 1，信号电位大约在 1/3 电源电压以下时即为低电平 0。

由以上两个例子可见：表示 0 和 1 两种状态信号的电位值与数字电路的电源电压有关，在描述火花塞的点火状态时，也可以用火花塞中心电极 10000V 左右的电位表示高电平 1。

另外，在数字信号中，还有一个非常重要的参数叫做占空比。占空比的公式为

$$q = \frac{t_w}{T}$$

占空比的意义在于：单位负载工作时间（T）内，负载通电时间（t_w）的比例越大，负载输出的功率越大。

14.2　数字电路在汽车上的应用案例

例 3　在电风扇控制中，设断开开关表示 0，闭合开关表示 1，而断开开关和闭合开关的时间段（周期）为 1s。那么，若在 1s 时间内，闭合开关（高电平 1）的时间为 0.8s，断开开关（低电平 0）的时间则为 1s-0.8s=0.2s，这种操作的占空比为

$$Q_1 = \frac{t_{w1}}{T} = \frac{0.8s}{1s} = 0.8$$

互动提问　什么是脉宽调制（PWM）？其调速原理是什么？

例 4　在电风扇控制中，假如设断开开关表示 0，而闭合开关表示 1，而我们断开开关和闭合开关的时间段（周期）为 1s。那么，在若干 1s 时间内，如果闭合开关（高电平 1）的时间为 0.2s，断开开关（高电平 1）的时间则为 1s-0.2s=0.8s，这种操作的占空比

$$Q_1 = \frac{t_{w1}}{T} = \frac{0.2s}{1s} = 0.2$$

例 3 和例 4 的操作的区别是：按例 3 方式操作时电风扇转速快，而按例 4 方式操作时电风扇转速慢。这样的控制叫做脉冲宽度调制，简称脉宽调制（英文缩写：PWM）。

PWM 控制应用非常广，其不仅可以控制电动机转速，也可以用于控制加热器功率，还能控制灯光亮度等。

PWM控制方式最大的优点在于：当（高速通断的电子）开关元件处于闭合状态时，由于开关元件电阻接近0，尽管这时电路中的电流最大，开关元件上也基本不耗电；而当开关元件处于关断状态时，由于开关元件电阻接近∞，尽管这时电路中的开关元件两端的电压接近电源电压，但因电流为0，因此开关元件上仍然基本不耗电。也就是说：采用PWM控制方式可以提高电源的利用率。

汽车空调鼓风机的电动机普遍采用PWM控制方式，不仅实现了无级调速，而且提高了效率。汽车发动机的点火系统、喷油系统等采用PWM控制。例如，喷油量是通过对喷油器的喷油时间脉冲宽度进行喷油量控制的。随着PWM控制成本的下降，PWM控制方式在工业、民用产品的控温、调光、调速等系统的负载功率调节（简称：调功）产品中的应用非常广泛。

汽车局域网是数字技术在汽车智能化技术方面的典型应用之一，它实现各控制单元之间的通信。下面以CAN总线为例，讨论汽车局域网的特点。图5.14-3所示为CAN总线信号波形。

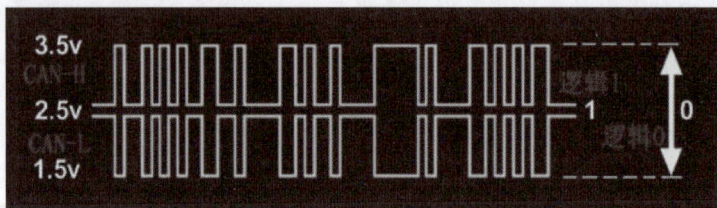

图5.14-3　CAN总线信号波形

CAN-H和CAN-L波形是镜像对称（以2.5V为对称轴）的，其特点是：

1）CAN总线信号输出高电平"1"的期间：CAN-H线电位值为3.5V，而CAN-L电位值为1.5V。

2）CAN总线信号的低电平"0"的期间：CAN-H线电位值为2.5V，而CAN-L电位值为2.5V。

注意：CAN总线信号使用2路输出数据信号的好处在于：①CAN总线的CAN-H线和CAN-L线相当于差分信号，具有非常好的抗干扰特性；②只要CAN-H线和CAN-L线有一条线正常，数据传输也可以维持（关系到安全问题的系统不允许CAN总线单线工作），但由于数据传输的抗干扰性能降低，需要高速通信的单元也不能正常工作。

综上所述：

1）数字技术在汽车上的应用越来越多。

2）数字信号在传输过程中具有更高的抗干扰能力，有利于提高数据传输的可靠性，从而提高通信效率。

名师点评

虽然数字技术在汽车上的应用越来越普遍，但在汽车检测维修中用到的数字信号的检测主要是脉冲波形或控制电平信号，而且随着汽车局域网技术的发展，汽车的自诊断能力越来越强，汽车电子检测技术会越来越简单。因此，本书对数字电路技术方面的知识的介绍非常简单。如果读者需要对数字电路技术进行更深入地了解，请自主学习"数字电子技术基础"这门课的内容。

任务总结

　　智能数字技术在现代汽车的控制器中应用虽然非常普遍，但汽车控制器和我们生活中普遍使用的电脑一样，当电脑出问题时，使用者一般只需要从外围进行简单的检查，如果外围工作条件没问题，一般都会更换控制器。汽车控制器也是一个汽车配件，我们的主要任务有两个：①检查外部工作条件（主要包括：线路连接、电源等）；②使用故障诊断仪进行检查（在后续课程学习）。本任务的目标是：

　　1）能口述数字电路的概念，并能说出高电平和低电平的特点。

　　2）能使用万用表和示波器对数字电路进行简单的检测。

任务实施

　　完成学习工作页任务 14，并完成学习工作页项目考核。

项目 6
汽车功能模块检测

项目描述

功能模块电路在汽车电子产品中的应用日趋广泛。汽车中常见的功能模块有闪光继电器、发电机电压调节器、点火模块等。

项目目标

1. 通过 2 个典型案例了解和体验功能模块电路特点。
2. 通过 2 个典型案例检测过程，初步掌握功能模块电路检测的要点。

任务 15　直流电动机调速控制模块检测

任务目标

1）能够说出模块化电路的特点。
2）掌握简单模块的在线和离线检测的要点和方法。

3）能根据模块资料对模块进行检测。

信息收集

15.1　功能模块电路及其特点

功能模块也称厚膜集成电路，是指将特定设计功能所需的所有电子元件和相关软件等集成组装在独立封装的壳体内，实现特定功能的产品。人体红外线遥控开关、固态继电器都是一种功能模块。

集成电路与功能模块的区别在于：由于集成电路不能制作大电容器、电阻、电感等电子元件，因此，用户在使用时必须在集成电路外部通过集成电路引脚连接相关元件。而功能模块使用时，只需简单连接线路，即可实现模块的控制功能。

功能模块电路的专业化设计生产，保证了其优越的性能，而规模效应使其成本大幅度降低。汽车中常见的功能模块有闪光继电器、发电机电压调节器、点火模块等。功能模块电路最大的特点在于：模块参数一致性高、应用电路简单、检测和维修效率高。

15.2　功能模块电路在汽车上的应用案例

案例 1　汽车转向灯闪光继电器

汽车转向灯闪光继电器简称闪光继电器，是汽车灯光信号系统中重要的配件之一。图 6.15-1 是某闪光继电器拆开壳体前后的照片。在闪光继电器的壳体上印制有其应用电路图或脚位说明，这个电路图和普通继电器的电路图有明显区别。图 6.15-2 是闪光继电器的电路图。由图 6.15-2 可见，闪光继电器内部电路还是比较复杂的。

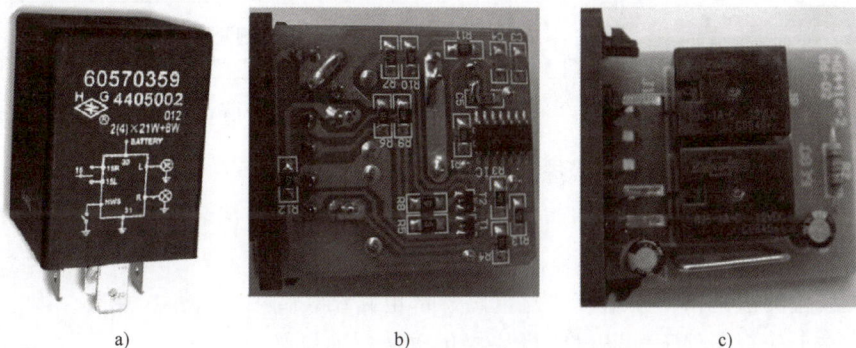

a)　　　　　　　　b)　　　　　　　　c)

图 6.15-1　汽车转向灯闪光继电器

互动提问

在汽车检测维修工作中，当遇到闪光继电器损坏时，我们需要拆解它并根据它的电路原理图实施元件级的检测维修吗？答案是：NO！

当今时代是知识爆炸的时代，专业分工越来越细。汽车维修已经进入配件更换式维修的时代，传统的配件功能修复式维修已经过时。

另外，有一些资料介绍汽车电脑的维修案例。请你千万不要模仿。这些维修都是不合法的。因为汽车属于对安全性要求很高的产品，对每一个零配件的安全性都要进行专业的安全检测。私自对损坏的汽车电子控制模块或电脑进行功能恢复性维修，其安全性无法进行专业的检测，是不安全的，也是不合法的。

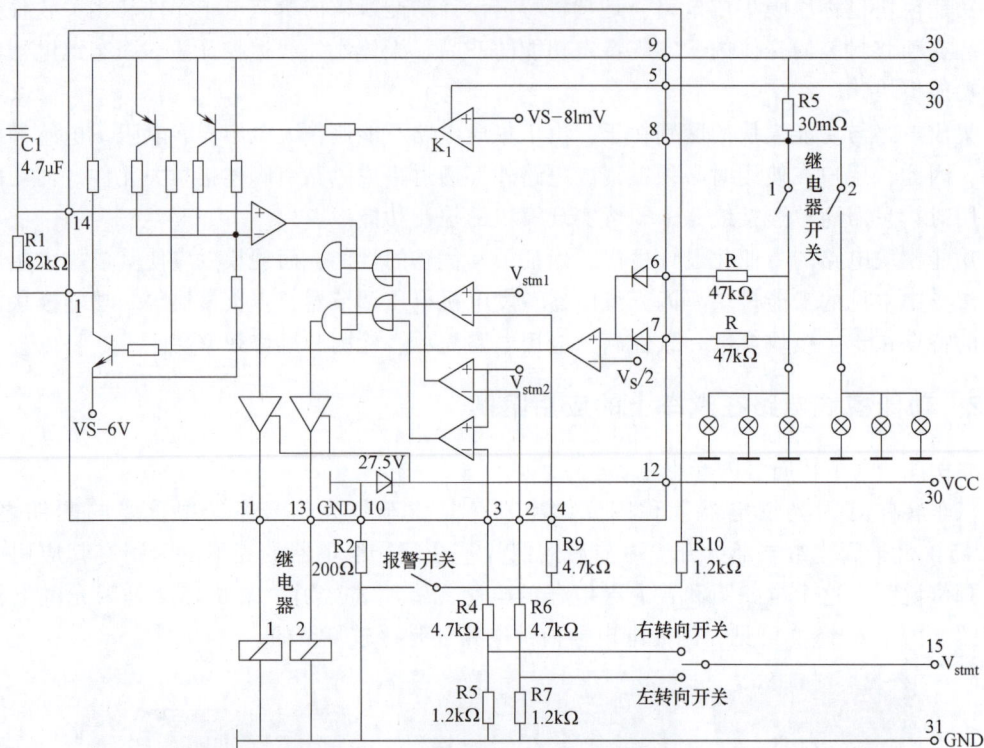

图 6.15-2　汽车转向灯闪光继电器内部电路

怎样对汽车转向灯闪光继电器进行检测呢？

模块化电路的检测一般有在线检测法和离线检测法两种方法。很多资料介绍的都是离线检测法。

所谓离线检测法是指：根据模块化电路外部电路结构简单的特点，在工作台条件下，通过为模块提供电源、连接必要的相关外部等效部件方式，对模块化电路的性能进行简单验证性检测的方法。图 6.15-3 是闪光继电器的离线检测方法示意图。离线检测法一般适合适用于实验室、配件经营场合。

所谓在线检测法是指：在使用模块化电路的设备（实车）上，通过观察或检测相关部件工作状况（包括电源）而进行的模块功能验证的工作方法。

在实车检测工作中，应养成首选在线检测法的习惯。这是由于在线检测法无需额外准备电源和相关外部等效部件，因此工作过程更为简洁。当遇到外部工作状态很难观察或检

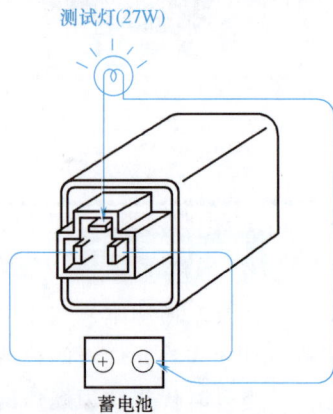

图 6.15-3　闪光继电器的离线检测电路

测时，一般使用维修线（图6.15-4）连接功能模块到插座，然后连接功能等效部件（如试灯）进行在线检测。当使用维修线仍然不能进行检测时，再考虑使用离线检测法。

对于类似闪光继电器这类应用特点为"采用插拔式连接的简单功能模块"，自制少量维修线来完成功能模块连线是最简单有效的工作方法。而且与这类功能模块的引脚配套的维修线用废旧插接器获取非常方便。

案例2　发电机电压调节器

发电机电压调节器模块如图6.15-5所示，为JFT149F型电压调节器模块。这类模块的应用电路可以在维修手册上查阅，也可以阅读包装盒（或包装袋）内的使用说明书。

发电机电压调节器是通过控制发电机工作状态（发电或停止发电状态）来确保蓄电池始终工作在最佳状态的汽车电源系统管理模块。它通过检测发电机和蓄电池组成的电源系统的输出电压（13.8～14.5V）来控制发电机工作状态（发电或停止发电状态），实现对蓄电池充、放电管理和对全车电器供电。

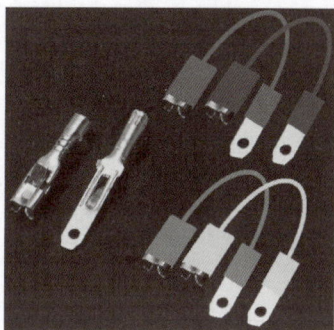

图6.15-4　维修线

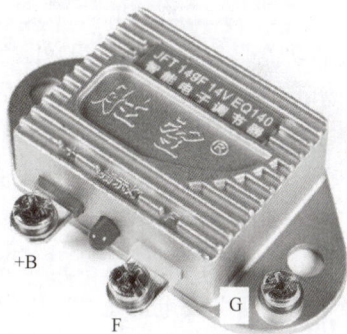

图6.15-5　发电机电压调节器模块

名师点评

很多汽车专业的教材和资料均误解释为："发电机电压调节器的作用是使发电机电压在不同的转速下保持恒定的输出电压。"分析发电机电压调节器电路原理可知，发电机电压调节器电路没有稳定发电机输出电压的功能。它是通过检测发电机和蓄电池并联组成的电源系统的输出电压，来确定蓄电池是否已经完成充电（对于12V蓄电池，当蓄电池端电压达到14.5V左右时为完成充电），来确定是否让发电机处于发电状态，继续为蓄电池充电。当蓄电池完成充电后，发电机电压调节器控制发电机处于停止发电状态（这个状态和发动机转速无关），由蓄电池为全车电器供电，直到检测到电源系统输出电压（即蓄电池电压）低于13.0V时，发电机电压调节器再次控制发电机处于发电状态为蓄电池充电，同时也为全车电器供电。

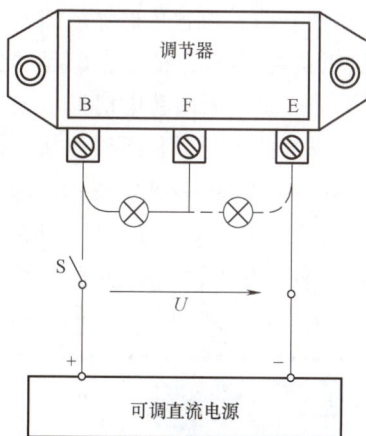

图6.15-6　电压调节器检测电路

图 6.15-6 为采用离线检测法对发电机电压调节器进行检测示意图。这种检测方法对于检测 JFT149F 型这类接线非常简单的模块来说，比较方便。但对于检测整体式发电机（电压调节器内置）的电压调节器则需要拆解发电机，而且离线检测的电路结构也复杂很多，检测工作量很大。

互动提问 对于图 6.15-7 所示的整体式发电机怎样使用在线检测法确定电压调节器好坏呢？

遇到这类不能直接检测内部功能单元电路（例如电压调节器）的问题时，需要掌握以下内容：

1）这个系统的功能与用途。例如：整体式发电机的功能是发电，主要用途是为蓄电池充电。

2）系统控制流程。例如：整体式发电机的系统控制流程是：通过对 +B 检测控制发电机工作状态，+B 高于 14.5V（上限电位值）就停止给蓄电池充电（这个时间段蓄电池为全车电器供电）；+B 低于 13.0V（下限电位值）就给蓄电池充电（这个时间段发电机不仅为蓄电池充电，还为全车电器供电）。

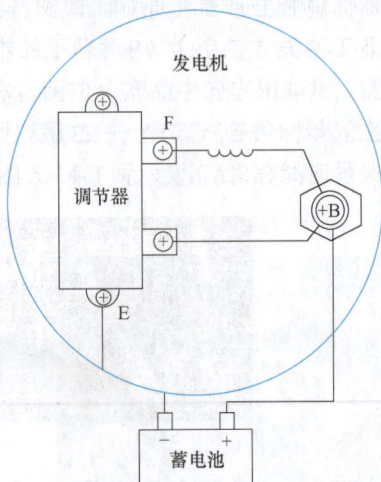

图 6.15-7 整体式发电机

案例 一辆奥迪 A8 近期经常出现早上发动机起动困难故障。

经验丰富的范师傅进行了以下检测：

1）在起动车前（修理厂接车时因工作实效要求，一般不验证早上发动机首次起动困难的故障现象）。检测蓄电池（空载）电压，检测结果为 12.2V。初步判断蓄电池或发电机不正常。

2）断开曲轴位置传感器插接器（丰田发动机一般还要拔下凸轮轴位置传感器插接器），人为迫使发动机无法起动。在起动发动机过程中用万用表检测蓄电池电压，检测结果为 9.2V。进一步判断出蓄电池基本正常，怀疑发电机可能不正常。

3）恢复曲轴位置传感器连接；拆下发电机输出（B+）线的熔丝，在熔丝座上连接一个前照灯灯泡，用电压表检测发电机输出（B+）电压。起动发动机后慢慢加速，发现当发动机转速超过 1000r/min 后，发电机输出（B+）电压最高只能升高到 12.8V（注意：电压调节器正常的输出电压应为 13.0~14.5V）。据此判断蓄电池基本正常，发电机不正常。

4）更换发电机内部电压调节器后，第二天询问车主，车主说没问题了。

名师点评

1）以上检测过程均建立在准确理解汽车电源系统工作过程的基础上。因此，正确的检测思路是以准确掌握相关基本知识为基础。

2）在发电机输出（B+）线上串联一个前照灯灯泡是为了减小发电机对蓄电池的充电电流，使发电机在低转速时能输出比较高的电压，从而判断电压调节器工作状况。

3）由于蓄电池还给其他电器供电，所以不能将前照灯灯泡串联在蓄电池正极。

任务总结

功能模块电路现代汽车中应用比较普遍。功能模块应用电路一般都非常简单。本任务的目标是：

1）能够说出模块化电路的特点；并具体说出点火模块怎样测试。

2）通过实战任务体会转向继电器、点火模块的模块化电路检测技能。

任务实施

完成学习工作页任务 15，并完成项目考核。

项目 7
无线遥控入门

07

本项目以 2939 铁将军摩托车防盗器为例,了解遥控技术并初步学习车辆防盗系统的安装方法。

项目目标

1. 初步了解遥控技术的类别和车辆无线遥控防盗系统的基本原理。
2. 初步了解车辆防盗系统的安装方法。
3. 初步学习遥控模块的简单测试方法。

任务 16 无线遥控认知与遥控模块检测

任务目标

1. 能独立利用网络搜索四路无线遥控模块资料。

2. 能根据四路无线遥控模块资料正确连接模块测试电路。

3. 能利用万用表、示波器等测试模块关键信号。

信息收集

16.1　遥控的概念与应用

遥控是对被控对象的远距离控制。按遥控命令信息的发送方式分类，遥控可以分为无编码遥控和编码遥控两种形式。火警的警铃声包含的信息非常简单，警铃声仅能告诉人们"着火了！"，这就属于无编码形式的遥控。而军营里的作息号是以特定号谱发出"起床、早操、吃饭、上课、操练、午休、点名、集合、紧急集合、防空"等信息，这就属于编码遥控。无编码遥控形式一般用于单一命令信息的传递，而编码遥控形式一般用于多命令信息的传递。编码遥控的优点是遥控端发出的命令数量增加了，需要接收的参数（可以简单理解成动作）更多了，对接收端的要求也提高了，接收端需要正确理解遥控端发出的命令，这就叫解码。就像军营中的军人必须听懂不同的作息号。

按控制端与被控制端是否通过直接连接控制，把遥控分为有线遥控（如图 7.16-1a）和无线遥控（如图 7.16-1b）。

a) 有线遥控　　　　　　　　　　　b) 无线遥控

图 7.16-1　有线和无线遥控案例

有线遥控简称线控。线控最大的优势是：成本低、抗干扰能力强。早期在汽车上，节气门开度是通过节气门拉索实现有线（遥控）控制的；现代汽车采用的电子节气门其实质仍然是线控。有线遥控适合近距离遥控，汽车上很多执行器都是采用线控形式。

无线遥控是指实现对被控目标的非接触遥远控制。在日常生活中，火警的警铃声和军营里的作息号号声都是通过声音，以无线的形式对控制对象发出遥控命令。但火警的警铃声和军营里的作息号号声包含的信息量不同。随着无线遥控的模块化，无线遥控系统的成本和对使用人员的技术要求越来越低，无线遥控在汽车、航空航天、家电等领域应用已经越来越广泛。莫尔斯电码就是大家熟知的一种以 0（按键闭合）和 1（按键断开）的方式表示数字 0~9 的编码技术。

16.2　无线遥控应用案例认知与应用简介

车辆无线防盗系统可以分为原车自带无线防盗系统和加装无线防盗系统。本项目以摩托车专用 2939 铁将军防盗器为例，学习无线防盗技术。2939 铁将军是一种应用于车辆的简单

防盗器，它包含了车辆防盗系统的基本构成，其安装过程比较简单，适合初学者学习车辆无线防盗系统的基本原理和安装测试技能。

1. 铁将军2939防盗器的组成

铁将军2939防盗器如图7.16-2所示，主要由防盗器主机、遥控器、报警器三部分组成。防盗器主机的作用是：接收遥控器发出的命令，使主机处于对应的工作状态，进而控制摩托车的工作状态。遥控器的面板如图7.16-3，其的作用是：对主机发出4种特定含义的无线编码命令信号。报警器（见图7.16-2下方）的作用是：①当防盗作用被触发时，周期性发出大音量报警声音；②在每次主机接收到有效命令时，以不同次数的"嘀"声提示车主已接收到对应的遥控命令。

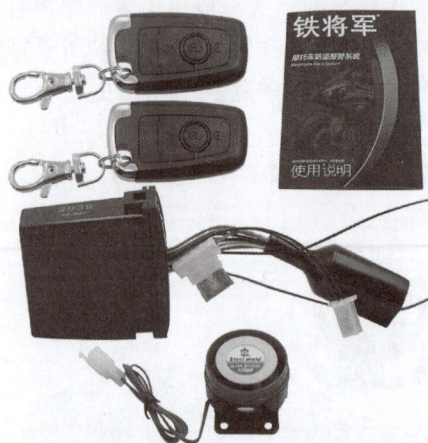

操控指示灯

设定键
按设定键：进入声光防盗警戒状态
解除键
按解除键：解除防盗警戒状态
启动键
连接两下遥控启动键：发动机启动
寻车键
按寻车键：喇叭鸣叫
方向灯同步闪亮，声光寻车

图 7.16-2　铁将军2939防盗器

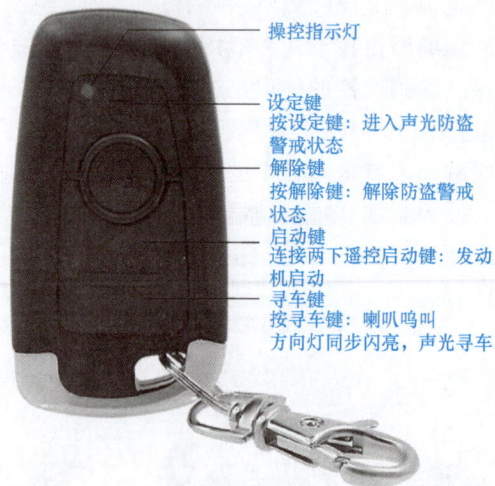

图 7.16-3　遥控器面板

2. 遥控防盗器的基本工作原理

（1）遥控工作原理　遥控发射模块如图7.16-4所示，其主要由按键、编码芯片SC2262（有些产品使用PT2262）和高频无线发射等部分组成。

SC 2262

a)　　　　　　　　　　b)

图 7.16-4　遥控器发射模块

1）按键的作用是向连接到本按键的编码芯片的特定引脚发出低电平命令信号。

2）编码芯片的作用是将对应引脚接收到的按键命令转换成对应的编码；另外，为了防止采用相同编码芯片的遥控器对应同一按键发出的编码相同，导致不同遥控器之间的相互干扰，编码芯片还有一些产生特定地址编码的引脚（图 7.16-4b 电路板右下面部分的焊点）。因此，当按下按键 S3 时，编码芯片输出代码是：地址代码（识别遥控器是否与主机配套）+ 按键代码（识别按键）。

3）高频无线发射部分的作用是：将编码芯片输出的代码加载到超高频无线电发射电路（电子技术中称为调制），并以特定频率和规则（又一种防止遥控器之间相互干扰的措施）以超高频电磁波形式向空间（一般空间有效范围约 20m）发射。由此可见：看似简单的遥控器，内部包含了复杂的编码、调制技术，这些编码、调制技术就相当于开锁的钥匙，钥匙设计越复杂，防盗效果就越好。

遥控接收模块如图 7.16-5 所示。主要由高频无线接收单元和解码芯片 SC2272 等部分组成。图 7.16-5b 电路板右侧部分的焊点是模块的地址编码部分。只有发射模块 SC2262 和接收模块 SC2272 的地址编码一致时，发射模块的按键操作才会被接收模块正确解码。SC2262/SC2272 最多可有 12 位（A0-A11）三态地址端管脚（悬空、接高电平、接低电平），任意组合可提供 $3^{12} = 531441$ 种编码。由于图 7.16-4、图 7.16-5 只用了 8 个地址编码线，因此地址编码组合为：$3^8 = 6561$。

说明：以上介绍的遥控器的编码技术叫固定编码技术。还有一种叫滚动编码（简称滚码）技术。滚动编码的基本思路是：在每次遥控后，收、发双方以特定的算法（例如：在原来的代码基础上乘以某个系数）同步改变下一次遥控的编码，这样防盗效果将进一步提升。

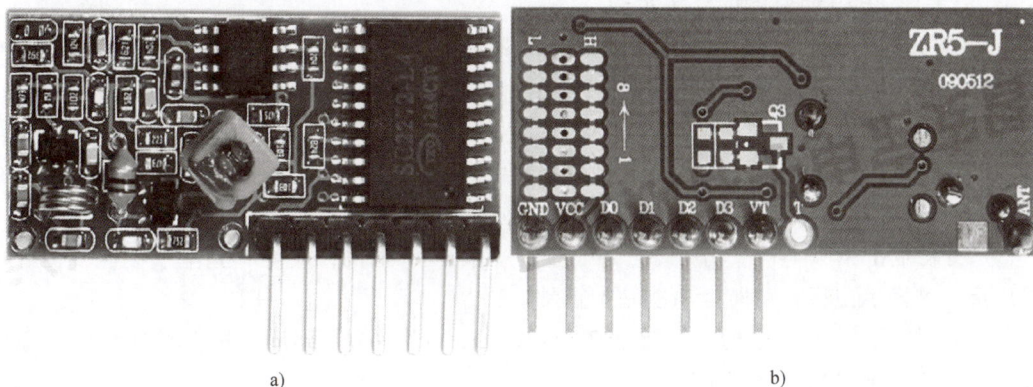

a)　　　　　　　　　　　　　　　　b)

图 7.16-5　遥控接收模块

（2）主机工作原理　主机如图 7.16-5 所示，其主要由高频无线接收与解码模块、CPU、输入输出接口（线束）等部分组成。

1）高频无线接收与解码模块的作用是接收遥控器发射来的包含编码信息的超高频电磁波无线电信号，并完成编码信息的解码（只有所有编码都符合原编码才输出解码信号），并输出解码信号。

2）CPU 的作用是：接收来自解码模块的数据信息、线束的非法操作信号（如来自起动按钮的点火信号）、主机电路板的振动传感器（振动传感器安装在主机电路板上，用于在防盗状态时检测对车辆碰触、移动引起的振动信号）的信号，并根据这些信号确定系统处于

起动发动机或报警状态（报警状态时喇叭会发出"嘀"声、点火开关操作失效）等。

3）线束（即输入输出接口）的作用有两个（参见图7.16-6）：输入点火信号和输出信号控制转向灯、启动继电器（启动线）。

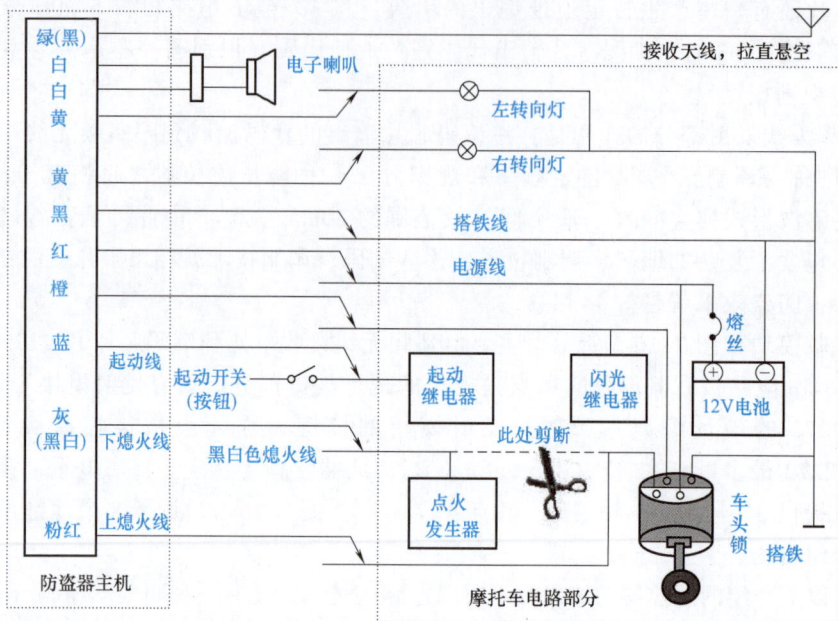

图7.16-6　2939铁将军防盗器接线图

3. 铁将军2939防盗器的安装步骤

初学者在初次安装防盗器（其他产品的安装步骤也差不多）时，建议按以下安装步骤（一边安装，一边验证这一步的功能）进行电路部分的安装（实车需要拆装的部分请参考产品说明书）：

1）连接电子喇叭到主机，连接主机的搭铁线和电源线。在连接电源线时应能听到电子喇叭发出响亮的"嘀"声，这表示主机部分功能基本正常。

2）等待电子喇叭不再发出"嘀"声过后。轻敲一下主机，应能听到电子喇叭发出3次"嘀"声，这表示主机震动防盗功能基本正常。

3）分别按下遥控器上的"寻车键"，每按下一个键，应能听到电子喇叭发出响亮的"嘀"声，这表示遥控功能基本正常。

4）连接闪光继电器和左、右转向灯线。按下遥控器的"寻车键"键，转向灯应闪烁，电子喇叭发出"嘀"声。

5）连接起动线到起动继电器，按下遥控器的"起动"键，应能听到起动机运转声。

6）剪开车头锁开关到点火发生器之间的连线，按图7.16-6分别连接主机的上熄火线到车锁（剪开的导线有电的一端），下熄火线到点火器。按下遥控器的"设置"键，应不能起动发动机。

7）按说明书测试验证其他功能。

自加装防盗的车有时会因为工作人员的操作或选择材料不规范引起一些特殊故障。请看以下案例。

案例　自加装防盗引起发动机偶发性起动困难。

一辆老款捷达车车主自述：我的车多年来起动非常顺畅，近期莫名其妙偶然发生起动困难。找了好几家修理厂，都找不到故障原因。

由于是偶发性故障（有时候车一开到修理厂就不出毛病），排查难度较大。于是技术主管询问车主：

1）每天早上第一次起动顺畅吗？（车主回答：最近偶然出问题。）

2）热车起动时容易出问题，还是冷车起动时容易出问题？（车主回答：感觉没有规律。）

3）车线路改动过吗？（车主回答：2 个月前加装了防盗。）

于是技术主管让修理工重点检测防盗部分线路的各继电器常开触点工作时的电压（即通过检测连接到继电器活动触点和常开触点在继电器吸合时的电压，间接检测触点的接触电阻。这与项目 3 任务 1 中的案例相似）。最后发现防盗器上用于控制原车起动继电器的继电器的活动触点和常开触点之间的电压在每次起动时在 1~3V 之间变化。拆下防盗器主机，让车主找附近的修家电的师傅更换这个继电器（防盗器主机内部的继电器和车上用的继电器安装尺寸差别较大，而且更换防盗电脑里的继电器不是汽车修理工的工作）后，恢复全部线路，故障彻底排除。

⚙ 名师点评

1）后期加装的系统由于很少经过严格测试，而且使用的原材料一般都是民用级别的（汽车产品的原材料必须选择工业级），所以故障率较高。

2）继电器内部触点接触不良和开关触点接触不良本质上是一样的，检测两触点之间的电压是最简捷的方法。

任务总结

天线遥控技术在现代汽车中主要应用在防盗系统中，本任务的目标是：

1）能口述汽车防盗无线遥控模块的特点。

2）能对项目使用的无线遥控系统进行检查。

任务实施

完成学习工作页任务 16，并完成项目考核。

项目 8
直流电动机认知与主要信号检测

08

项目描述

本项目学习直流电动机常识，了解直流有刷电动机和无刷电动机的基本应用方法和检测。

项目目标

1. 认知直流电动机常识。
2. 初步掌握直流有刷电动机的基本应用方法和检测。
3. 初步掌握直流无刷电动机的基本应用方法和主要信号的检测。

任务 17　直流有刷电动机的认知与主要信号检测

任务目标

1. 了解直流有刷电动机的特点和调速方法。

2. 初步掌握直流无刷电动机的基本应用方法和主要信号检测。

信息收集

17.1　直流电动机基本常识

1. 电动机的功用与分类

电动机是将电能转化为机械能的设备。电动机按供电电源分类，可分为直流电动机和交流电动机。直流电动机按有无电刷分，又可以分为直流有刷电动机和直流无刷电动机，通常所说的直流电动机是指直流有刷电动机。

2. 直流有刷电机工作原理

直流有刷电动机的主要结构示意图如图 8.17-1，其主要由定子、转子和电刷组成，通过转子与定子磁场之间的相互作用力获得旋转转动力矩，从而输出动能。直流有刷电动机的转动原理如图 8.17-2 所示。直流有刷电动机使用静止不动的电刷通过换向器向旋转的转子输送电能的结构设计，不仅巧妙地解决了电能的输送问题，而且利用换向器和转子的同步旋转，解决了转子旋转过程中线圈电流方向的适时切换问题（注意观测转子爪极 A、B、C 位置的变化）。

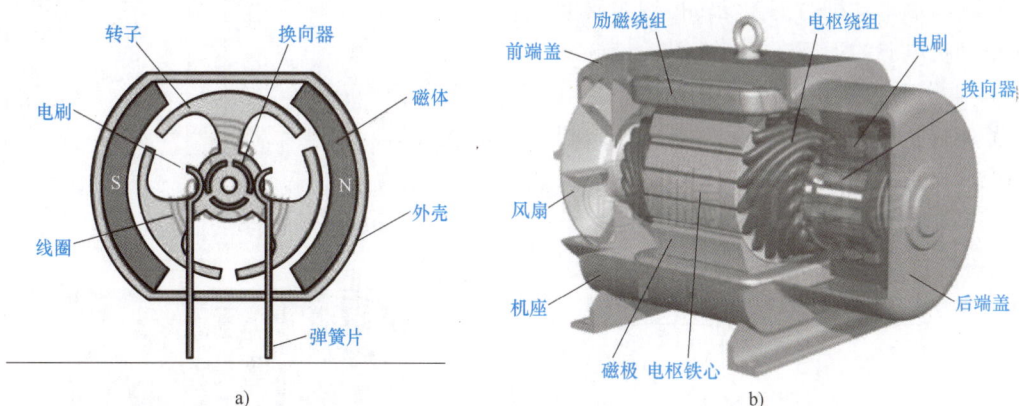

图 8.17-1　直流有刷电动机结构示意图

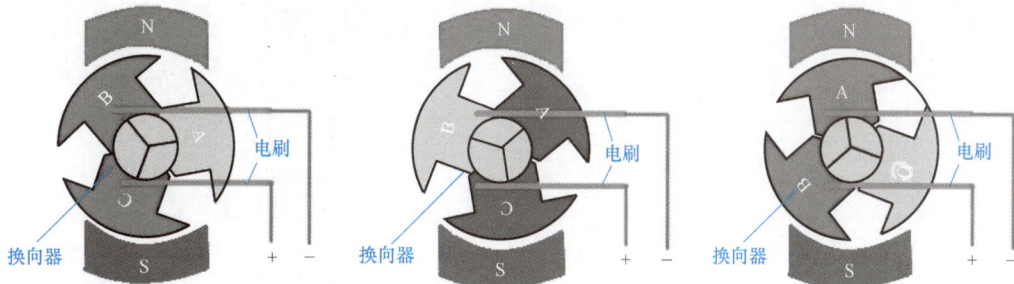

图 8.17-2　直流有刷电动机转动原理

3. 直流有刷电机的特点

为了减小电刷和换向器之间的接触电阻，电刷对换向器必须施加一定的压力；但高速旋转的换向器和电刷之间不断摩擦，就会造成换向器和电刷的磨损。因此，换向器和电刷的磨损是影响有刷电机寿命的主要原因。

因此，直流有刷电动机的特点是：结构简单、价格低、过载能力强，但电刷使用寿命短，使用中需要定期维护。

记住：

1）电刷对换向器要施加压力，电刷压力是直流有刷电动机检测的重要参数之一。

2）电刷磨损1/3时就要更换（注意：还剩下2/3）。

无刷电动机是针对解决有刷电动机电刷和换向器的磨损而设计的一种新型电动机。它以非接触方式检测转子的位置（或转角），实现了线圈电流方向的电子化换向。

在目前使用的无刷电动机中，一般采用霍尔传感器检测转子位置，而使用电子控制器切换线圈电流方向，从而实现了产品化的无刷电动机。

无刷电动机的特点是：电动机（免维护）使用寿命长，但结构复杂、成本高、过载能力比有刷电动机差。

注意： 同功率的不同电动机，电动机过载能力越强，电动机的起动和瞬间加速性能越好。

17.2 直流有刷电动机控制

1. 直流有刷电动机的正、反转控制

直流有刷电动机的正、反转控制实质上是对电动机电源的正负极控制。图8.17-3和图8.17-4分别为采用双刀双掷开关、继电器、晶体管桥式驱动（图8.17-4a）电路和成品模块（图8.17-4b）的有刷电动机的正、反转控制，供读者参考。

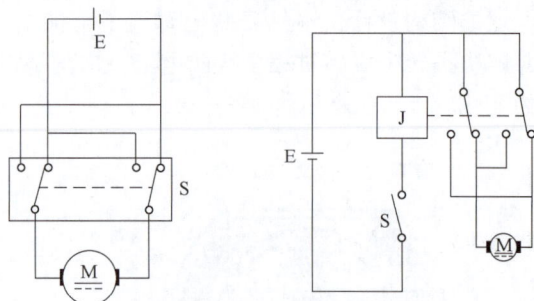

图 8.17-3 采用双刀双掷开关和继电器的转向控制电路

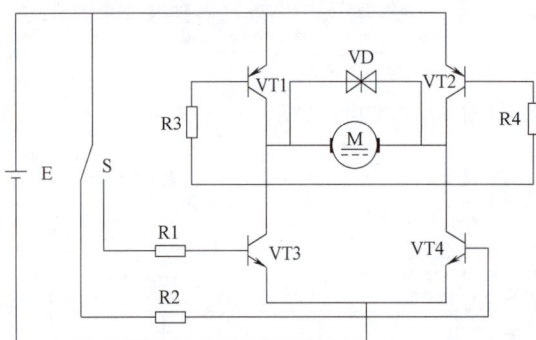

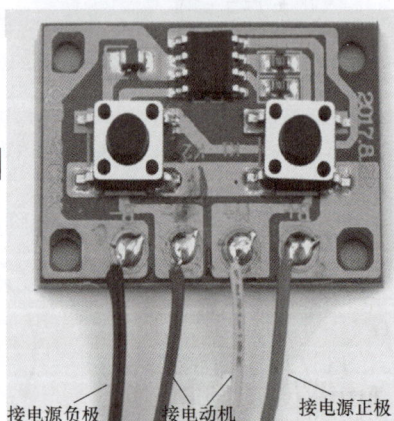

a)　　　　　　　　　b)

图 8.17-4 采用桥式驱动的转向控制电路和成品模块

2. 直流有刷电动机的转速控制

（1）采用串联电阻的有刷电动机调速控制　直流电动机的调速方式常见的有串联电阻调速方式（图8.17-5，S_t为温度开关）和PWM调速方式（图8.17-6）。在较早生产的汽车

发动机散热风扇和空调鼓风机、散热风扇上应用很普遍。由于电阻串联在风扇电动机电路，电阻的耗电不仅浪费汽车宝贵的电能，而且常常因为电阻自身的发热而造成电阻散热不良，使电阻烧坏，从而导致散热风扇故障。

（2）采用 PWM 调速方式的有刷电动机调速控制　采用串联电阻的调速方式因效率低已逐步被图 8.17-6 所示（注意：电机属于电感性元件，二极管是为了消除电动机的自感现象）的 PWM 调速方式的风扇取代。它是利用控制数字脉冲信号的占空比来控制负载通电时间比例的方式来实现对负载功率的控制。PWM 控制不仅普遍用于电动机调速，也在很多电器的功率控制方面得到了广泛应用。

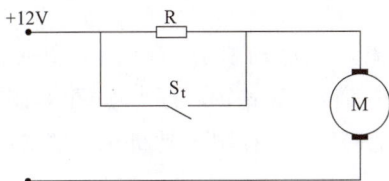

图 8.17-5　串联电阻调速

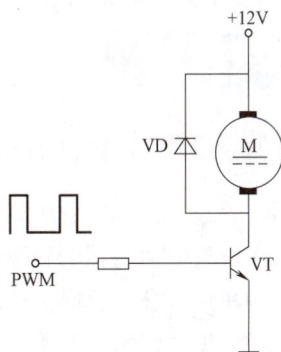

图 8.17-6　PWM 调速

名师点评

　　直流有刷电机的换向器在有的资料中称为"整流子"，这个说法是不对的。因为直流电机是一个具有电动和发电两种特性的双向电气设备，当直流电机作为电动机使用时，它的功能是自动转换转子线圈电流的方向，因此叫换向器；而直流电机作为发电机使用时，它的功能是将转子线圈产生的交流电流转换成单一方向直流电（就是整流作用），因此叫整流子。

任务总结

　　直流有刷电动机在现代汽车中逐步被无刷电动机取代，但直流有刷电动机在当前汽车中的应用量还是很大的。本任务的目标是：

1）能口述有刷电动机的特点。

2）能使用 PWM 调速模块对有刷电动机进行调速和检测。

任务实施

完成学习工作页任务 17。

任务18 直流无刷电动机的认知与主要信号检测

任务目标

1. 了解直流无刷电动机的基本结构。
2. 初步掌握直流无刷电动机的基本应用方法和主要信号的检测。

信息收集

18.1 直流无刷电动机的认知

根据直流无刷电动机的转子位置分类，一般将直流无刷电动机分为内转子和外转子（例如汽车轮毂电动机、电脑散热风扇电动机等）无刷电动机。无论内转子（如图 8.18-1a）或外转子无刷电动机（如图 8.18-1b）都是由永磁转子（注意：有刷电动机永久磁铁是定子）、定子、传感器和机座等组成。

定子绕组一般制成多相（三、五相不等），通常为三相绕组。三相绕组沿定子铁心对称分布，在空间互差 120° 电角度，通入三相交流电时，产生旋转磁场。

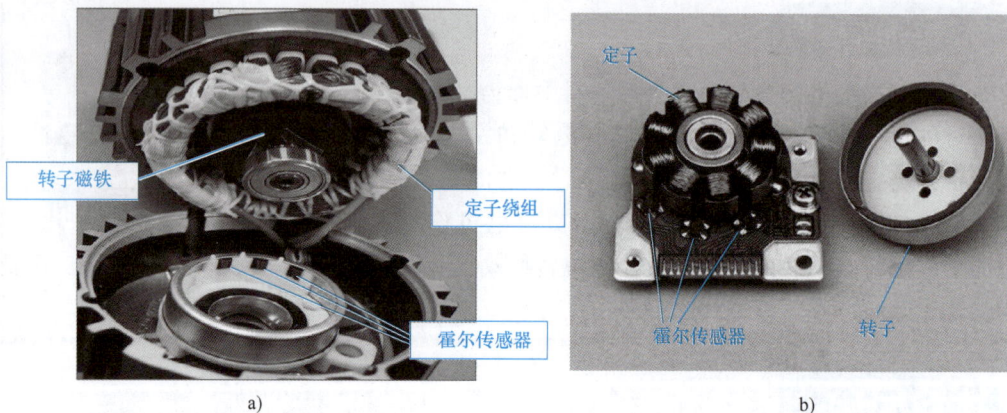

图 8.18-1 无刷电动机的基本结构

转子采用永磁体，目前主要以钕铁硼作为永磁材料。采用永磁体简化了电动机的结构，提高了可靠性，又没有转子铜耗，提高了电动机的效率。

传感器：用于检测转子位置（专业术语：电角度），通常有霍尔传感器、光电编码器和旋转变压器。也有无位置传感器的电动机简称无感电动机。

补充知识

霍尔传感器及其分类

霍尔传感器（如图 8.18-2）是一种利用电流的磁效应原理对磁场检测的半导体元件。由于霍尔效应电流很小，因此要使用放大电路对信号进行处理，以便满足不同的用途。

霍尔传感器分为线性型霍尔传感器和开关型霍尔传感器两种。

1）线性型霍尔传感器的输出为模拟量。线性型霍尔传感器用于磁场或者电流的检测。

2）开关型霍尔传感器又分为双磁极开关型霍尔传感器（例如 AH413）和单磁极开关型霍尔传感器（例如 AH3133）。双磁极开关型霍尔传感器在磁铁 S 极面对传感器标志面且接近传感器时，传感器输出低电平；只有磁铁 N 极面对传感器标志面且接近传感器时，传感器才输出高电平。这种霍尔传感器也叫锁定型霍尔传感器。单磁极开关型霍尔传感器在磁铁 S 极面对传感器标志面且接近传感器时，传感器输出低电平；磁铁远离传感器时，传感器输出高电平。磁铁 N 极面对传感器标志面时，传感器没有响应。这种霍尔传感器也叫非锁定型霍尔传感器。

图 8.18-2　霍尔传感器

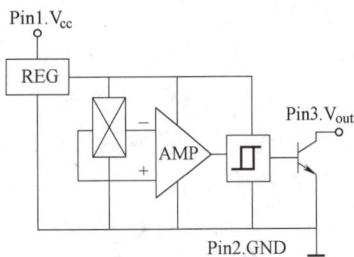

特别提醒：图 8.18-3 是开关型霍尔传感器内部电路，其输出端为 OC（请百度"OC 门"）结构，相当于晶体管放大器的集电极没有接 R_C。离线检测时一定要在输出端和电源正极之间连接一个 1kΩ 左右的电阻。否则，测不到信号！

图 8.18-3　开关型霍尔传感器内部电路

名师点评

离线检测霍尔传感器时如果找不到 1kΩ 左右的电阻，可以用万用表电阻档测量输出（接红表笔）到地（接黑表笔）的电阻。因为万用表电阻档内部是有电源的。

18.2　三相无刷电动机控制原理

通过图 8.18-4 所示的三相有、无刷电动机转动原理示意图对比可知存在以下明显不同：

1）有刷电动机转子是电磁线圈，而无刷电动机的转子是永久磁铁。

2）有刷电动机转动过程中的转子线圈电流方向是由转子同步转动的换向器适时切换的。当转子转到特定电角度（即：位置）时，由换向器来切换转子线圈电流方向，从而实现了转子的连续运转。而无刷电动机转动过程中的定子线圈电流方向是由传感器检测转子电

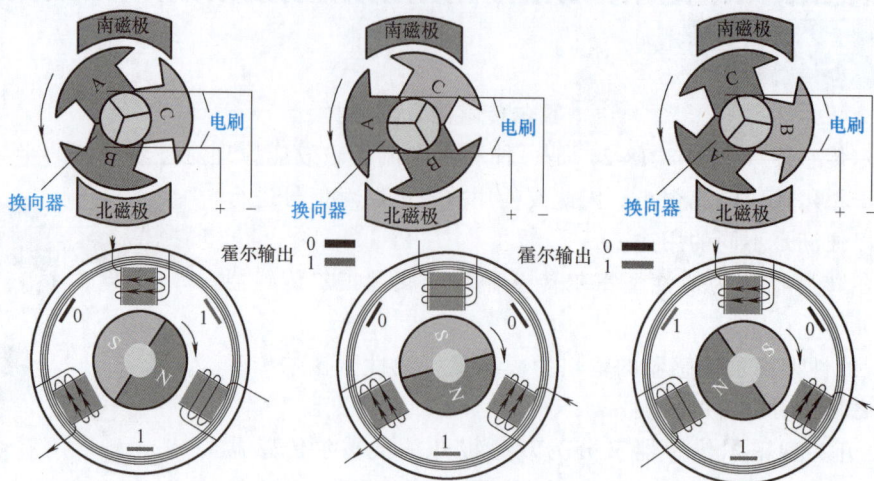

图 8.18-4　有、无刷电动机转动原理对比

角度进行适时切换的。当转子转到特定电角度时，由传感器告知控制器来切换转子线圈电流方向，从而实现了转子的连续运转。

图 8.18-5 是无刷电动机控制原理方框图。控制信号包括：转速、转向和起动/停止信号；控制器的作用是：依据电角度传感器信号输出控制（相序）信号到逆变器；逆变器的作用是：在控制（相序）信号作用下控制组成逆变器的开关元件，将直流电源（如蓄电池）输入的直流电变换成与转子旋转方向相适应的定子线圈电流方向电流（交流电），从而驱动转子转动。

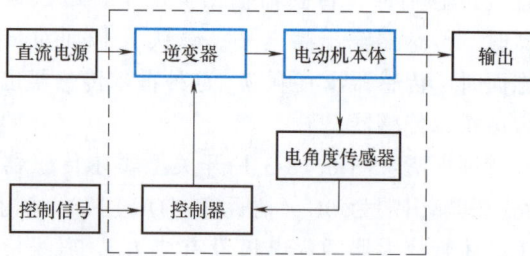

图 8.18-5　无刷电动机的控制原理方框图

图 8.18-6 是无刷电动机的控制器原理示意图。其中晶体管 VT0～VT5 组成三相桥式驱动电路（注意看这个电路和三相二极管整流电路有什么异同？）。VT0 和 VT1、VT2 和 VT3、VT4 和 VT5 构成了 3 个桥臂。我们简单研究一下线圈 A 的电流流向：如果把 VT0～VT5 看成开关，则 VT1 闭合时，VT0 就一定是断开的（为什么？），+DC 电流从 VT1 流到线圈 A 上端，再通过线圈 A 下端流到线圈 B 和线圈 C；如果 VT2 或 VT4 闭合，则电流通过 VT2 或 VT4 流到电源负极，这就实现了线圈 A 电流从上端流到下端。当需要线圈 A 电流从下端流到上端时，只要控制 VT1 断开而 VT0 闭合，这时只要 VT3 或 VT5 闭合，就可以让线圈 A 电流从下端流到上端了。其他桥臂思路是一样的，有兴趣的读者请自己分析吧。

注意：驱动器电路很复杂，不能理解或记不住图 8.18-6 所示电路的原理没关系，只要你看完了上面这段文字和图 8.18-6 就可以了。因为我们将来工作的任务只要能判定控制器好坏就可以了，我们的工作任务是换掉坏的驱动器！

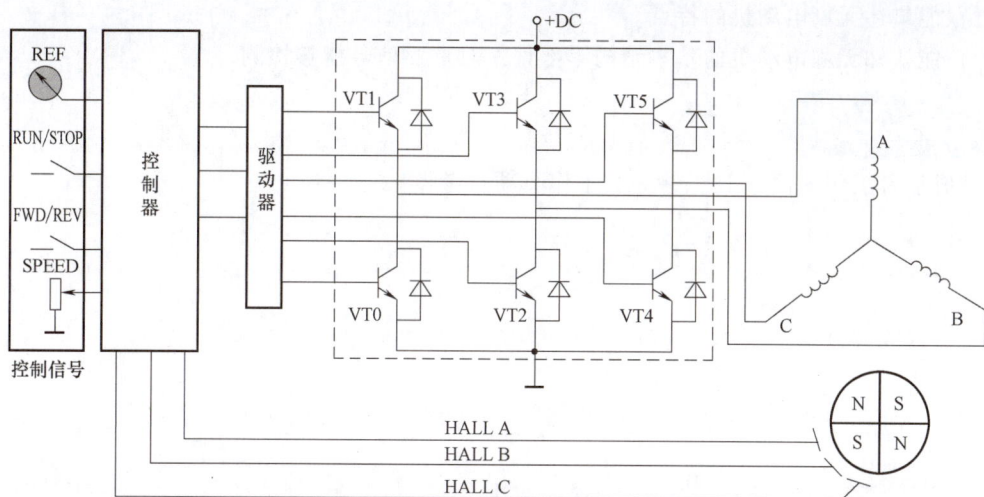

图 8.18-6   无刷电动机的控制器原理示意图

那么，怎样大致判断是无刷电动机问题还是驱动器问题呢？无刷电动机内部仅包含 3 相特性一致的线圈和 3 个同型号的霍尔传感器，比驱动器简单很多，因此，检测无刷电动机部分简单很多。具体检测方法如下：

1）检查电源电压是否正常。

2）检查驱动器到无刷电动机之间的线路是否正常。

3）检测无刷电动机部分：

① 检测 3 相线圈的电阻，应该为 $R_{AB} = R_{AC} = R_{BC}$；

② 检测 3 相线圈的接地（搭铁）绝缘电阻（如果某一相线圈绝缘层损坏，线圈电阻可能还是正常的），应大于 $1MΩ$。

③ 检测 3 个霍尔传感器的电源电压和输出信号的高、低电平的电压值也应该基本相同。

如果以上检查没有发现问题，就要考虑驱动器损坏了。由于驱动器不属于汽车维修工作的内容，因此，工作中普遍采用"试件法"对驱动器进行判断。所谓"试件法"就是换一台新的驱动器试试。

记住：

1）三相无刷电动机中，用来检测无刷电动机的转子电角度（或位置）的 3 个霍尔传感器的工作电压是相同的，电动机转动时每个传感器的波形图也应该是相同的。

2）电动机转动时 3 个传感器输出信号规律性（即相位关系）很强，当 1 个传感器损坏时，很多电动机仍然可以"带病"工作。

3）驱动电动机的是三相交流电，电动机转速随交流电频率变换。

4）我们会换掉坏的驱动器，但我们不修驱动器。

任务总结

无刷直流电动机在现代汽车中的应用逐步扩展，在电动汽车中非常普遍。本任务的目标是：

1）能口述无刷电动机的特点。

2）能认知无刷电动机的基本结构零部件；对重要信号能够检测。

任务实施

完成学习工作页任务 18，并完成工作页项目考核。

参 考 文 献

［1］ 张怡典. 电工电子技术 ［M］. 北京：机械工业出版社，2017.

［2］ 王广海. 汽车电工电子技术 ［M］. 北京：机械工业出版社，2017.

［3］ 刘冰. 汽车电工电子技术基础 ［M］. 2 版. 北京：人民邮电出版社，2013.

附录　常见电子元器件

微动开关

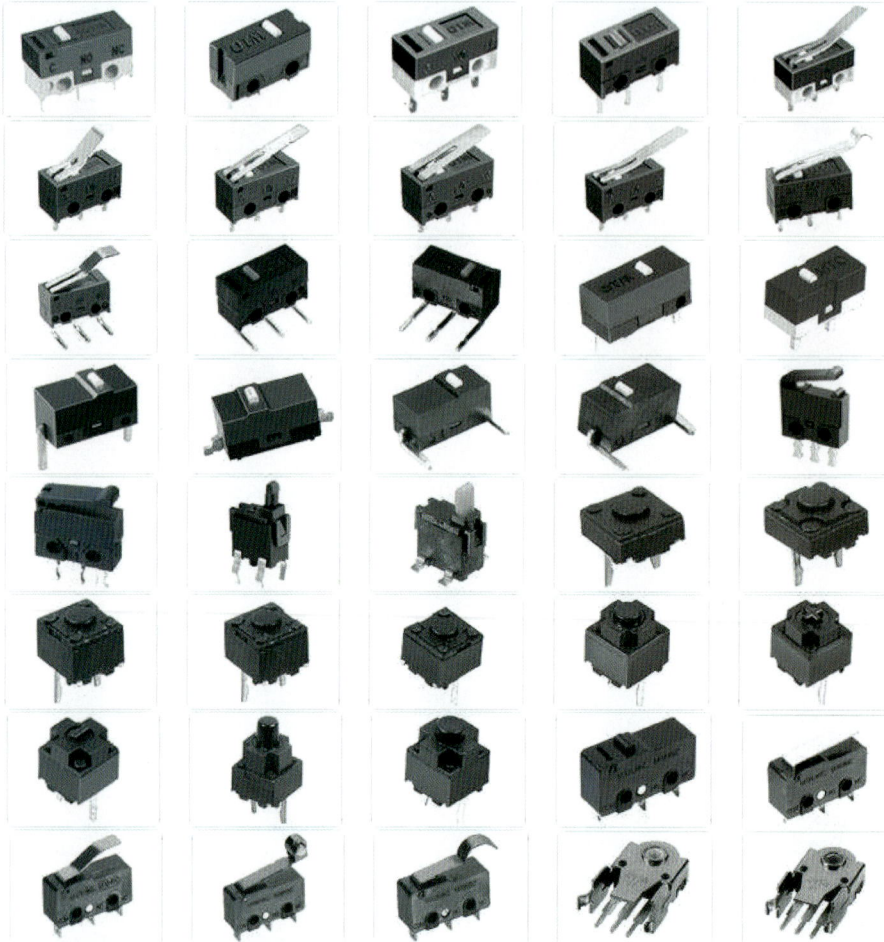

钮子开关

磁控开关	水银开关	温度开关

波段开关	
平推式波段开关	旋转式波段开关

拨码开关

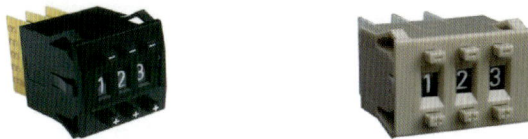

电　　阻					
碳膜电阻	金属膜电阻	水泥电阻	热敏电阻	光敏电阻	压敏电阻

电位器	微调电阻

电容器			
固定电容		可变电容	
无极电容	电解电容	可变电容	微调电容

电感器		
固定电感		可变电感
空芯电感	磁芯电感	

二极管				
整流二极管	稳压二极管	发光二极管	半桥	全桥

晶体管		
小功率晶体管	中功率晶体管	大功率晶体管

集成电路		
直插集成电路	贴片集成电路	厚膜集成电路

目　　录

二维码视频索引

二维码所在页码	视频名称	图形	二维码所在页码	视频名称	图形
4	烙铁头的处理		15	EWB 电流表和电压表的使用	
5	接头焊接		15	EWB 万用表的使用	
5	接头焊接质量检查		20	开关控制电路的检测	
5	热缩管加热收缩		28	磁控开关(干簧管)的设定	
10	电路基本知识		31	色环电阻的识读与检测	
15	EWB 软件功能演示		31	热敏电阻的检测	
15	EWB 软件安装与系统兼容设置		31	光敏电阻的检测	
15	EWB 软件入门		31	光控报警器	

二维码所在页码	视频名称	图形	二维码所在页码	视频名称	图形
35	EWB 复杂电路仿真检测		81	感应试电笔功能实测	
37	电容器常识		81	感应试电笔电路功能测试	
37	EWB 示波器的初步使用		93	人体红外线开关测试	
37	EWB 示波器的使用		97	遥控开关的测试	
48	二极管的检测		107	无刷电动机关键元件认识	
59	晶体管静态工作点的设置		107	无刷电动机拆解	
60	晶体管的检测 1		107	无刷电动机测试	
60	晶体管的检测 2				

项目 1　用电安全与锡焊入门

任务 1　绝缘电阻检测与线材接线工艺

1.1　应知

1. 检测电子仪器、电工工具绝缘电阻的仪器名称是什么？它的基本使用方法是怎样的？

_____

_____

2. 剥线钳的使用安全注意事项有哪些？

_____

_____

3. 线材接线技术工艺主要有哪些步骤？

_____

_____

4. 电烙铁的使用安全注意事项有哪些？

_____

_____

5. 电烙铁焊接线材绞接头时主要有哪些工艺步骤？

_____

_____

1.2　应识

1. 请识别图 1.1-1 中哪些是用于绝缘电阻测试的仪器，并百度搜索其使用方法。

图 1.1-1　仪器辨识

2. 图 1.1-2 所示是不同功率的电烙铁，请百度搜索一下大、中、小功率的电烙铁用途。

大功率电烙铁用途：＿＿＿＿＿＿＿＿
＿＿＿＿＿＿＿＿＿＿＿＿＿＿＿＿＿＿

中功率电烙铁用途：＿＿＿＿＿＿＿＿
＿＿＿＿＿＿＿＿＿＿＿＿＿＿＿＿＿＿

小功率电烙铁用途：＿＿＿＿＿＿＿＿
＿＿＿＿＿＿＿＿＿＿＿＿＿＿＿＿＿＿

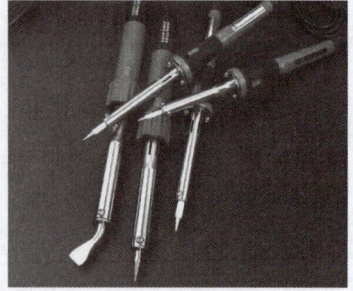

图 1.1-2　电烙铁

3. 请识别图 1.1-3 中导线的名称，并百度搜索其使用方法。

＿＿＿＿＿＿＿＿＿＿＿＿＿＿＿＿＿＿
＿＿＿＿＿＿＿＿＿＿＿＿＿＿＿＿＿＿

4. 百度搜索"剥线钳"常识，搜索图 1.1-4 所示剥线钳的使用方法。

＿＿＿＿＿＿＿＿＿＿＿＿＿＿＿＿＿＿
＿＿＿＿＿＿＿＿＿＿＿＿＿＿＿＿＿＿
＿＿＿＿＿＿＿＿＿＿＿＿＿＿＿＿＿＿

图 1.1-3　线材辨识　　　　图 1.1-4　剥线钳

1.3　应会

1. 使用绝缘电阻表检测绝缘电阻的步骤是什么？

＿＿＿＿＿＿＿＿＿＿＿＿＿＿＿＿＿＿＿＿＿＿＿＿＿＿＿＿＿＿＿＿＿＿＿＿＿＿

2. 单相电源插座零线、相线、地线的排列标准是什么？

＿＿＿＿＿＿＿＿＿＿＿＿＿＿＿＿＿＿＿＿＿＿＿＿＿＿＿＿＿＿＿＿＿＿＿＿＿＿
＿＿＿＿＿＿＿＿＿＿＿＿＿＿＿＿＿＿＿＿＿＿＿＿＿＿＿＿＿＿＿＿＿＿＿＿＿＿

3. 常见电器安全检查的基本方法有哪些？

＿＿＿＿＿＿＿＿＿＿＿＿＿＿＿＿＿＿＿＿＿＿＿＿＿＿＿＿＿＿＿＿＿＿＿＿＿＿
＿＿＿＿＿＿＿＿＿＿＿＿＿＿＿＿＿＿＿＿＿＿＿＿＿＿＿＿＿＿＿＿＿＿＿＿＿＿

4. 导线的"绞接法"接线操作步骤是什么？

＿＿＿＿＿＿＿＿＿＿＿＿＿＿＿＿＿＿＿＿＿＿＿＿＿＿＿＿＿＿＿＿＿＿＿＿＿＿
＿＿＿＿＿＿＿＿＿＿＿＿＿＿＿＿＿＿＿＿＿＿＿＿＿＿＿＿＿＿＿＿＿＿＿＿＿＿

5. 如何进行导线接头的焊接与绝缘处理？

＿＿＿＿＿＿＿＿＿＿＿＿＿＿＿＿＿＿＿＿＿＿＿＿＿＿＿＿＿＿＿＿＿＿＿＿＿＿
＿＿＿＿＿＿＿＿＿＿＿＿＿＿＿＿＿＿＿＿＿＿＿＿＿＿＿＿＿＿＿＿＿＿＿＿＿＿

1.4 实战训练

实战子任务 1　用绝缘电阻表测量电烙铁的绝缘电阻

实验仪器和材料：绝缘电阻表、电烙铁等。

（一）任务解说

电动汽车的工作电压高达 500V 左右，属于高压电气设备。在维修作业工作中，汽车配件（如电动机、控制器等）、检测仪器和拆装工具的绝缘性能是保证工作人员生命安全的重要因素。本任务通过检查、检测电烙铁的绝缘电阻来初步学习电气设备绝缘状况的检查、检测方法，重点学习电气设备电源线绝缘状况的目测检测和绝缘电阻表的使用方法。

（二）工作过程

1. 电烙铁电源线绝缘状况的目测检查。

目测检查电烙铁电源线绝缘材料是否存在破损。重点注意电源插头和电烙铁手柄附近这两处使用中经常弯折部位的导线绝缘材料的状况。

2. 使用绝缘电阻表检测电烙铁的绝缘电阻（图 1.1-5）。

1）检查绝缘电阻表的工作状态：将 L 和 E 端两连接线开路，轻轻摇动手柄，指针应指在"∞"处，这时如再把两连接线短接一下，指针应在"0"处。

2）用导线短接电烙铁电源插头的两个金属插片，再按图连接电烙铁和绝缘电阻表。

3）缓慢加速摇动摇把，当转速达到 120r/min 时保持转速稳定，等待绝缘电阻表指针稳定后，读取绝缘电阻值并填入下表。

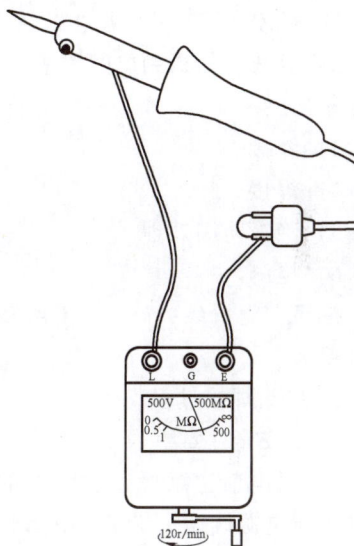

图 1.1-5　检测电烙铁的绝缘电阻

电烙铁绝缘电阻	是否达到安全标准(>1MΩ)

3. 请使用绝缘电阻表测量身边的实验室仪器。

使用绝缘电阻表测量函数信号发生器、示波器、直流稳压电源等仪器或尖嘴钳、剥线钳等工具的绝缘电阻，并确定其是否达到安全标准。

特别说明：经常移动的电气设备或仪器的电源插头、信号线插头以及设备壳体、工具或信号检测手柄附近部位，很容易因使用中经常弯折而造成附近导线绝缘材料的损坏，进而造成设备断续工作、操作过程中触电等事故。因此要养成目测这些部位绝缘材料使用状况的习惯。

实战子任务 2　"绞接法"导线接线工艺

实验工具与材料：剥线钳、电烙铁、多芯导线。

（一）任务解说

汽车常用的导线是多股绝缘铜导线。汽车使用环境恶劣，容易因腐蚀、机械晃动而导致导线出现断线、接触不良的故障。导线接线技术是汽车电气检修工作中的基本内容之一。通过本任务初步练习汽车常用多芯线材的连接工艺，为将来从事专业维修工作打下基础。

（二）工作过程

1. 导线接线工艺过程。

1）剥线钳的使用注意事项：

① 操作时请戴上护目镜；

② 为了不伤及断片周围的人和物，请确认断片飞溅方向再进行切断；

③ 务必关紧刀刃尖端，放置在幼儿无法伸手拿到的安全场所。

2）剥线，如果剥出的线芯因被氧化而表面金属光泽暗淡，需要使用细砂纸或刮刀除去氧化层。

3）绞接。

4）焊接。

5）绝缘防潮处理。

6）检测。

注意：剥出线头的长度和导线粗细有关（因为要密绕 8 圈左右），导线越粗，线头长度越大。

2. 接头焊接过程。

（1）安全注意事项

1）通电前注意检查电源线的绝缘皮应完好无损，烙铁头应牢固，烙铁头与电源线插头绝缘良好，烙铁头表面应无锈蚀和污物（如有，应在通电前使用细砂纸处理）。

2）电烙铁应放置在烙铁架上通电加热，并注意电烙铁附近不能有易燃物并避免烫伤。

烙铁头的处理

3）每次焊接中途将电烙铁置在烙铁架上时，应注意烙铁头不能碰触电源线和易燃物。

4）焊接过程中因助焊剂（一般是松香）挥发形成的烟有少量毒性，应避免过多吸入。

5）电烙铁使用完毕应断电，等待其自然冷却后收纳。

（2）焊接工艺过程　包括：①接头预热；②送锡；③上锡；④撤锡；⑤加热焊接；⑥冷却；⑦焊接质量检查。

（3）绝缘和防潮处理　热缩管加热收缩后会和导线的塑料绝缘层非常好的结合，具有良好的密封效果。目前汽车 4S 店在维修中普遍使用热缩管代替传统的绝缘胶带。热缩管前后对比如图 1.1-6 所示。

图 1.1-6　热缩管前后对比

接头焊接

接头焊接质量检查

热缩管加热收缩

3. 接线质量检测。

用万用表电阻档（请百度"电阻检测"进行学习）检测接头两端导线的电阻，要求小于 0.1Ω（注意检测前电阻档要"校零"）。

注意：

1）导线的线径越大，要求接头的接触电阻越小。

2）不同的线材接线工艺要求不同。

任务 2　电路板焊接入门

2.1　应知

1. 使用单面万能板（图 1.2-1）制作电路时，电子元件位于电路板的 A 面还是 B 面？

2. 很多资料介绍焊接电子元件时的焊接时间应该是 2～3s。对吗？焊接较粗元件引脚时焊接时间 2～3s，会出现什么问题？焊接时间主要与哪些因素有关？

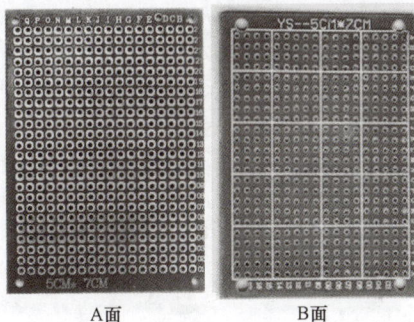

图 1.2-1　单面万能板

3. 焊接完成后发现焊接点的焊锡量不足时，应怎样进行补焊？

2.2　应识

1. 图 1.2-2 所示是单层印制电路板的顶层和底层两面，电子元件应安装在哪一个面？

2. 拆解图 1.2-3 所示按键开关，探究这类按键开关（4 脚被遮挡了）哪两组脚是开关接线脚？

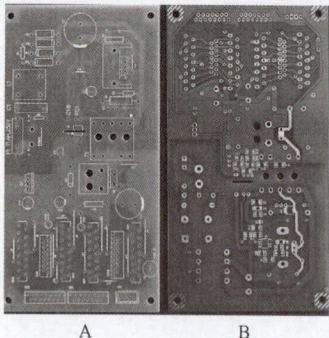

图 1.2-2　单层印制电路板

图 1.2-3　按键开关

3. 图 1.2-4 是电路板焊接的工艺过程，请说明第 2~5 步的目的是什么？

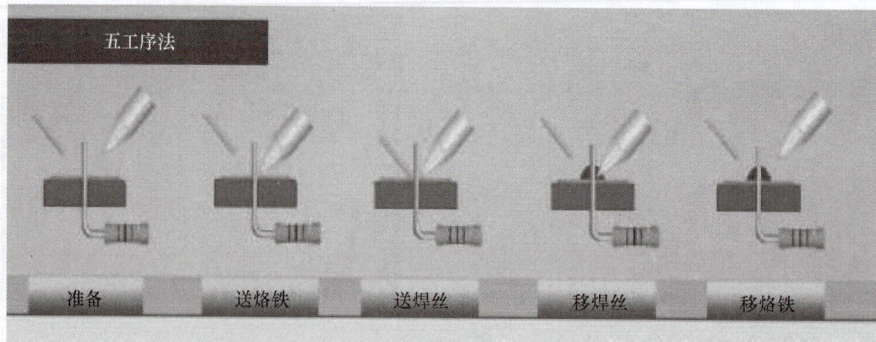

图 1.2-4　五工序法

2.3　应会

1. 简述老化（头部发黑、生锈造成不沾锡）烙铁头的处理方法。

2. 简述锡焊焊接的步骤。

_____

_____

3. 简述补焊的方法。

_____

_____

_____

2.4 实战训练

实战子任务1 焊接"车"字

实验仪器和材料： 电烙铁、焊锡丝、单面万能板等。

（一）任务解说

关于电烙铁锡焊技术，网上和书籍中都有介绍。一般都要求对焊接时间控制在 2~3s，是因为时间焊接长了会损坏电路板。真的是这样吗？请在万能板的焊盘面用电烙铁在相关空焊盘上上锡，焊接出图 1.2-5 所示"车"字。

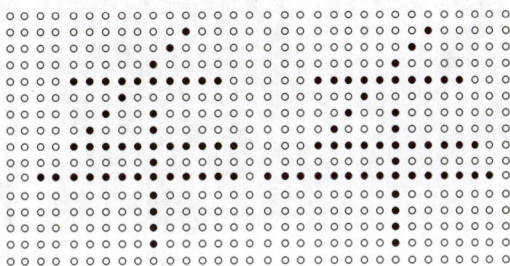

（二）工作过程

焊接时间逐步在 2~10s 之间变化，体会一下到底焊接多长时间时会导致焊盘脱落。自己探索出焊接最佳时间，高质量完成第二个"车"字的焊接。

图 1.2-5 "车"

注意： PCB 的质量和设计工艺差异很大，合格的 PCB 焊盘不是很容易脱落。早期生产的电路板质量较差，焊盘容易脱落。电路焊接的过程中"宁长勿短"，焊点的焊盘和电子元件有大有小，焊盘越大，焊接的加热时间就应该越长（注意：焊接发光二极管时，最好用金属镊子在电路板顶层面夹住元件要焊接的引脚增强散热，因为焊接过程中如果发光二极管管芯温度过高会严重影响其使用寿命）。焊接质量的关键是看焊锡的流动性或助焊剂挥发产生的烟的大小。

实战子任务2 简单电路板制作

实验仪器和材料： 稳压电源、电烙铁、焊锡丝、单面万能板、1kΩ 电阻、按键开关等。

（一）任务解说

电路制作技术不是汽车检测、检修中用到的技术，但在生活中偶然会用到。本任务通过制作一个简单的电路板，初步体验一下电路板制作的过程。这个电路板会在后面的电路检测任务中使用，请注意保管。

（二）工作过程

请参照图 1.2-6 所示的简单电路原理图布局各电阻和开关，并参照图 1.2-7 使用万能板焊接制作电路样板。

1）电路各元件的布局请参照电路图 1.2-6 布置各元件位置。

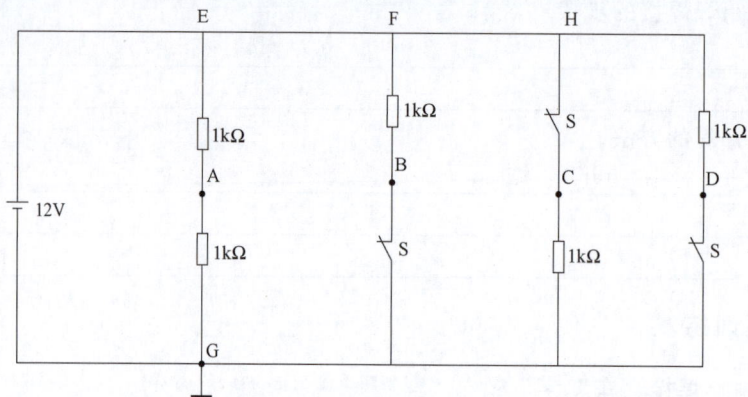

图 1.2-6　简单电路原理图

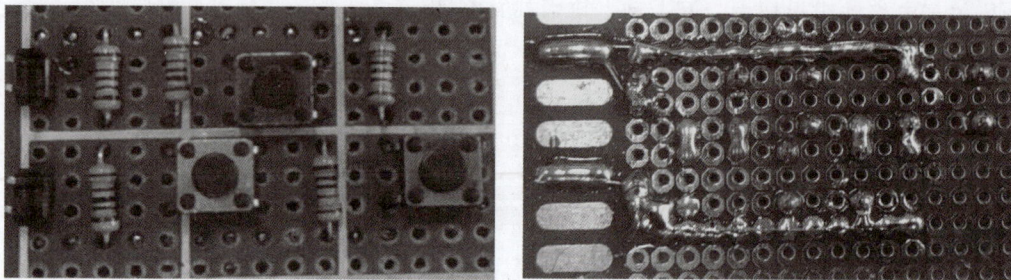

图 1.2-7　电路制作参考图

2）请将各元件较均匀地布置在 7cm×3.5cm 的电路板上（不要将元件布置得太紧密！建议先裁剪一片和电路板尺寸对应的白纸，将图 1.2-6 所示电路画在白纸上，参照这个图布置各元件位置），以便后期任务测试。

3）电路中的连接导线建议使用电路焊接专用的直径 0.5mm 左右的镀锡铜线或铁线；两个焊盘以上的线路连接坚决禁止使用焊锡"拖焊"方式（因为这种方式焊接出来的电路板看似美观，但焊接的可靠性和强度极差，后期使用中容易因振动、温度变化等原因造成焊点之间的断路故障。请读者不要学习这种错误焊接技术）进行线路连接。

4）电路中使用的图 1.2-6 所示按键开关有四个脚，焊接前一定要确认好开关的安装方向（图 1.2-7）；初学者从电路板上拆卸一个元件的时间一般是焊接这个元件 10 倍以上的时间。

5）每次只焊接一个元件；宁愿慢一点，不要出错。一旦焊接出错，很多初学者根本无法找到出错的位置。

注意：

1）本任务中没使用发光和发声元件，是为了在后续的任务中培养电路测试能力，以解决目前很多维修检测人员遇到不使用灯泡的电路就无从下手的问题。

2）按键开关很便宜，建议每组拆开一个，看看按键开关内部的结构。

项 目 考 核

项目1　用电安全与锡焊入门阶段考核

姓名：　　　　　　学号：　　　　　　班级：

编号	考核目标	分项总分	考核内容	分项得分	评分人
1	电烙铁电气安全检查与检测	15	1. 电烙铁电源线状况检查(5分)		
			2. 电烙铁绝缘电阻检查(10分)		
2	线材接线工艺	40	1. 剥线技能(5分)		
			2. 线芯质量识别(5分)		
			3. 绞接技能(15分)		
			4. 焊接技能(10分)		
			5. 绝缘处理(5分)		
3	电路板焊接技能 (图1.2-6左边两支路)	35	1. 烙铁头状况检查和处理技能(10分)		
			2. 元件布局(5分)		
			3. 焊接工艺(焊点质量)(10分)		
			4. 电路焊接正确性(10分)		
4	6S管理	10	1. 操作者造成自己或他人触电、受伤等安全问题，本次实验0分		
			2. 其他每项2分		
5	阶段考核得分：		考核结论：□优秀 □良好 □合格 □不合格		

项目2 电路检测及 EWB5.0 仿真软件使用入门

任务3 电路检测

3.1 应知

1. 简述电路的概念、基本组成和各部分的作用。

_____

_____

电路基本知识

2. 电路的四个基本组成部分中，哪一个部分是核心？而其他部分都是依据这个核心部分的需要选择参数的。

_____

_____

3. 某同学给家里买了一个 1800W 的电磁炉，他要给这个电磁炉配上一个 1.5m 长的导线和插座，以方便使用。应该买截面积多大的绝缘铜导线合适？应该选配多大电流的插座？

_____

_____

4. 什么是电位？电路中的电位检测仪器是什么？怎样连接仪器进行检测？

_____

_____

5. 什么是电压？电压的单位有哪些？使用什么仪器检测电路中的电压？怎样连接仪器对电路的电压进行检测？

_____

_____

6. 什么情况下测得的电位和电压值是相同的？

_____

_____

7. 请简要说明数字万用表电阻档的使用要点和基本用途：

1）被测电路是否要断电？ _____

2）黑、红表笔插入孔位： _____

3）档位预设原则： _____

4）基本用途： _____

8. 请简要说明数字万用表蜂鸣档的使用要点和基本用途：

1）被测电路是否要断电？_____

2）黑、红表笔插入孔位：_____

3）档位预设原则：_____

4）基本用途：_____

9. 请简要说明数字万用表电压档的使用要点和基本用途：

1）被测电路是否要断电？_____

2）黑、红表笔插入孔位：_____

3）档位预设原则：_____

4）基本用途：_____

10. 用万用表蜂鸣档进行"跑电路"法检测电路的优点和缺点是什么？

_____

_____

11. 当开关元件两端的电压接近电源电压时，这个开关控制的负载两端电压多大？负载工作中是什么状态？

_____

_____

3.2 应识

1. 图 2.3-1 所示的 3 个万用表档位开关的蜂鸣档在哪里？

图 2.3-1 万用表档位开关

2. 图 2.3-2 所示的电路中，开关 S2 右侧电路中：

1）有几条支路与开关 S2 串联？_____

2）每个串联支路由哪些元件组成？_____

3）开关 S2 与右侧电路的连接关系是串联还是并联？_____

3.3 应会

1. 电路读图。

1）图 2.3-3 中开关 S1 闭合后电流经过的路径是：_____

2）在电流经过的路径中，会经过的导线包括：

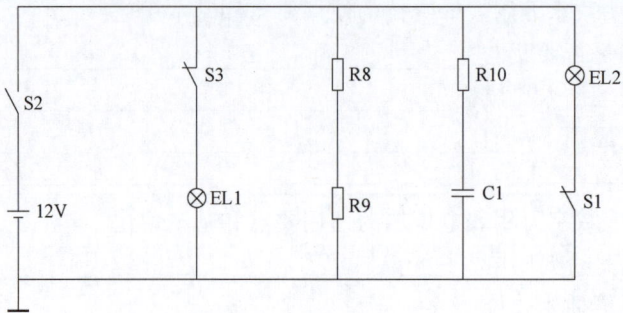

图 2.3-2 检测考核电路图

例如：从电源正极到开关→S2 的 1 脚→

_____

_____

2. 假如 A 点发生断路故障，这时的现象是：

_____

_____

图 2.3-3 电流路径读图

3. 使用"跑电路"法检测图 2.3-3 所示电路的连接状况，具体过程如下：

1）首先应_____（断开/接通）电源开关_____（S1/S2）；选择万用表的_____（电压/电流或电阻/蜂鸣）档，按一定顺序对每一根导线进行检测。

2）在对图 2.3-3 电路使用"跑电路"法进行检测，如果从电源正极开始检测，检测结果：

① 例：万用表的 2 个表笔应分别连接在电源正极和节点 A 的 1 脚，正常的检测值应为接近于 0，实际检测值为 0，说明这段导线正常；

② 万用表的 2 个表笔应分别连接节点 A 的_____脚和_____脚，正常的检测值应为_____，实际检测值为_____，说明这段导线_____；

③ 万用表的 2 个表笔应分别连接_____脚和_____脚，正常的检测值应为_____，实际检测值为_____，说明这段导线_____；

④ 万用表的 2 个表笔应分别连接_____脚和_____脚，正常的检测值应为_____，实际检测值为_____，说明这段导线_____；

⑤ 万用表的 2 个表笔应分别连接_____脚和_____脚，正常的检测值应为_____，实际检测值为_____，说明这段导线_____。

4. 使用"跑电路"法仿真检测图 2.3-4 所示电路时，如果故障现象是：EL1 工作正常，EL2 始终不亮。具体检测过程如下：

1）分析：由故障现象 EL1 工作正常，EL1 始终不亮，可以判断得出图 2.3-4 所示

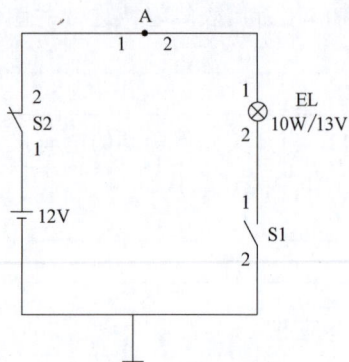

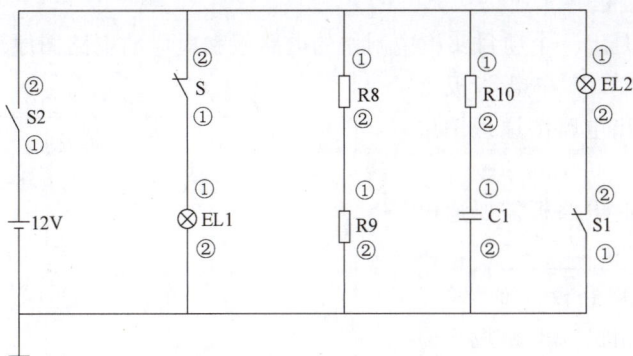

图 2.3-4　电路故障检测

电路中工作正常的电路部分是：

应重点检测的部分是：＿＿＿＿＿＿＿＿＿＿＿＿＿＿＿＿＿＿＿＿＿

2）根据以上分析，使用"跑电路"法进行检测的导线包括：

① 开关 S2 的②脚到灯泡 EL2 的①脚之间的导线；

② ＿＿＿＿＿＿＿＿＿＿＿＿＿＿＿＿＿＿＿＿＿＿＿＿＿＿＿＿＿＿＿

③ ＿＿＿＿＿＿＿＿＿＿＿＿＿＿＿＿＿＿＿＿＿＿＿＿＿＿＿＿＿＿＿

名师点评

1）通过阅读电路图分析故障现象是核心能力，同学之间可利用电路板在电路中先设置各种断路性故障，互相出题练习。

2）故障排除过程的核心能力是通过故障区域划分逐步缩小故障区域的能力。对于类似"开关 S2 的②脚到灯泡 EL2 的①脚之间的导线"这样中间还有很多节点的长导线，如果检测发现中间有断点，一般采用"黄金分割法"进行后续检测，以快速缩小故障检测范围。例如：下一步会检测 R8 上面的那个节点，以确定故障在此节点的哪一侧。

3）图上作业是电路检测的基础。在实际工作中做到"心中有图"是电路检测的保证。

3.4 实战训练

实战子任务 1　"跑电路"法检测电路

实验仪器和材料：万用表、项目 1 制作的电路板等。

（一）任务解说

"跑电路"法是最容易掌握的电路检测方法，用于在电路检测时工作人员大脑处于"停电"状态无从下手时的效率很低的"笨办法"。实际工作中"不怕慢，就怕站"，很多时候就是在这种情况下我们会想到效率更高的方法。

（二）工作过程

1. 图 2.3-5 是上一个项目实施中制作的电路板和对应的电路图原理图。请结合电路图使用"跑电路"法在电路板上对应的位置标注出电路图原理图中的 A～F 测试点。

请问：检测时电路板需要通电吗？_____

2. 请组长在电路板背面设置 3 个电路断点，由组员在电路板正面使用"跑电路"法（不允许看电路板背面）找出断点位置并在电路图原理图中标注出来。

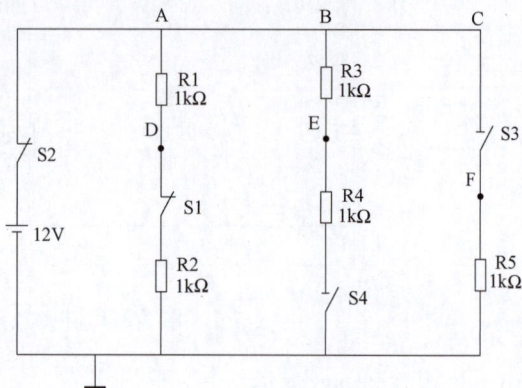

注意： 电路图中看着很短的一根导线，在实际电路中可能很长。

图 2.3-5　实战检测电路

例如：连接汽车尾灯一端到控制开关的导线在电路图上可能只有几厘米，而实车上可能就是好几米长。而且这根导线的大部分是看不到的。所以，"不允许看电路板背面"就是要练习通过看电路图后的检测，判断这根"看不见的导线"的状况。刚开始不适应，做几次就适应了。适应这种练习很重要！

实战子任务 2　"电位检测"法检测电路

实验仪器和材料： 万用表、项目 1 制作的电路板等。

（一）任务解说

"电位检测"法在电路检测中主要用于划分故障的范围。检修工作过程本质上就是逐步缩小故障范围的过程。检测人员首先会通过故障现象进行分析，然后对怀疑有故障的电路以"黄金分割法"对每次判断的故障区域的黄金分割点进行检测，从而达到逐步缩小故障范围的目的。

（二）工作过程

1. 某初学者不会分析故障现象后检测电路。那么他第一次对图 2.3-5 的电路使用"黄金分割法"进行检测时，检查点选在哪一点比较合适？

_____

_____

2. 在对图 2.3-5 的电路板进行电位测量时，电压表的负极应该连接电路的哪一点？需要对电路板通电吗？

_____

_____

3. 不要改变电路中任何开关的工作状态，请对图 2.3-5 电路板的 A～F 测试点进行电位测量，并记录测量结果：

$V_A =$ _____　　$V_B =$ _____　　$V_C =$ _____　　$V_D =$ _____　　$V_E =$ _____　　$V_F =$ _____

4. 闭合开关 S1、S4、S3，请对图 2.3-5 电路板的 A～F 测试点进行电位测量，并记

录测量结果：

$V_A =$ _____ $V_B =$ _____ $V_C =$ _____ $V_D =$ _____ $V_E =$ _____ $V_F =$ _____

5. 请说明以上工作过程中所测得的两组数据，为什么有的数据相同，有的不同？

_____

_____

6. 如果把图 2.3-5 中的所有电阻都换成灯泡，如果出现 A 点右边的灯泡都不亮的故障，应该首先检测 B 点还是 E 点电位后划分故障范围？

_____

_____

任务 4 EWB5.0 仿真软件使用入门

4.1 应知

1. 节点、电阻、开关在电子仿真软件 EWB5.0 哪个库中可以找到？

_____

2. 直流电源在电子仿真软件 EWB5.0 哪个库中可以找到？

_____

3. 怎样设置电阻的电阻值和标号？

_____

4. 接地（搭铁）符号在电子仿真软件 EWB5.0 的哪个库中？搭建一个含电流表或电压表的简单电路，看看有接地符号和没有接地符号电路的仿真测试结果有什么不同？

_____

5. 怎样设置控制开关状态的功能键？

_____

6. 某同学使用指示器件库里的指示灯（参数显示为"10W/12V"）做仿真实验时，一接通+12V 电源，指示灯就烧毁了，为什么呢？

_____

_____

EWB 软件
功能演示

EWB 软件安
装与系统
兼容设置

4.2 应识

EWB 软件入门

EWB 电流表和电压表的使用

EWB 万用表的使用

1. 图 2.4-1 所示的电子仿真软件 EWB5.0 界面中的电压表在哪个库？

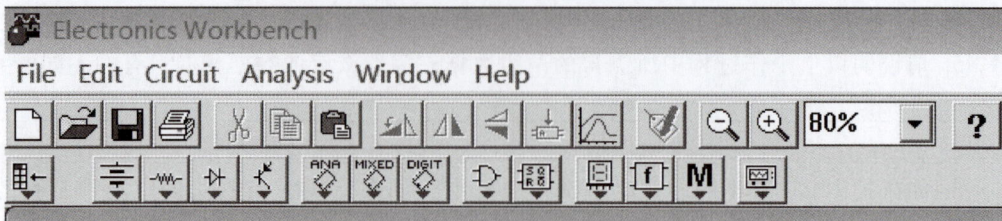

图 2.4-1　EWB5.0 界面

2. 某同学使用电子仿真软件 EWB5.0 搭建了图 2.4-2 所示电路，发现灯泡开关控制正常，但电压表读数却是随机的数字。他哪里出错了呢？

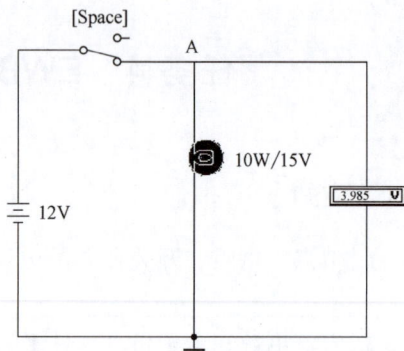

图 2.4-2　仿真电路故障 *⊖

4.3　应会

1. 请在 EWB5.0 中按图 2.4-2 搭建电路，注意定义元件标号和开关的操作功能键（节点符号与开关都在电子元件图标里，A 为节点标号定义）。

1）闭合 EWB5.0 软件右上角的仿真开关，仿真操作控制点亮和关闭灯泡。

读电路图：

图 2.4-2 中电流经过的路径是：_____

_____

_____

提示：从电源正极→……→电源负极；双击开关，单击 Fault 即可看到开关、灯泡等元件的脚位定义。

2）在电流经过的路径中，会经过的导线包括：

_____

_____

_____

_____

⊖ 图名加 * 表示此图为仿真软件图，后同。

设置节点 A 的 3 脚开路，然后再次仿真电路功能，发现这时的现象是：_____

_____

2. 请完成图 2.4-3 电路的电位检测练习。

1）要检测图 2.4-3 中 A ~ F 点的电位，应选用_____表，黑表笔应该连接在_____。

2）打开仿真开关，闭合 S2。当图 2.4-3 中 S1、S3、S4 都闭合时，仿真测得 A ~ F 点的电位分别为：

$V_A =$ _____ $V_B =$ _____ $V_C =$ _____ $V_D =$ _____ $V_E =$ _____ $V_F =$ _____

3）打开仿真开关，闭合 S2。当图 2.4-3 中 S1、S3、S4 都断开时，仿真测得 A ~ F 点的电位分别为：

$V_A =$ _____ $V_B =$ _____ $V_C =$ _____ $V_D =$ _____ $V_E =$ _____ $V_F =$ _____

4）如果测得 $V_A = +12V$，$V_B = 0$，则故障在 B 点的_____（左侧/右侧）。

5）如果闭合和断开 S4 后，V_E 始终为 +12V，则故障可能在哪部分电路？_____

3. 要检测图 2.4-3 中元件或电路中两点之间的电压，应选用_____表。

1）检测开关 S3 闭合时，开关 S3 和电阻 R5 两端的电压：

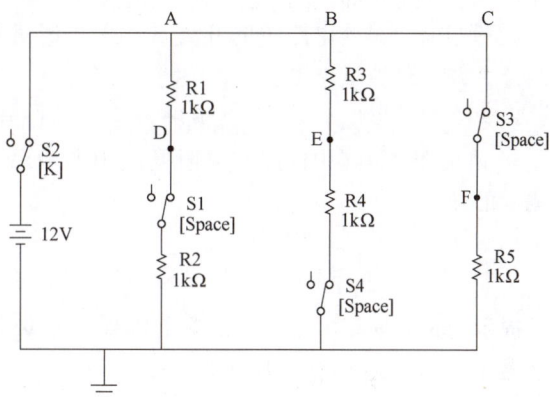

图 2.4-3　电位仿真检测*

$U_{S3} =$ _____ $U_{R5} =$ _____

2）检测开关 S3 断开时，开关 S3 和电阻 R5 两端的电压：

$U_{S3} =$ _____ $U_{R5} =$ _____

4.4　实战训练

实战子任务　简单电路的仿真检测
实验仪器和材料：电脑、EWB5.0 仿真软件。

（一）任务解说

EWB5.0 仿真软件是用于电路设计的专业软件。我们使用电子仿真软件进行简单电路的仿真检测练习，最大的优点就是既不会损坏仪器或元器件，也不会出现安全问题，学习效率很高。

（二）工作过程

图 2.4-4 是项目 1 中图 1.2-6 实施中制作的电路板和对应的电路图原理图。请用仿真软件 EWB5.0 搭建电路，完成以下测试任务。

1. 不要改变电路中任何开关的工作状态，请对图 2.4-4 电路板的 A ~ F 测试点进行

电位测量，并记录测量结果：

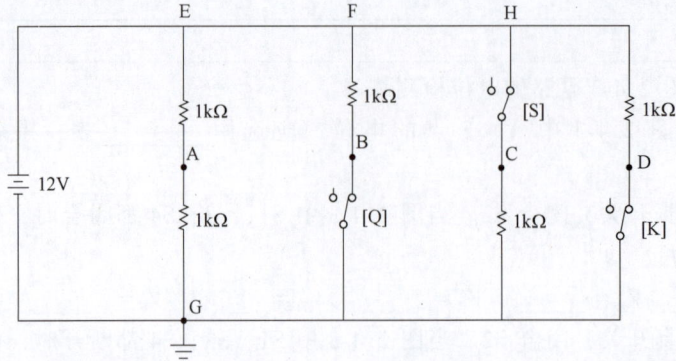

图 2.4-4　仿真能力测试*

$V_A =$ _____　　$V_B =$ _____　　$V_C =$ _____　　$V_D =$ _____　　$V_E =$ _____　　$V_F =$ _____

2. 断开图 2.4-4 电路中的开关 S 和 K，请对图 2.4-4 电路板的 A～F 测试点进行电位测量，并记录测量结果：

$V_A =$ _____　　$V_B =$ _____　　$V_C =$ _____　　$V_D =$ _____　　$V_E =$ _____　　$V_F =$ _____

3. 请把图 2.4-4 中的所有电阻换成 10W/15V 指示灯，然后进行仿真测试，体验仿真测试的效果。

提示：这个仿真软件可以设置电路故障（双击元件或节点），建议大家互相设故障，玩玩电子技术功夫的"华山论剑"。

项目考核

项目 2　电路检测及 EWB5.0 仿真阶段考核

姓名：　　　　　学号：　　　　　班级：

编号	考核目标	分项总分	考核内容	分项得分	评分人
1	电路常识	30	1. 电路的基本组成有哪些？（10 分） 2. 电源的主要参数有哪两个？（10 分） 3. 控制元件的作用是什么？（10 分）		
2	仿真电路搭建	20			
3	仿真电路检测	40	仿真检测 A 点电位和 A、E 之间的电压。 $V_A =$ _____ $U_{AE} =$ _____		
4	6S 管理	10	1. 操作者造成自己或他人触电、受伤等安全问题，本次实验 0 分 2. 其他每项 2 分		
5	阶段考核得分：		考核结论：□优秀 □良好 □合格 □不合格		

项目3　电子元件常识及EWB5.0仿真软件应用

任务5　开关控制电路的检测

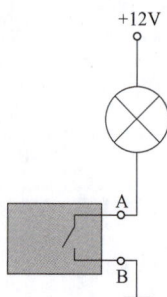

5.1　应知

1. 请简单说明单触点开关的常见电气故障有哪些？通过怎样的检测可以确定其电气故障？

_____

开关控制
电路的检测

2. 确定触点开关的好坏一般有哪两种检测方法？

_____
_____
_____

3. 如果把教材中图3.5-5所示电路中的灯泡换成1200W/12V的汽车起动电动机，假如控制开关的触点接触电阻是0.1Ω。请通过简单计算说明电路接通时汽车起动电动机能正常工作吗？（起动电动机正常工作的条件是：工作电压大于8V）

_____
_____

4. 在对正常电路检测时，为什么开关断开时，开关两端的电压接近电源电压？

_____
_____

5. 图3.5-1所示的电路里的开关安装在不透明的黑匣子里，并通过黑匣子里的"智慧精灵"控制灯泡每5s亮灭一次的连续闪烁。如果灯突然不亮了，你会怎样检测来确定黑匣子部分是否有问题？（注意：A、B为黑匣子上的接线柱。）

_____
_____
_____

图3.5-1　黑匣子电路

5.2　应识

1. 请利用手机拍照查阅图3.5-2所示的常见开关的名称，再查找这六种开关的用途。

图 3.5-2　常见开关

2. 上网搜索"双刀双掷开关"，看看它有几个引脚？想想怎样进行离线检测？

_____

_____

5.3　应会

1. 请使用 EWB5.0 软件完成图 3.5-3 所示应用练习电路 1 搭建。

2. 请说明在图 3.5-3 中哪个支路的开关属于控制电源型？哪个支路的开关属于控制接地型？

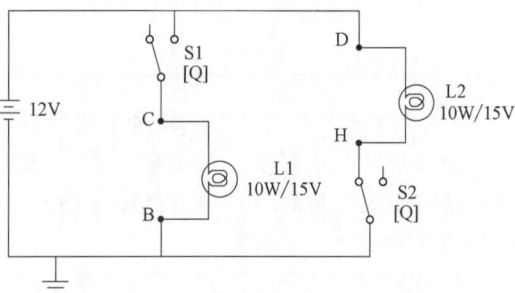

_____

图 3.5-3　EWB5.0 软件应用练习电路 1 *

3. 改变图 3.5-3 中的开关状态，检测 C、H 点在开关不同状态时的电位，并填入下表。

S1、S2 开关关断		S1、S2 开关闭合	
$V_C =$ _____	$V_H =$ _____	$V_C =$ _____	$V_H =$ _____

4. 改变图 3.5-3 中的开关状态，检测开关和灯两端在开关不同状态时的电压，并填入下表。

S1、S2 开关关断				S1、S2 开关闭合			
$U_{S1} =$	$U_{S2} =$	$U_{L1} =$	$U_{L2} =$	$U_{S1} =$	$U_{S2} =$	$U_{L1} =$	$U_{L2} =$

5. 从图 3.5-3 电路中的开关在不同状态时的电位和电压的检测结果可知，无论控制电源型还是控制接地型电路都存在以下规律：

1）在灯泡（负载）正常工作时，灯泡（负载）两端电压都接近于_____，而开关两端电压都接近于_____。

2）在灯泡（负载）不工作时，灯泡（负载）两端电压都接近于_____，而开关两端电压都接近于_____。

总结：无论控制电源型还是控制接地型电路，转换开关（控制部件）的状态，都应该导致开关或灯泡（负载）两端电压为 0 或为电压电源。

规律：工作状态正常的开关部件，当开关闭合时，开关两端电压一定为 0。

6. 既然通过检测负载和开关两端的电压就可以确定电路的工作状况，那么，测电位又有什么意义呢？提示：绝大多数汽车的车架都是连接到蓄电池负极（这大约就是"搭铁"说法的原因），也就是说车架就是整个汽车电路的接地点（线）。

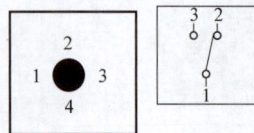

图 3.5-4　开关各位置

1）为了维护方便，几乎所有的电气部件都有安装座或插接器，如灯泡的灯座。灯座和灯之间断路或接触不良是实际工作中的常见故障。假如图 3.5-3 中的节点 C-B 和 D-H 分别是灯泡 L1 和 L2 的灯座。请按下表设置故障（设置故障后的节点标识会变成红色），并将设置故障后的检测结果填入下表。开关各位置如图 3.5-4。

节点 C、D"3"开路							
S1、S2 开关关断				S1、S2 开关闭合			
$U_{S1}=$	$U_{S2}=$	$U_{L1}=$	$U_{L2}=$	$U_{S1}=$	$U_{S2}=$	$U_{L1}=$	$U_{L2}=$

2）汽车使用的开关很多电路都采用插接器进行开关和电路的连接。插接器和开关之间也会出现断路或接触不良故障。假如图 3.5-3 中的开关 S1、S2 出现断路（开路）故障。请按下表设置故障（设置故障后的节点标识会变成红色），并将设置故障后的检测结果填入下表。

开关 S1、S2"1"开路							
S1、S2 开关关断				S1、S2 开关闭合			
$U_{S1}=$	$U_{S2}=$	$U_{L1}=$	$U_{L2}=$	$U_{S1}=$	$U_{S2}=$	$U_{L1}=$	$U_{L2}=$
$V_C=$		$V_H=$		$V_C=$		$V_H=$	

开关 S1、S2"2"、"3"开路							
S1、S2 开关关断				S1、S2 开关闭合			
$U_{S1}=$	$U_{S2}=$	$U_{L1}=$	$U_{L2}=$	$U_{S1}=$	$U_{S2}=$	$U_{L1}=$	$U_{L2}=$
$V_C=$		$V_H=$		$V_C=$		$V_H=$	

规律：当开关内部断路、引脚插接器断路时，无论开关处在哪种工作状态，灯泡（负载）两端电压一定为 0。

3）请把图 3.5-3 中的灯泡换成电阻（如图 3.5-5）。重复仿真检测。检测到的数据有变化吗？你由此得到的结论是什么？

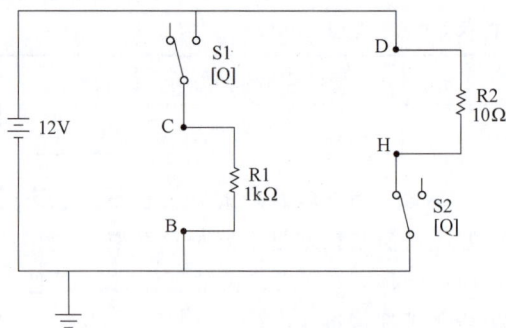

图 3.5-5　EWB5.0 软件应用练习电路 2*

5.4　实战训练

实战子任务　开关型简易防盗报警器制作

实验仪器和材料：万用表、按键开关、蜂鸣器、电阻（4.7Ω/5W）、电池。

（一）任务解说

电路分析能力是电路检测、检修的关键。本任务的电路非常简单，只需做到功能验

证就可以了，因此无需使用电路板。请使用电烙铁进行电路焊接练习。本任务的重点是回答后面的 3 个问题。

图 3.5-5 是"小虎"科创团队同学使用按键开关作为传感器，为电脑教室设计制作的电脑主机防盗报警器使用的材料和电路图。他们将按键开关用热熔胶粘在电脑主机下面，报警用的蜂鸣器和电源放在主机内部。一旦有人搬起主机，按键即开关断开，蜂鸣器就发出报警声。测试报警功能正常后，第二天准备交给电脑教室老师使用前再次测试，发现报警器失灵了（注意：长期工作的电路需要进行模拟测试），检查发现是电池没电了。

（二）工作过程

1. 按图 3.5-6 右侧所示原理图位置摆放左侧的各元件（电源可以用稳压电源）。

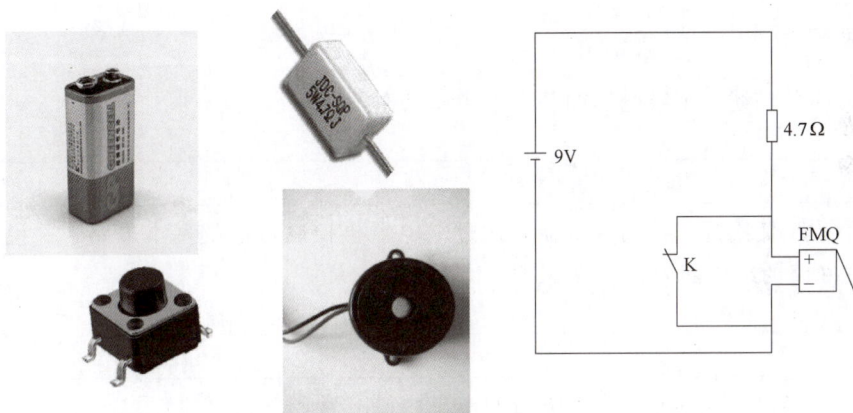

图 3.5-6　简单的防盗报警器电路及电路用配件

2. 使用电烙铁焊接各元件对应的引脚，完成电路安装（注意：蜂鸣器壳体上标有"+""-"极，不能接错；开关的脚不能接错）。

3. 测试报警功能。

4. 思考并回答以下问题：

1）请分析一下电池为什么很快就没电了？

_____

2）怎么改进电路设计，延长电池的使用寿命？（提示：开关有很多种，百度搜索关键词"开关"，总有一款合适你！）请简单描述一下你们搜索到的适合这个报警器改进的开关。

_____

3）请在"淘宝网"搜索适合报警器改进的开关。请写出店家给出的开关名称、型号和价格。

_____

_____

4）你是高手吗？

实践证明，"个性化防盗"是最不宜被破解的防盗措施（因为盗贼不知道从哪里下手破坏防盗系统）。请你试试选择一款开关（要求：淘宝买得到，单价不超过 2 元）参照这个实战任务设计一个简单的汽车防盗系统。

任务6　继电器控制电路的检测

6.1　应知

1. 请简单描述一下继电器的基本组成和工作原理。

2. 请画出使用开关控制继电器，通过继电器再控制灯泡的基本电路，并说明控制回路和主回路的组成部分。

3. 怎样确定图 3.6-1 所示继电器的电磁线圈、常闭触点和常开触点的脚位？（提示：也许百度可以帮你！）

图 3.6-1　继电器脚位检测

4. 请老师找几个不同外观尺寸的汽车用 12V 继电器。

1）请注意一下，同样是 12V 额定工作电压的继电器，其外观尺寸和继电器控制电流大小之间有什么规律：

2）请检测一下继电器的线圈电阻，看看继电器外观尺寸和继电器线圈电阻大小之间有什么规律：

3）为什么有以上规律？（提示：继电器线圈的工作电流决定了线圈产生的电磁力的大小，电磁力的大小决定了继电器控制电流的大小，线圈电阻的大小和绕制线圈的线径大小有很低关系。建议在淘宝里看看各种各样的继电器。）

6.2 应识

请简单说明下列继电器标称参数的含义。

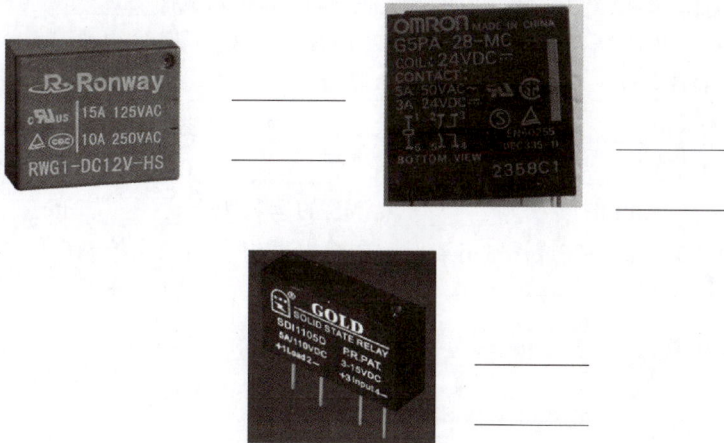

_____

_____

_____

_____

_____

6.3 应会

1. 请使用 EWB5.0 软件完成图 3.6-2 所示电路搭建。

2. 由图 3.6-2 可见：继电器内部主要由 _____ 和 _____ 两部分组成。闭合 EWB5.0 软件右上角的仿真开关，双击万用表图标，打开万用表界面，选择电阻测量。本次测量的是继电器的 _____ （触点/电磁线圈）的电阻值。

3. 使用 EWB5.0 软件完成图 3.6-3 所示的继电器组成的二次控制电路搭建。

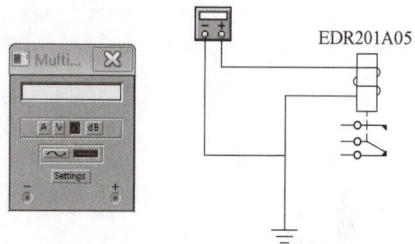

图 3.6-2　继电器线圈仿真检测

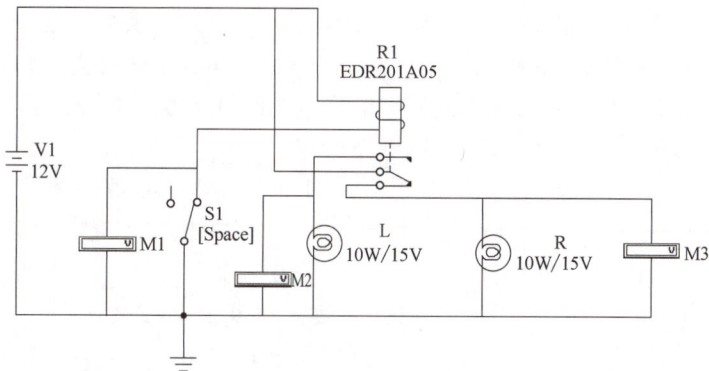

图 3.6-3　继电器的组成的二次控制电路*

4. 图 3.6-3 是一个两级控制二次控制电路。控制关系是：开关→_____→_____。其中，控制回路由电源、_____、_____组成，主回路有两路，其中与

灯泡 L 有关的回路由电源、继电器_____（常开/常闭）触点、_____组成；与灯泡 R 有关的回路由电源、继电器_____（常开/常闭）触点、_____组成。

5. 闭合 EWB5.0 软件右上角的仿真开关。当断开开关 S1 时，继电器电磁线圈应处于_____（通电/断电）状态，此时继电器内部的常开触点_____（断开/闭合），灯泡_____（L/R）亮，灯泡_____（L/R）不亮，此时电压表 M1 的读数为_____、M2 的读数为_____、M3 的读数为_____；当开关 S1 闭合时，继电器电磁线圈应处于_____（通电/断电）状态，此时继电器内部的常开触点_____（断开/闭合），灯泡_____（L/R）亮，灯泡_____（L/R）不亮，此时电压表 M1 的读数为_____、M2 的读数为_____、M3 的读数为_____。

6. 使用 EWB5.0 软件完成图 3.6-4 所示的继电器组成的二次控制电路 2 的搭建。

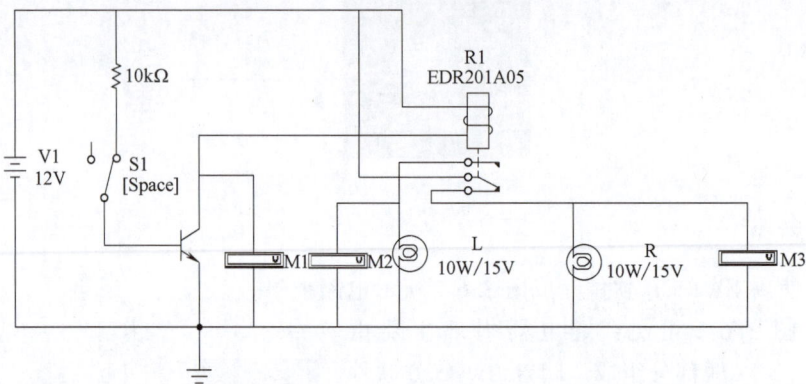

图 3.6-4　继电器组成的二次控制电路 2 *

7. 图 3.6-4 是一个三级控制二次控制电路。控制关系是：开关→_____→_____→_____。其中，主回路有两路，其中与灯泡 L 有关的回路由电源、继电器_____（常开/常闭）触点、_____组成；与灯泡 R 有关的回路由电源、继电器_____（常开/常闭）触点、_____组成。第一级控制回路由电源、_____、_____组成；第二级控制回路由电源、晶体管、_____组成，这个控制回路中的晶体管的作用相当于图 3.6-3 中的_____（填写图 3.6-3 中的对应元件）。

8. 闭合 EWB5.0 软件右上角的仿真开关。当断开开关 S1 时，晶体管基极电流_____（为零/较大），导致晶体管集电极电流_____（为零/较大），继电器电磁线圈应处于_____（通电/断电）状态，此时继电器内部的常开触点_____（断开/闭合），灯泡_____（L/R）亮，灯泡_____（L/R）不亮，此时电压表 M1 的读数为_____、M2 的读数为_____、M3 的读数为_____；当闭合开关 S1 时，晶体管基极电流_____（为零/较大），导致晶体管集电极电流_____（为零/较大），继电器电磁线圈应处于_____（通电/断电）状态，此时继电器内部的常开触点_____（断开/闭合），灯泡_____（L/R）亮，灯泡_____（L/R）不亮，此时电压表 M1 的读数为_____、M2 的读数为_____、M3 的读数为_____；

注意： 晶体管作为开关元件使用是非常普遍的，汽车电脑里用于驱动外部负载（例如：喷油器、点火线圈、继电器等）的晶体管都是作为开关元件使用的。由于晶体

管不存在普通继电器的触点烧蚀问题，因此使用寿命非常长。

9. 请使用 EWB5.0 软件完成图 3.6-5 所示的汽车起动机仿真电路的搭建，设置继电器参数如图 3.6-6。

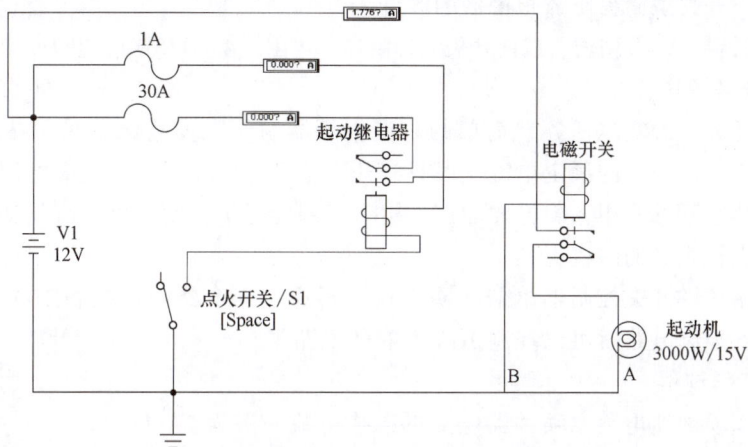

图 3.6-5 汽车起动机电路仿真 *

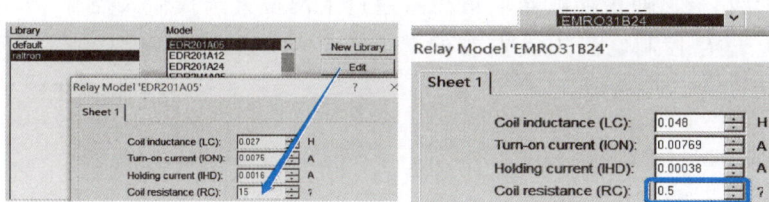

图 3.6-6 设置继电器参数

1）这个电路是一个_____级控制二次控制电路。

2）控制关系是：点火开关→_____→_____→_____。

3）主回路有_____路，主回路由电源、电磁开关的_____（常开/常闭）触点、_____组成。

4）第一级控制回路由电源、_____、_____、_____组成。

5）第二级控制回路由电源、_____、_____组成。

6）在电路的 A、B 节点之间连接一个 0.1Ω 的电阻模拟"搭铁线接触不良"，请用电压表测量一下这个 0.1Ω 的"搭铁线接触不良"电阻对电路造成的影响有多大。0.1Ω 的"搭铁线接触不良"电阻上的电压为_____V，模拟起动机的"灯泡"两端电压为_____V。

提示：

① 电流越大的电路，电路中的接触电阻要越小。将来汽车维修手册中所说的电路连接点之间的电阻小于 0.5Ω，仅适用于电流比较小的常规汽车电器电路；

② 对于大电流电路中的接触电阻使用普通万用表的电阻档很难确定故障点，可以在给电路供电时，利用连接点两侧电压的方式进行测量；

27

③ 思考：如果想确定电磁开关内部的常闭触点是否接触不良，你有办法检测吗？

6.4 实战训练

实战子任务　开关型简易防盗报警器的改进

实验仪器和材料： 万用表、按键开关、蜂鸣器、电阻（4.7Ω/5W）、电池，继电器等。

（一）任务解说

本项目任务 5 的实战任务"简单的防盗报警器制作"实战部分采用按键开关制作的报警器因为按键开关的额定电流一般只有几十毫安，因此不能控制大电流电路。这样的防盗电路功能不够实用，怎样才能在发生盗车问题时不让发动机不能起动，从而使防盗系统具有真正意义的防盗呢？

如果使用按键开关控制继电器线圈电流，再通过继电器触点控制 10A 左右电流的方式组成二次控制电路就可以控制 10A 左右的电路了。

（二）工作过程

百度汽车喷油器电路。喷油器电路的工作电流一般为 7A 左右。本次实战任务的内容如下：

1. 请画出使用磁控开关（你需要上网或者在淘宝网搜索"磁控开关"）作为传感器，使用继电器（请注意通过上网搜索选择输入控制电压为 12V，输出控制电流 10A 左右的继电器）构成的控制喷油器+12V 电源的控制系统电路图。

磁控开关（干簧管）的设定

2. 以汽车转向灯灯泡模拟喷油器制作设计出电路图。

3. 作品照片：

4. 如果学校条件允许，请实车测试一下班上设计最好的作品。

5. 有没有其他能实现同样功能的创新方案（先不考虑成本，但要能真正实现，只要网购能买到的都行。）

新方案相关的配件购买的网购网址、配件图片和淘宝报价：

⚙ 名师点评

1）首先要"有图"，"纸上谈兵"很重要！

2）必须拿出真正的作品。本项目使用的磁控开关、继电器有很多型号都能做出这个功能，但不同的选择会导致作品的可靠性、成本等方面的差异；所以，作品材料的选型也很重要！

3）任何一个产品设计，没有最好，只有更好。创新过程会扩展我们的视野，积累更多的工作经验。

任务7　电阻电路认知与仿真检测

7.1　应知

（后面几题建议在完成应会内容后再完成）

1. 什么是电阻？电阻的主要特性参数有哪些？

_____

2. 按电阻值是否可以人为改变，将电阻器分为哪几类？各类电阻器一般怎样应用？

_____

3. 一般情况下，同样材料的电阻，电阻值的电阻器体积越大它的哪一个参数越大？

_____

4. 什么是电位？在对电路中的 A、B 点进行电位测量，电压表的负极应该连接电路的哪点？

5. 什么是电压？使用数字式电压表测量电压时，对红、黑表笔的连接没有严格要求。在对电路中的 A、B 点进行电位测量的，如果测量值为负值，表示什么含义？

6. 在图 3.7-1 所示的传感器典型应用电路 1（在电子专业中称为"高边控制电路"，对应于汽车的"相线型控制电路"）中，R1 和 R2 的连接关系是并联还是串联？从电路符号可以知道 R1 对什么信号敏感？R1 称为什么电阻？

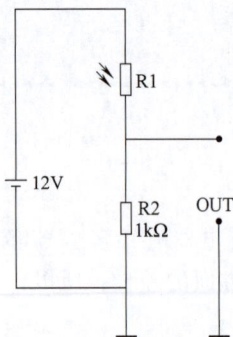

图 3.7-1　传感器典型应用电路 1
（高边控制电路）

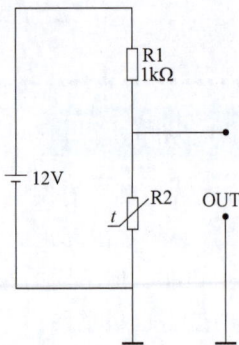

图 3.7-2　传感器典型应用电路 2
（低边控制电路）

7. 在图 3.7-2 所示的传感器典型应用电路 2（在电子专业中称为"低边控制电路"对应于汽车的"控制接地型控制电路"）中，当光敏电阻 R1 的电阻值增大（修改 R1 的电阻值）时，电路中输出电压会怎样变化？

8. 在图 3.7-2 所示的电路中，可以采用什么方法使 R1 电阻值发生变化？当 R1 的电阻值增大时，电路中 A 点的电位会怎样变化？

9. 在图 3.7-2 所示的电路中，R1 和 R2 的连接关系是并联还是串联？从电路符号可以知道 R2 对什么信号敏感？R2 称为什么电阻？

10. 在图 3.7-2 所示的电路中，可以采用什么方法使 R2 电阻值发生变化？当 R2 的电阻值增大时，电路的输出电压会怎样变化？

11. 怎样通过测电阻的方法知道不透明的水箱里水位的高低？（提示：别忘了试试上网搜索。）

_____

_____

7.2 应识

色环电阻的识读与检测

（可以使用网络搜索方式完成）

1. 请读出下表图中各电阻的电阻值。

	电阻值		电阻值
5.1			
5R1			
6.8k			
6k8			

2. 请识别下表中的可变电阻，并说明其分类和基本用途。

图片	种类	用途	图片	种类	用途

提示：旋转式电位器还可以用于角度测量，直滑式电位器还可以用于直线位移测量（例如：有些车型的悬架系统的车身高度传感器就采用了这两种电位器）。

热敏电阻的检测

光敏电阻的检测

光控报警器

3. 请识别下表中的电阻型传感器名称和用途。

图片	种类	用途	图片	种类	用途

7.3 应会

1. 请使用 EWB5.0 软件完成如图 3.7-3 所示简单串联电路的搭建。

2. 图 3.7-3 中的电压表 M1 与电阻 R1 是_____（串联/并联）的；电压表 M1 测量的是_____（R1/R2）两端的电压；电压表 M2 测量的是_____（R1/R2）两端的电压，也是 A 点的_____（电流/电位）。

3. 闭合 EWB5.0 软件右上角的仿真开关后，电压表 M1 的测量读数是_____V，电压表 M2 的测量读数是_____V。

4. 修改电阻 R1 的电阻值为 2kΩ 后，仿真测量的结果是：电压表 M1 的测量读数是_____V，电压表 M2 的测量读数是_____V。这个测量结果验证了在串联电路中的电压分配关系，串联电路中电阻值大的电阻上分配的电压_____（高/低）。

图 3.7-3　简单串联电路仿真 *

注意：这并不是说电阻值越小的电阻上的电压越低。想一想为什么？

5. 再次修改电阻 R1 的电阻值为 0.5kΩ 后，仿真测量的结果是：电压表 M1 的测量读数是_____V，电压表 M2 的测量读数是_____V。

6. 这个测量结果验证了在串联电路中的电压分配关系，串联电路中电阻值小的电阻上分配的电压_____（高/低）。

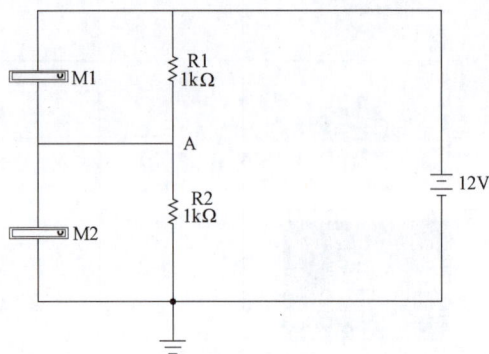

7. 闭合 EWB5.0 软件右上角的仿真开关后，电压表 M1 的测量读数是_____ V，电压表 M2 的测量读数是_____ V。

8. 通过按 W 键设置电位器的调整比例为 80% 时，电压表 M1 的测量读数是_____ V，电压表 M2 的测量读数是_____ V。

9. 通过按 W 键设置电位器的调整比例为 20% 时，电压表 M1 的测量读数是_____ V，电压表 M2 的测量读数是_____ V。

10. 高边串联电路中电阻型传感器与电位器的应用仿真。由于仿真软中没有光敏电阻，我们采用电位器代替。请使用 EWB5.0 软件完成图 3.7-4 所示电路搭建。

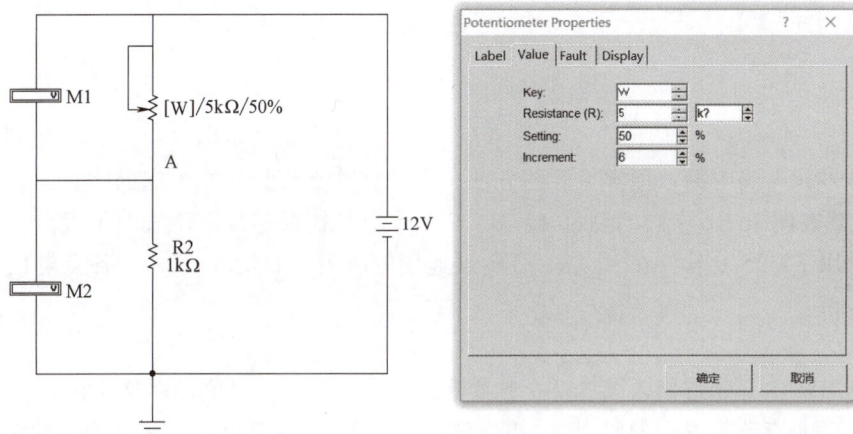

图 3.7-4　高边串联电路仿真*

11. 图 3.7-4 中电位器定义_____键为电位器的调整功能键，电位器的电阻值为_____，每按一次电位器的调整功能键可以使电位器调整端的电阻值变化_____%，按一下_____键可以使电位器调整端的电阻值反向改变。通过观测电压表 M2 的数值变化规律，得出的结论是：串联电路中，某一个电阻的电阻值变化，都会引起电路中测量点电位的变化。对于传感器连接在高电位端，分压电阻（即图中的 R2）连接在低电位端的电路，传感器电阻越大，A 点的电位越_____。

12. 请使用 EWB5.0 软件完成图 3.7-5 所示的低边串联仿真电路搭建。

使用电位器的调整功能键使电位器调整端的电阻值变化，通过观测电压表 M2 的数值变化规律，得出的结论是：串联电路中，某一个电阻的电阻值变化，都会引起电路中测量点的电位的变化。对于传感器（相当于可变电阻 W）连接在低电位端，分压电阻（即图中的 R2）连接在高电位端的电路，传感器电阻越大，A 点的电位越_____。

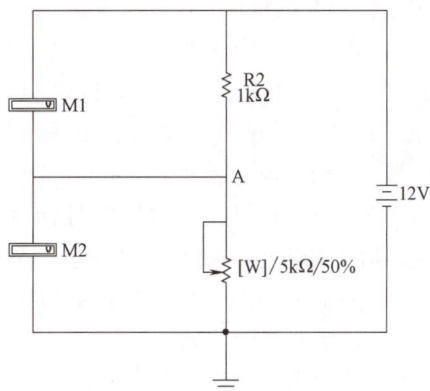

图 3.7-5　低边串联电路仿真*

13. 请使用 EWB5.0 软件完成图 3.7-6 所示的低边串联电路的搭建（图中左、右两

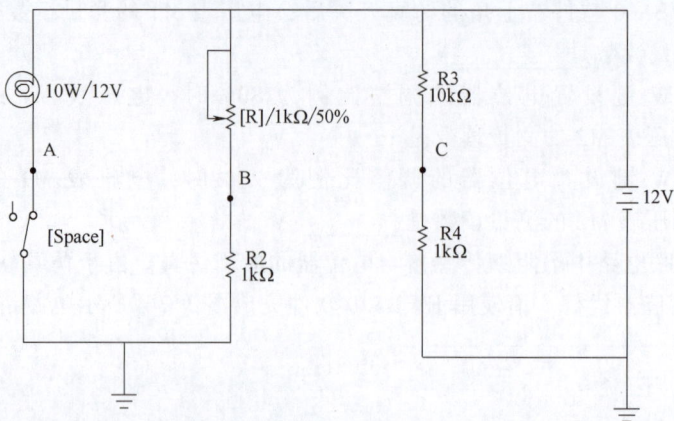

图 3.7-6 低边串联电路对比仿真电路*

个接地符号是电路中的一种常见画图方法，表示这些点都是接在一起的。）。

14. 请在图 3.7-6 中画出测量 A、B、C 各点电位需要连接电压表的位置。

请使用 EWB5.0 软件在 A、B、C 各点连接电压表，测量 A、B、C 各点电位。仿真测量的结果：

$V_A =$ _____ $V_B =$ _____ $V_C =$ _____

使用 EWB5.0 软件修改图 3.7-6 中参数：R3 为 100Ω，电位器调整比例为 80%，开关断开（动触点连接左边静触点），再次测量 A、B、C 各点电位。仿真测量的结果：

$V_A =$ _____ $V_B =$ _____ $V_C =$ _____

由此得出的结论是：开关闭合时，开关可以视为一根导线，因此，开关上的电压接近于_____（电源电压/0）。

15. 请按图 3.7-7 所示搭建高、低边控制电路，并测量 A、C 点电位。

16. 图 3.7-7 中的两个开关分别为低边控制（汽车专业也称"控制搭铁"）型电路，和高边控制（汽车专业也称"控制火线"）型电路。请使用 EWB5.0 软件修改图 3.7-7，使用"空格键"控制 2 个开关同时处于断开和闭合两种状态，分别测量 A、C 各点电位。仿真测量的结果：

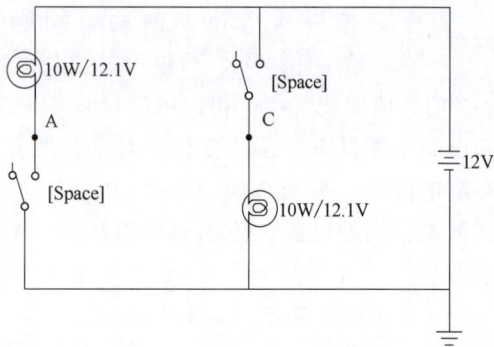

图 3.7-7 高、低边控制电路对比仿真检测*

1）开关断开时：$V_A =$ _____ $V_C =$ _____

2）开关闭合时：$V_A =$ _____ $V_C =$ _____

想一想：为什么两个开关同时处于断开或闭合状态时 $V_A \neq V_C$？提示：从串联电路电压分配关系出发进行讨论。（这个结论很重要，汽车常规电器电路维修离不开!!!）

17. 请按图 3.7-8 所示搭建复杂电路。检测 A、B、C 各点电位，以及 AB、CB 之间的电压。请将检测结果填入下表。

V_A	V_B	V_C	U_{AB}	U_{CB}
$V_B-V_A=$		$V_C-V_B=$		

提示：复杂电路计算在汽车检测、检修实际工作中是遇不到的，而且计算过程复杂。今后工作中如果遇到这类问题，建议读者使用仿真软件（或者请专业学电子专业的人员协助）解决。

EWB 复杂电路仿真检测

7.4 实战训练

实战子任务 1 汽车发动机节气门位置传感器检测

实验工具与材料：万用表、汽车发动机台架或实车。

（一）任务解说

通过软件仿真大家高效率的学习了读图方法，并熟悉了检测相关参数的检测点、使用仪表、仪表连接等。但实际操作和软件

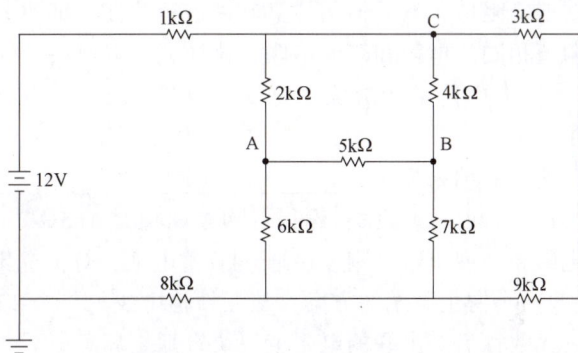

图 3.7-8 复杂电路仿真检测*

仿真还是存在挺大差异的，这个项目很简单，但初次接触实车测试感觉还是有一定的难度，这很正常。

（二）工作过程

请在实车或发动机台架上分别采用在线检测法和离线检测法检测汽车发动机的节气门位置传感器的 3 个引脚（这里约定最上面一个脚为 1 脚）在节气门全关、节气门半开、节气门全开状态的数据，并填入下表。

在线检测法		离线检测法	
是否应该断开蓄电池？		是否应该断开蓄电池？	
万用表使用哪个档位？		万用表使用哪个档位？	
节气门全关时的检测数据	$V_1=$	节气门全关时的检测数据	$R_{12}=$
	$V_2=$		$R_{13}=$
	$V_3=$		$R_{23}=$
节气门半开的检测数据	$V_1=$	节气门半开的检测数据	$R_{12}=$
	$V_2=$		$R_{13}=$
	$V_3=$		$R_{23}=$
节气门全开的检测数据	$V_1=$	节气门全开的检测数据	$R_{12}=$
	$V_2=$		$R_{13}=$
	$V_3=$		$R_{23}=$

实战子任务 2 实用案例研讨

实验工具与材料：稳压电源、10W/12V 的灯泡两个等。

理论知识应用于实践很重要。下面两个看似简单，应用中学物理知识应该就可以解

35

决的实际问题你能解决吗？如果有条件，请亲自动手试一试。

案例 1 有几位同学在汽车电子实验室做实验时接到半小时后临时停电的通知，他们想利用实验室的 24V 蓄电池作为电源，为 10W/12V 的灯泡供电，解决临时照明问题。他们讨论后提出如下方案：

1）张同学的方案：用万用表测量灯泡电阻值，然后找一个和被测量灯泡电阻值相同的电阻和灯泡串联，这样就可以解决应急照明问题了。

2）小博士同学的方案：利用公式 $R = U^2/P = 12^2/10 = 14.4$（$\Omega$），算出灯泡正常发光时的电阻值，然后使用仿真软件进行验证，证明方案可行后。找一个和计算出的灯泡电阻值相同的电阻和灯泡串联，这样就可以解决应急照明问题了。

3）大山同学的方案：把 2 个 10W/12V 灯泡串联，这样就可以解决应急照明问题了。

实施的结果是：＿＿＿＿＿＿＿＿＿＿＿＿＿＿＿＿＿＿＿＿＿＿＿

1）张同学的方案：测得灯泡电阻值是 1.5Ω，于是从元件柜中找了一个 1.5Ω/3W 的电阻和灯泡串联。刚一接通 24V 蓄电池，灯泡立刻烧毁了。

2）小博士同学的方案：从元件柜中找了一个 15Ω/3W 的电阻和灯泡串联。灯泡正常发光数秒后，串联的电阻就很快冒烟烧坏了。

3）大山同学的方案：2 个 10W/12V 灯泡一直可以正常发光。

请问：为什么前面张同学和小博士的方案都没有成功？

＿＿＿＿＿＿＿＿＿＿＿＿＿＿＿＿＿＿＿＿＿＿＿＿＿＿＿＿＿＿＿

案例 2 有几位同学在汽车电子实验室做实验时，有一个同学拿来一个旧的汽车音响主机（12V/10W），他想把这个汽车音响主机用到自己家的柴油货车（柴油车采用 24V 供电）上。他们讨论后提出如下方案：

同学的方案：给音响串联 1 个 10W/12V 灯泡，利用灯泡分压来解决这台汽车音响主机的供电问题。

实施的结果是：＿＿＿＿＿＿＿＿＿＿＿＿＿＿＿＿＿＿＿＿＿＿＿＿＿

当音响音量开得较小时，音响工作正常，但串联的 10W/12V 灯泡亮度较暗，实测灯泡两端电压 8V 左右。随着音响音量的增加，灯泡亮度也越来越亮，实测当音量开到最大时，灯泡两端电压超过 16V，且灯泡亮度随音响音量的变化闪烁。播放音乐时如果开大音量，音乐听感很差。（注意：音响音量开得越大，音响消耗的功率越大。即音响的功率是随着音量大小变化的。）

🔵 名师点评

1）电器设计时考虑到了用户使用时供电电压的波动问题，只要供电电压在额定电压的 20% 范围内，电器都可以正常工作。

2）汽车音响的实际功率是随着音量的大小在一定范围内变化的，一般要求稳压供电（即供电电压应在额定电压的 20% 范围内）。

3）百度一下关键词"稳压电源"，你也许就知道为什么了？

4）淘宝网搜索"24V 转 12V 模块"看看哪一款模块适合你的需要？（注意：模块价钱和（最大）输出电流有关系？）

5）实验室实验的稳压电源的内部就使用了稳压电路，所以它的输出电压是稳定的。

任务 8 电容器认知与仿真检测

8.1 应知

1. 什么是电容？什么是容抗？

_____

2. 电容器的主要参数有哪些？

_____

电容器常识

3. 按电容量是否可以改变，将电容器分为哪几类？各类电容器一般怎样应用？

_____

4. 在实际电路测试时，如果发现一个标称 50μF/16V 的电解电容器损坏了，在 20μF/16V、50μF/16V、100μF/16V、50μF/25V、100μF/25V 这些相同介质的电解电容器中。

1）最好选用_____修复电路。

2）也可以选择_____修复电路。

3）更换一般电路中损坏的电容器时，不仅要注意电容量相同或相近，电容器标称电压相同或_____（相近/大于）原电容器标称电压；还要注意电容器的适用频率（即介子材料），一般必须使用_____（高频/低频）替代_____（高频/低频）电容器。

5. 电解电容器是_____（有/无）极性的电容器。使用时必须注意电容器的正极接电路中的_____（高/低）电位点，否则容易出现电容器爆炸的现象。

6. 示波器的 A 通道（channel A）窗显示 2mV/div 的含义是什么？

_____

7. 示波器的时基（Time base）窗显示 2ms/div 的含义是什么？

_____

_____

8. 示波器屏幕上显示的波形图像越大，则被测信号的电压越高吗？

_____

_____

8.2 应识

1. 请在图 3.8-1 所示的某产品电路板上找到 3 个电

EWB 示波器的初步使用

EWB 示波器的使用

解电容，并在电解电容上标出正（+）、负（−）极。

2. 图 3.8-2 中示波器的波形图，如果扫描时基（Time base）窗显示为 2ms/div、A 通道（channel A）窗显示 5V/div。这个信号的周期和最大值各是多少？_____

8.3 应会

1. 请使用 EWB5.0 软件完成图 3.8-3 所示的电容充、放电特性研究电路的搭建。

2. 图 3.8-3 中的电压表 M1 与电容器

图 3.8-1　某产品电路板

C1 是_____（串联/并联）的；电流表 M2 与 R1 是_____（串联/并联）的；电流表 A 测量的是流过_____（R1/电压表 M1）的电流，电压表 M1 测量的是 A 点的_____（电流/电位），也就是_____（R1/C1）两端的电压。

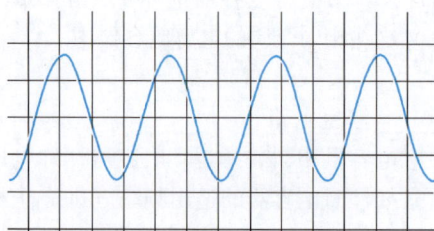

图 3.8-2　示波器检测的波形

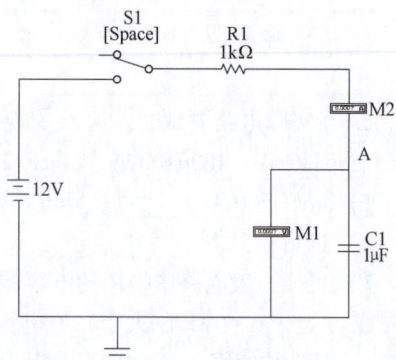

图 3.8-3　电容充、放电特性研究电路*

3. 电容器的充电过程仿真。闭合 EWB5.0 软件右上角的仿真开关，并使用键盘的_____键使开关 S1 闭合后，电压表 M1 的测量读数变化规律是从_____V 逐步变化到_____V，电流表 A 的测量读数变化规律是开始较_____（大/小）逐步变_____（大/小）。这反映了电容器在_____（放电/充电）过程中，_____（放电/充电）电压渐渐_____（升高/降低），但电压上升的最大值是由电路相关参数决定的；电容器充电过程中，充电电流逐步（升高/降低），最后接近于 0。这说明电容器上的电压不能_____。

结论：电容器隔直流（即：处于直流电路中的电容器，充电过程完成后，就不再有电流流过电容器，也就相当于直流电流被电容器隔断了）。

4. 电容器的放电过程仿真。使用键盘的_____键使开关 S1 断开后，电压表 M1 的测量读数变化规律是从_____V 逐步变化到_____V，电流表 A 的测量读数变化规律是开始较_____（大/小）逐步变_____（大/小）。这反映了电容器在_____（放电/充电）过程中，_____（放电/充电）电压渐渐_____（升高/降

低）；电容器放电过程中，充电电流逐步_____（升高/降低），最后接近于 0。

结论：电容器具有储能特性。

5. 请使用 EWB5.0 软件完成图 3.8-4 所示电容器交流特性研究电路的搭建（注意：电压表设置为交流模式）。闭合 EWB5.0 软件右上角的仿真开关和 S1 后，电压表 M1 的测量读数是_____V，电压表 M2 的测量读数是_____V。M1+M2 =_____V>交流电源电压 36V，请计算本次测量 $\sqrt{M1^2+M2^2}$ =_____V。

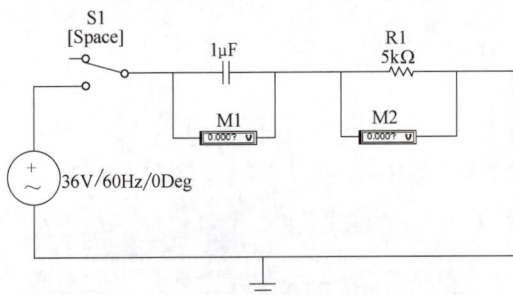

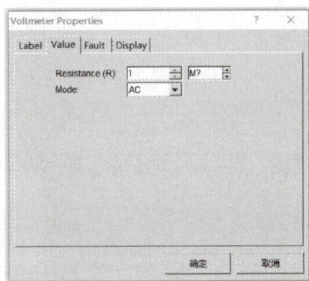

图 3.8-4 电容器交流特性研究电路[*]

结论：电容器通交流（可以仿真观察到无论过程经历多长时间，M1、M2 都是保持不变的）。

6. 如图 3.8-5 设置交流电源的频率为 120Hz，重复上一步的操作，电压表 M1 的测量读数是_____V，电压表 M2 的测量读数是_____V。请计算本次测量 $\sqrt{M1^2+M2^2}$ =_____V

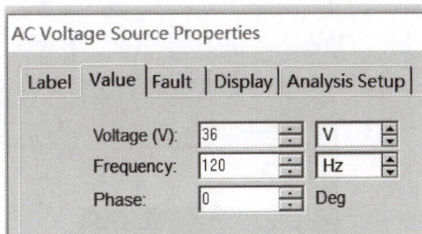

7. 第 6 题的仿真检测中，电容器、电阻的参数都没有变化，交流电源电压也保持不变，仅修改了交流电源的频率。请修改设置交流电源的频率为其他值，看看仿真测量到的电容器上的电压 M2 的变化规律。

图 3.8-5 设置电源频率为 120Hz

结论：当交流电源的频率越高，电容器的容抗越小。即电容器对频率高的交流电容抗小——电容器通高频，阻低频。

8. 示波器的使用：请使用 EWB5.0 软件完成图 3.8-6 所示的示波器使用练习电路的搭建。导线颜色可以双击导线设置。

9. **示波器调整**：闭合软件右上角仿真开关。双击电路图上的示波器，屏幕上出现图 3.8-7 所示的示波器面板图像（如果屏幕显示的图像不正常，这是早期软件与现在的操作系统不兼容造成的，请双击显示器屏幕任务栏的 EWB5.0 软件图标）后，单击 EWB5.0 软件右上角仿真开关关闭仿真。图 3.8-7 图像中的紫色部分，表示信号已经输入到示波器，只是波形超出屏幕显示的电压范围，即：电压幅度放大得太大了（注意：图 3.8-7 中电源电压是 120V），单击 A 通道（channel A）的灵敏度选择（也可以理解成电压放大倍数）▲按钮，直到出现图 3.8-8 所示图像；单击扫描时基（Time base）窗口的▼按钮，直到出现图 3.8-9 所示图像；单击示波器面板的扩展（Expand）按钮，

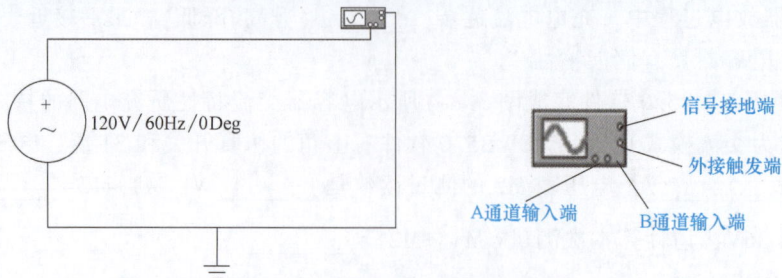

图 3.8-6 示波器使用练习电路*

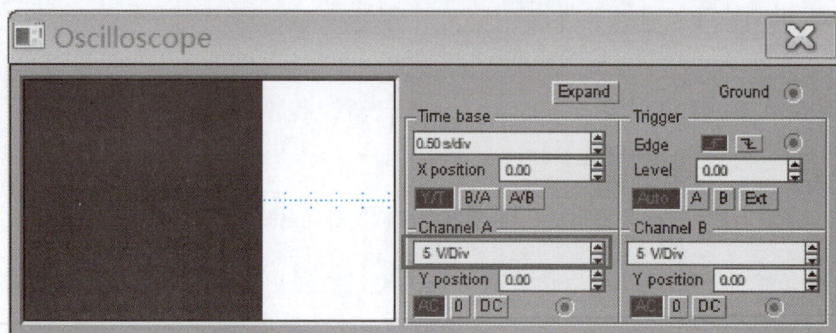

图 3.8-7 波形超出屏幕显示的电压范围

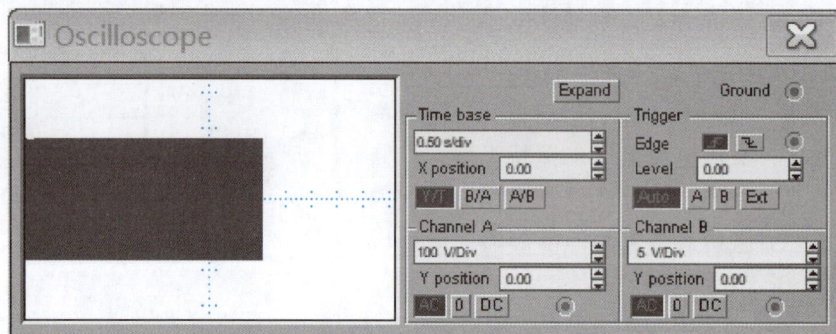

图 3.8-8 调整降低 A 通道的灵敏度后的结果

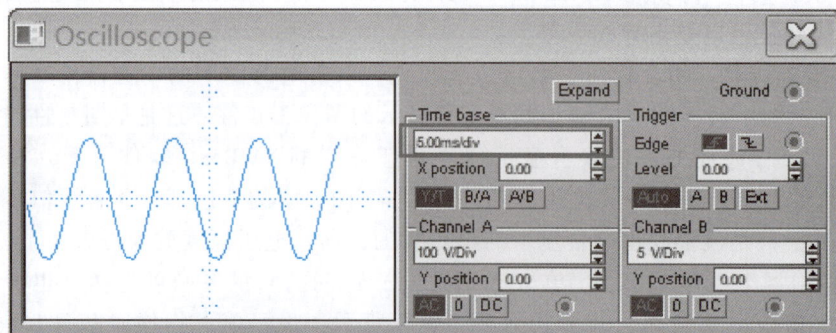

图 3.8-9 调小扫描时基后的结果

出现图 3.8-10 所示图像。再单击时基（Time base）窗口的 ▼ ▲ 按钮，直到出现图 3.8-11 所示 2~3 个周期的被测波形图像。

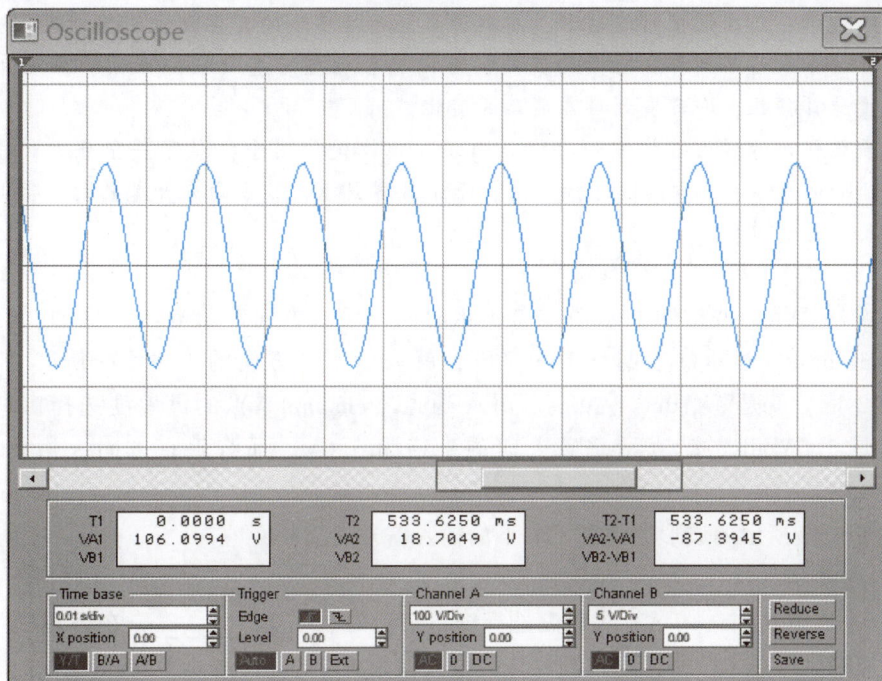

图 3.8-10　按下扩展按钮后显示的结果

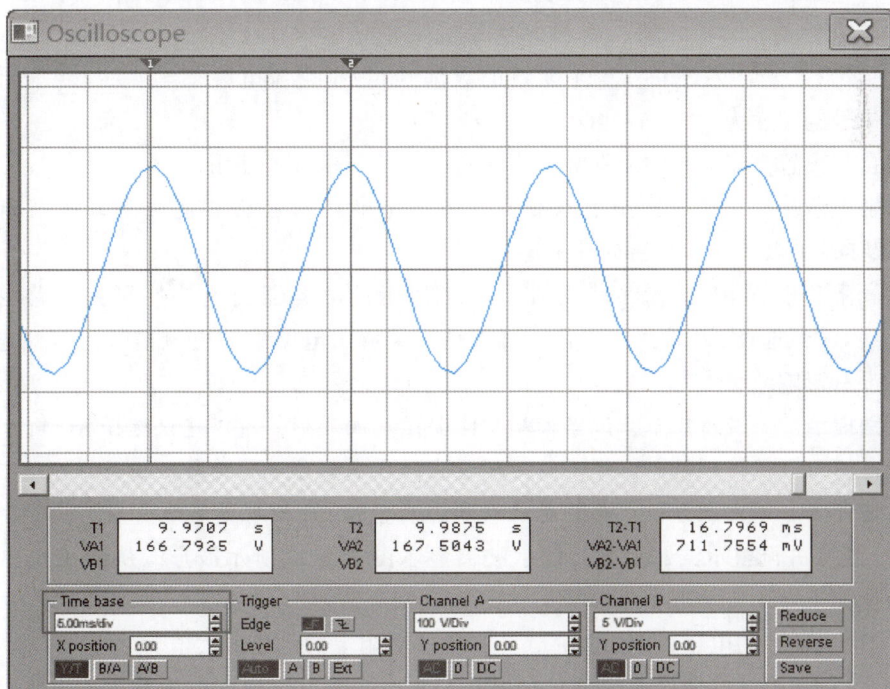

图 3.8-11　进一步调整后的结果

用鼠标拖动示波器屏幕两侧的红色和蓝色标尺，分别到波形 1 个周期的 2 个相邻的最大值位置。

特别提示： 使用记忆示波器时，看到屏幕显示有不断的变化就说明信号已经输入到示波器了。如果看不到屏幕显示的变化，可以交替调整时基（Time base）和输入通道的灵敏度选择按钮，即可看到屏幕显示的变化。

由于记忆示波器已经将波形存储起来了，就像是你用手机拍了一张照片。手机放大、缩小照片是 X、Y 方向同时操作的，而示波器是 X、Y 方向分开操作的。因此，操作起来其实很简单！

10. 示波器读数：

示波器显示的波形图的水平方向表示时间，垂直方向表示电压。例如：时基窗口（Time base）显示的数据是 10ms/div，就表示水平方向的 1 格为 10ms，那么水平方向 3 格，就是 3×10ms＝30ms。而 A 通道（channel A）的灵敏度选择窗口显示的数据是 5.0V/div，就表示垂直方向的 1 格为 5.0V。那么垂直方向 3 格就是 3×5.0V＝15V。

图 3.8-11 所示的波形图包含了如下的输入信号信息：

1）被测信号是_____（正弦波/三角波/矩形波）。

2）A 通道（channel A）灵敏度选择窗口显示的数据是_____，在垂直方向从时间轴到波峰大约是 1.7 格，则被测信号的最大值是 1.7×_____＝_____V；根据交流电有效值＝最大值/_____计算得到被测信号电压的有效值_____V。

3）时基窗口（Time base）显示的数据是 5.00ms，在水平方向从第一个波峰到第二个波峰大约是_____格，则被测信号的周期是_____×_____＝_____ms（请注意看图 3.8-11 右下角 T2-T1 窗口的数据）；根据交流电频率＝1/_____计算得到被测信号的频率为_____Hz。

请自行设置交流电源的周期和频率，进一步练习示波器使用。

特别提示： 记忆示波器功能很强大，大部分的波形数据都能在屏幕上显示出来（是否显示这些数据和示波器的设置有关）。

11. 请使用 EWB5.0 软件完成图 3.8-12 所示的电容器交流特性研究电路的搭建（注意：示波器选择 AC 输入；电阻取 1Ω 是为了取出电路中的电流信号，而对电路主要特性没有影响）。

特别提示： 一般情况下，汽车检测中主要是观测波形，所以建议选择 AC 输入。DC 输入状态不仅可以观测波形，还可以对测量点的电压信号进行读数。但是，示波器用来测电压还是不如万用表方便，而且对应初学者调整时 AC 输入更简单一些。

12. 仿真并调整示波器参数，使示波器显示图 3.8-13 所示波形。从图 3.8-13 读取到的信息如下：

1）电容器上的电压最大值为_____V，电阻上的电压最大值为_____V。

2）流过电容器的交流电流（这个电路利用电阻将电路中的电流转换成电压，并利用电阻的电压与电流同相的特点，以便使用示波器观察电流的相位）。达到最大值时，

电压在经过 π/2 后达到最大值。

结论：纯电容电路中，电流相位超前电压相位 90°。

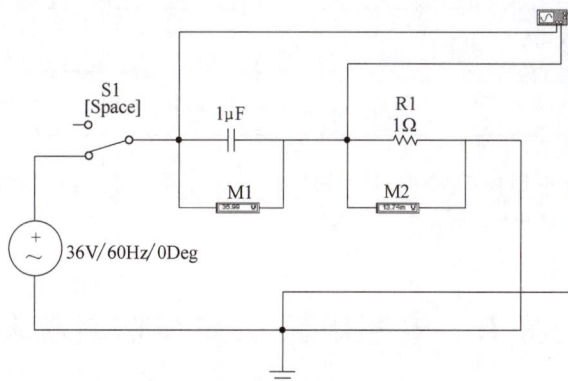

图 3.8-12　电容器交流特性研究电路*

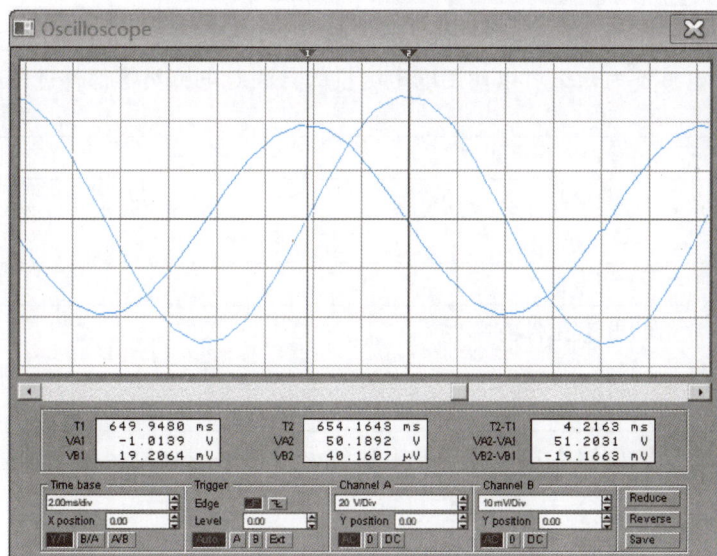

图 3.8-13　电容器的移相特性

8.4　实战训练

实战子任务　汽车示波器的使用入门

实验仪器和材料：汽车示波器、函数信号发生器。

（一）任务解说

通过波形观测，可以详细了解万用表无法检测的信号（如发动机点火信号、转速信号等）的变化规律，初学者使用信号发生器输出的已知信号来练习示波器的使用，并验证自己检测的结果。这是当前流行的一种自主学习模式，请读者尝试一下吧。

（二）工作过程

1. 请自己设定函数信号发生器的输出，使用汽车示波器观测函数信号发生器输出的波形，验证自己使用示波器检测信号的能力。

2. 请组长设置函数信号发生器的输出，考核组员使用示波器检测信号的能力。

波形	波形参数	
	最大值	
	周期	

特别说明：由于不同学校使用的汽车示波器型号不同，但操作方法与仿真软件的示波器差别不大，请自行阅读示波器使用说明书。

任务9　电感电路认知与仿真检测

9.1　应知

1. 什么是电感？为什么可以使用电阻测量的方法对电感类零部件进行粗略判断？

_____

2. 自感现象在汽车上有什么应用？

_____

3. 汽车上常用的电感元件有哪些？

_____

4. 某维修工检测磁感应式传感器电阻值符号维修手册标准，这个传感器肯定是好的吗？

_____

_____

5. 维修师傅互换两辆车的磁感应式曲轴位置传感器后发现故障车还是出现同样的故障码，于是判断故障车电脑故障。这样判断对吗？

_____

_____

提示：交换配件是维修师傅常用的有效判断故障的方法之一，这个方法也适用于在同一辆车上相同配件的交换。

9.2　应识

1. 请说明图 3.9-1 中各电感符号的含义：

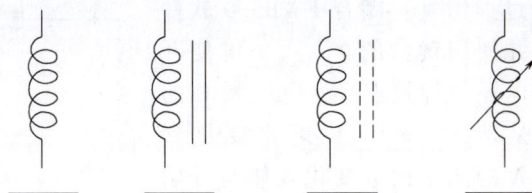

图 3.9-1　各电感符号

2. 图 3.9-2 上、下两个波形图是示波器的扫描时基都是 20ms/div 时分别检测到的不同车轮转速时轮速传感器（磁感应式传感器）的输出波形信号。从波形图可知，车轮转速较高对应的是哪个波形图？请在图像右边的横线上打勾√。

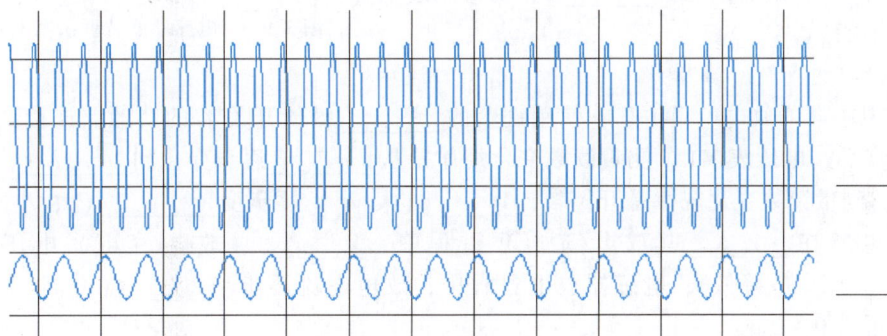

图 3.9-2　轮速信号波形图

3. 图 3.9-3 是修车师傅用示波器检测到的汽车轮速传感器（磁感应式传感器）的波形图。从波形图可知这个轮速信号有问题吗？＿＿＿＿＿＿＿＿＿＿（高手不仅可以从波形图判断出传感器、信号发生器的工作状况，而且可以看出安装工艺（间隙）故障）。

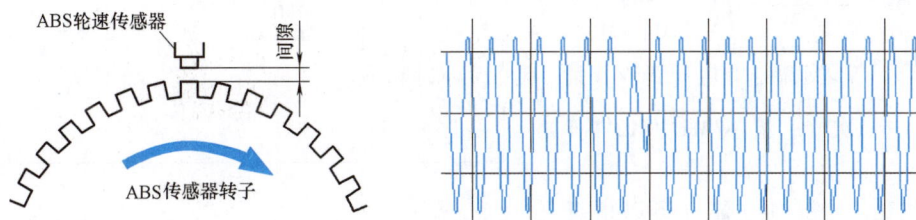

图 3.9-3　轮速传感器波形图

9.3　应会

1. 请使用 EWB5.0 软件完成图 3.9-4 所示的电感储能特性研究电路的搭建。

2. 图 3.9-4 中的电压表 M1 与电感 L 是＿＿＿＿＿＿（串联/并联）的；电流表 M2 与 L 是＿＿＿＿＿＿（串联/并联）的；电流表 M2 测量的是流过＿＿＿＿＿＿（R1/电压表 U）的电流，电压表 M1 测量的是 A 点的＿＿＿＿＿＿（电流/电位），也就是＿＿＿＿＿＿（R1/L1）两端的电压。

3. **电感器的储能过程仿真**：闭合 EWB5.0 软件右上角的仿真开关，并使用键盘的_____键使开关 K 的动触点连接到电源的静触点后，电压表 U 的测量读数变化规律是从_____V 逐步变化到_____V，电流表 A 的测量读数变化规律是开始较_____逐步变化到_____。这反映了电感在_____（储能/放电）过程中，_____电流渐渐_____，但电流上升的最大值是由_____参数决定的；电感充电过程中，充电电流逐步_____（升高/降低），最后接近于_____。说明流过电感的电流不能_____。

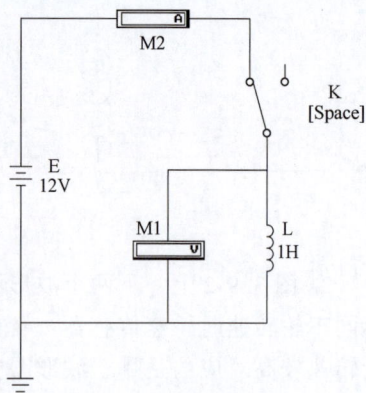

结论：通直流。

图 3.9-4　电感储能特性研究电路*

4. **电感器的放电过程仿真**：使用键盘的_____键使开关 K 的动触点连接到接地的静触点后，电压表 M1 的测量读数变化规律是从_____逐步变化到_____，电流表 M2 的测量读数变化规律是开始较_____（大/小）逐步变_____（大/小）。这反映了电感在_____（放电/充电）过程中，_____（放电/充电）电压渐渐_____（升高/降低）；电感器放电过程中，放电电流逐步_____（升高/降低），最后接近于 0。

结论：电感器具有储能特性。

5. 请使用 EWB5.0 软件完成图 3.9-5 所示的电感交流特性研究电路 1 的搭建（注意：电压表设置为交流模式）。

6. 闭合 EWB5.0 软件右上角的仿真开关和 S1 后，电压表 M1 的测量读数是_____V，电压表 M2 的测量读数是_____V。M1+M2 =_____V>交流电源电压 36V，请计算本次测量 $\sqrt{M1^2+M2^2}$ =_____V。

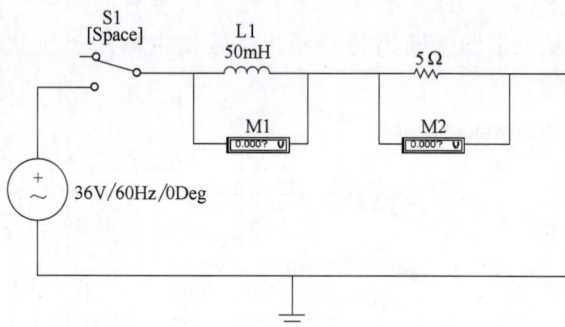

结论：电感通交流（可以仿真观察到无论过程经历多长时间，M1、M2 都是保持不变的。）。

图 3.9-5　电感交流特性研究电路 1*

7. 设置交流电源的频率为 120Hz，重复上一步的操作，电压表 M1 的测量读数是_____V，电压表 M2 的测量读数是_____V。请计算本次测量 $\sqrt{M1^2+M2^2}$ =_____V。

8. 第 6 与第 7 题的仿真检测中，电感、电阻的参数都没有变化，交流电源电压也保持不变，仅修改了交流电源的频率。请修改设置交流电源的频率为其他值，看看仿真测量到的电感器上的电压表 M2 读数的变化规律。

结论：当交流电源的频率越高，电感的感抗越大。即：电感对频率高的交流电感抗大——电感通低频，阻高频。

9. 请使用 EWB5.0 软件完成图 3.9-6 所示的电感交流特性研究电路 2 的搭建（注意：示波器选择 AC 输入）。

10. 仿真并调整示波器参数，使示波器显示图 3.9-7 所示波形。

11. 从图 3.9-7 读取到的信息如下：

1）电感上的电压最大值为_____V，电阻上的电压最大值为_____V。

2）流过电感的交流电压（这个电路利用电阻将电路中的电流转换成电压，并利用了电阻的电压与电流同相的特点，以便使用示波器观察电流的相位。）达到最大值时，电流在经过 π/2 后达到最大值。

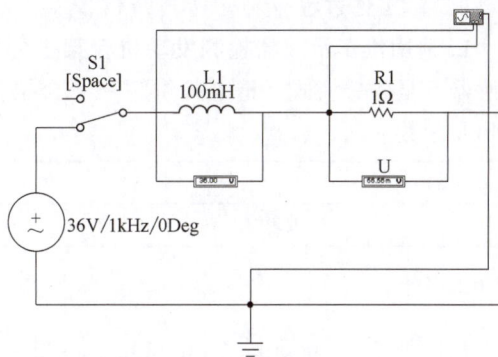

结论：纯电感电路中，电压相位超前电流相位 90°。

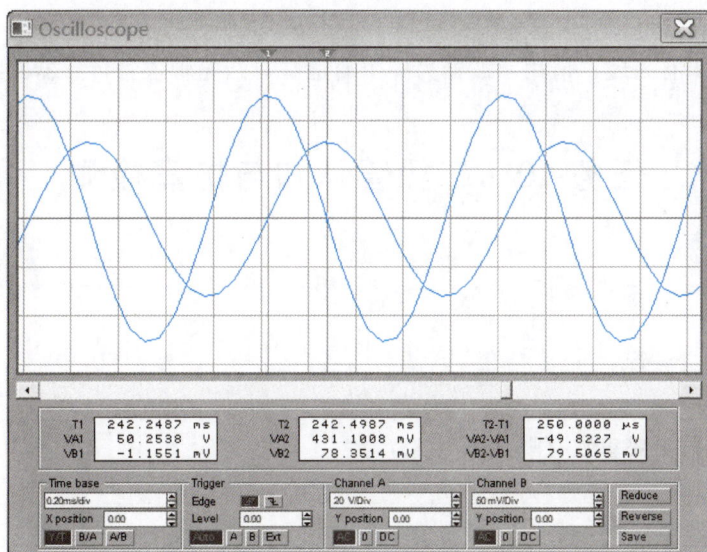

图 3.9-6　电感交流特性研究电路 2*

图 3.9-7　电感的移相特性

9.4　实战训练

实战子任务　汽车示波器检测发动机曲轴位置传感器信号波形

实验仪器和材料：汽车示波器、发动机台架或实车。

（一）任务解说

发动机曲轴位置传感器信号是发动机电脑精确判断曲轴位置（转角）的信号，发

47

动机电脑结合凸轮轴传感器信号就可以知道所有缸的活塞处于怎样的工作状态和准确位置（看不懂没关系，以后会学到的），从而对发动机各气缸进行准确的喷油和点火，使发动机正常运转。

（二）工作过程

1. 请用汽车示波器检测发动机台架上的曲轴轴位置传感器（如果被测曲轴轴位置传感器不是磁感应式，请老师讲解一下台架使用的传感器相关知识）的波形，并记录波形及参数。

传感器名称：

波形	波形参数	
	最大值	
	周期	
	发动机转速	

2. 波形分析：

1）从波形可以看出，发动机转速越高，曲轴轴位置传感器的波形周期越_____。

2）从波形可以看出，发动机转速越高，曲轴轴位置传感器的波形最大值越_____。

建议：如果有兴趣，请用示波器另一个通道看看凸轮轴位置传感器的波形。

任务 10　二极管认知与仿真检测

10.1　应知

1. 什么是二极管？

2. 二极管的主要参数有哪些？

3. 按二极管的应用电路不同，一般把二极管分为哪几类？

10.2　应识

1. 写出下表中各常用二极管的名称（提示：百度二极管的型号试试）。　二极管的检测

	IN540	IN4148	1N4733A	SS54
5KP36	FESI6GT 0232	MBR20200FCT	ABS10	KBU 808 AC

2. 写出在下表中二极管应用电路的名称。

10.3 应会

1. 请使用 EWB5.0 软件完成图 3.10-1 所示的二极管单向导电性检测电路的搭建。

2. 图 3.10-1 中二极管 VD1 符号的箭头指向右边，表示电流_____（可以/不可以）从二极管 VD1 的左边流入，右边流出。二极管 VD2 符号的箭头指向左边，表示电

流_____（可以/不可以）从二极管 VD2 的左边流入，右边流出。

3. 二极管单向导电性仿真测试。

闭合 EWB5.0 软件右上角的仿真开关，操作开关 S1 的功能键，使开关 S1 的动触点连接到下端静触点后，电压表 M1 的测量读数_____，电流表 M4 的测量读数_____电压表 M2 的测量读数_____。这时二极管工作在_____（正向导通/反向截止）

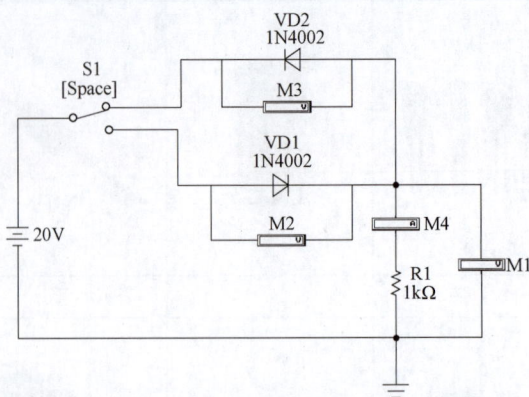

图 3.10-1　二极管单向导电性检测电路*

状态。操作开关 S1 的功能键，使开关 S1 的动触点连接到上端静触点后，电压表 M1 的测量读数_____，电流表 A 的测量读数_____，电压表 M2 的测量读数_____。这时二极管工作在_____（正向导通/反向截止）状态。

结论：①二极管是单向导电性的元件；②二极管导通时二极管上会有不到 1V 的正向压降。

4. 参照图 3.10-2 设置二极管的反向击穿电压为 50V，闭合 EWB5.0 软件右上角的仿真开关，操作开关 S1 的功能键，使开关 S1 的动触点连接到下端静触点后，电压表 M1 的测量读数_____，电流表 M4 的测量读数_____，电压表 M2 的测量读数_____。这时二极管工作在_____（正向导通/反向截止）状态。

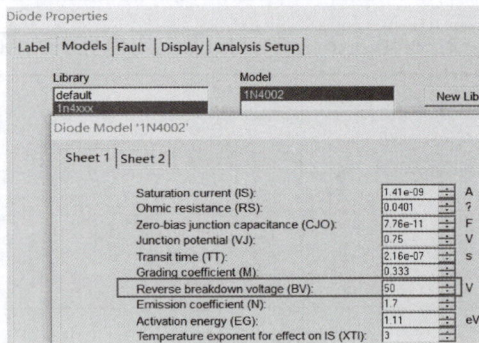

图 3.10-2　二极管参数设置

操作开关 S1 的功能键，使开关 S1 的动触点连接到上端静触点后，电压表 M1 的测量读数_____，电流表 A 的测量读数_____，电压表 M2 的测量读数_____。这时二极管工作在_____（反向击穿/反向截止）状态。

结论：二极管使用时，反向电压过高时，二极管会被反向击穿。

注意：完成本次仿真测试后，请将二极管的反向击穿电压改回 99.9V。

5. 半波整流电路仿真：请使用 EWB5.0 软件完成图 3.10-3 所示半波整流电路搭建。

6. 图 3.10-3 中，连接示波器通道 1 的红导线是用来观测_____信号的波形，应该选择

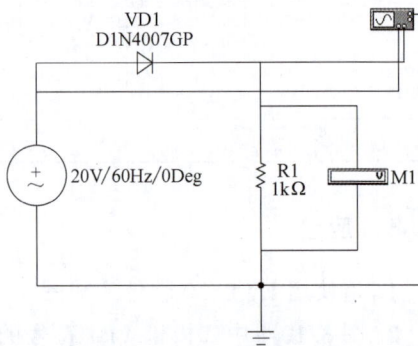

图 3.10-3　半波整流电路*

50

_____（AC/DC）输入；连接示波器通道 2 的蓝色导线是用来观测_____信号的波形，应该选择_____（AC/DC）输入。

7. 闭合 EWB5.0 软件右上角的仿真开关后，电压表 M1 的测量读数是_____ V。调整示波器参数，观察两路信号的波形，并记录波形：

通道 1 波形 （耦合方式：　）	信号数据	通道 2 波形 （耦合方式：　）	信号数据
	周期		周期
	最大值		最大值

结论：半波整流电路仅利用了交流电 50%（即：一半）的电能，效率低。

8. 桥式整流电路仿真：请使用 EWB5.0 软件完成图 3.10-4 所示桥式整流电路。

图 3.10-4 中，连接示波器通道 1 的红导线是用来观测_____信号的波形，应该选择_____（AC/DC）输入；连接示波器通道 2 的红色导线是用来观测_____信号的波形，应该选择_____（AC/DC）输入。

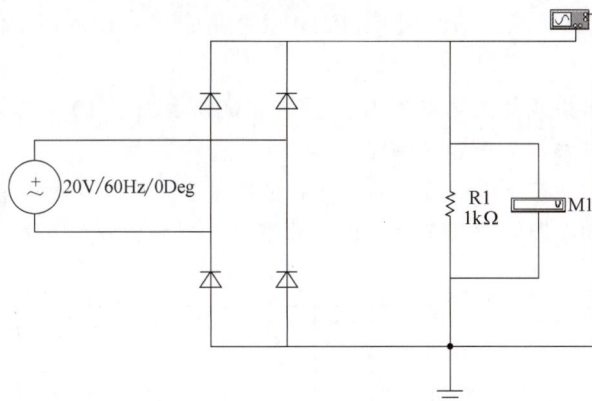

图 3.10-4　桥式整流电路*

9. 请使用 EWB5.0 软件提供的示波器，分 2 次（不可以同时用 2 个通道）观察图 3.10-4 所示电路的桥式整流电路输出波形和交流电源波形，把观测结果填入下表。

桥式整流电路输出波形 （耦合方式：_____）	信号数据	交流电源波形 （耦合方式：_____）	信号数据
	周期		周期
	最大值		最大值

注意：由于仿真软件的仿真结果是以接地（汽车称"搭铁"）点为 0 电位点，通过计算得到的。交流电源与桥式整流电路没有公共接地点，因此不能用示波器的另一个通

道同时观察交流电源的波形。在实际工作中使用的示波器也是存在这个问题。**要特别注意**：汽车发电机电路**不可以用同 1 个示波器**的 2 个通道观察交流电源与桥式整流电路。

结论：桥式整流电路比半波整流电路的电源利用效率高。

10. 请使用 EWB5.0 软件完成图 3.10-5 所示的使用"全桥"模块的整流电路。学习一下使用桥式整流模块（内部有 11 个二极管俗称"全桥"，内部有 2 个二极管俗称"半桥"）。

从图 3.10-5 可以知道：交流电源应连接在"全桥"两个_____（同向/反向）连接的二极管引脚，桥式整流输出的正极是在"全桥"两个_____（同向/反向）连接的二极管的_____（正极向/负极）引脚，负极是在"全桥"两个_____（同向/反向）连接的二极管的_____（正极向/负极）引脚。

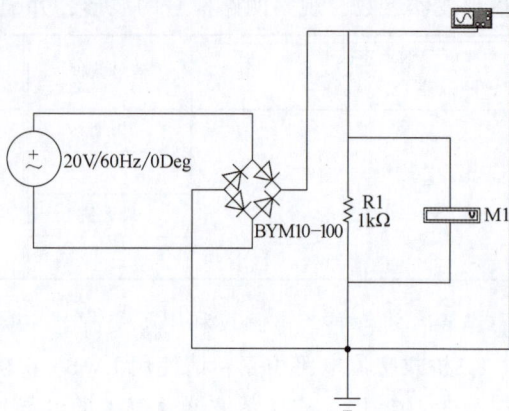

图 3.10-5 使用"全桥"模块的整流电*

11. **电容滤波电路仿真**：请使用 EWB5.0 软件完成图 3.10-6 所示的桥式整流电容滤波电路的搭建。

注意：在自己画桥式整流电路图时，初学者建议按图 3.10-6 结构画图，图 3.10-5 结构的桥式整流电路初学者很容易画错。

12. 图 3.10-6 中，按下表改变电容器 C1 的电容量，验证在桥式整流电容滤波电路中电容器的电容量和电源输出质量之间的基本联系，并将测试结果填入表中。

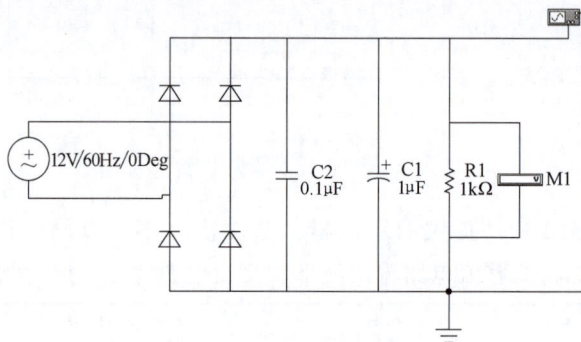

图 3.10-6 电容滤波电路*

C1 电容量 1μF		C1 电容量 100μF		C1 电容量 1000μF	
电压表读数		电压表读数		电压表读数	
波形		波形		波形	

桥式整流电容滤波电路中的电解电容器（电解电容器价格远低于无极电容器，且电容量越大，价格越高）C1 的电容量越大，输出的直流电压波动越_____（大/小），即电源质量越_____（低/高）。

结论： 电容滤波电路适用于高频、中小电流应用场合的使用。例如：汽车电脑的电源电路中，大多数电解电容都是用来滤波的。

13. 图 3.10-6 中 C1 电容量设置为 100μF。按下表改变负载电阻 R1 的电阻值，验证在桥式整流电容滤波电路中负载大小（负载的电阻值越大，需要电源提供的电流越大。实际工作中就说电路的负载大或重。）和电源输出质量之间的基本联系，并将测试结果填入表中。

R1 电阻值 1kΩ		R1 电阻值 100Ω		R1 电阻值 10Ω	
电压表读数		电压表读数		电压表读数	
波形		波形		波形	

结论： 桥式整流电容滤波电路中的负载电阻的电阻值越大，输出的直流电压波动越_____（大/小），即电源质量越_____（低/高）。负载电阻越大，滤波效果越好。

特别提示： 描述直流电压波动的参数叫做"纹波系数"，观察直流电压波动幅度时，示波器对应通道的耦合方式选择"AC"耦合方式，观察到的波形更清晰。

注意： 很多资料都没有说明"电容滤波电路的输出电压和电容器容量、负载大小有关。$u_o = 1.2 \sim 1.4u_i$"，在实际产品中，当 u_o 低于 $1.2u_i$ 说明负载电路有故障了。做实验时，如果 u_o 低于 $1.2u_i$ 说明变压器功率不够。

AC Voltage Source Properties

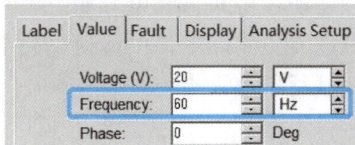

| Label | Value | Fault | Display | Analysis Setup |

Voltage (V): 20 V
Frequency: 60 Hz
Phase: 0 Deg

图 3.10-7 参数设置

14. 图 3.10-6 中，C1 电容量设置为 100μF，载电阻 R1 设置为 100Ω，改变交流电源频率（图 3.10-7），验证在桥式整流电容滤波电路中，交流电源频率和电源输出质量之间的基本联系，并将测试结果填入表中。

交流电源频率：50Hz		交流电源频率：500Hz		交流电源频率：5kHz	
电压表读数		电压表读数		电压表读数	
波形		波形		波形	

结论： 交流电源频率越高，电容滤波的效果越好。

15. 电感滤波电路仿真：请使用 EWB5.0 软件完成图 3.10-8 所示的桥式整流电感滤波电路的搭建。

16. 在图 3.10-8 中改变电感 L1 的自感系数和负载电阻 R1 的电阻值。验证在桥式整流电感滤波电路中，电感 L1 和电源输出质量之间的基本关系，并将测试结果填入表中。

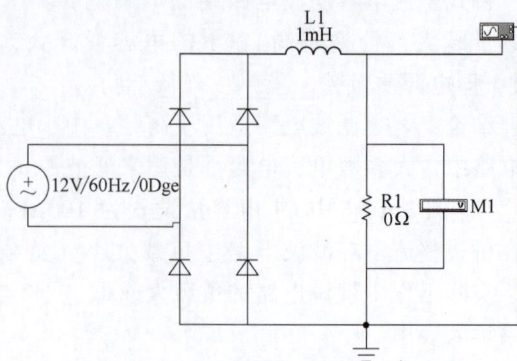

图 3.10-8　桥式整流电感滤波电路*

结论：桥式整流电感滤波电路中的滤波电感的自感系数越_____（大/小），输出的直流电压波动越_____（大/小），即电源质量越_____（低/高）。

L1 = 1mH		L1 = 10mH		L1 = 100mH	
电压表读数		电压表读数		电压表读数	
波形		波形		波形	

17. 在图 3.10-8 中，电感 L1 的自感系数取 10mH。按下表改变负载电阻 R1 的电阻值，验证在桥式整流电容滤波电路中负载大小（负载的电阻值越大，需要电源提供的电流越大。实际工作中就说电路的负载大或重）和电源输出质量之间的基本关系，并将测试结果填入表中。

R1 电阻值 10Ω		R1 电阻值 100Ω		R1 电阻值 1000Ω	
电压表读数		电压表读数		电压表读数	
波形		波形		波形	

结论：桥式整流电感滤波电路中的负载电阻的电阻值越小（一般说"负载越重"或"负载电流越大"），输出的直流电压波动越_____（大/小），即电源质量越_____（低/高）。

特别提示：电感滤波电路一般用于大电流电路。因为电源输出电流越大，滤波效果越好。电动汽车一般主要采用电感滤波。

18. 图 3.10-8 中，L1 电容量设置为 10mH，载电阻 R1 设置为 10Ω，改变交流电源频率，验证在桥式整流电感滤波电路中，交流电源频率和电源输出质量之间的基本关系，并将测试结果填入表中。

交流电源频率：50Hz		交流电源频率：500Hz		交流电源频率：5kHz	
电压表读数		电压表读数		电压表读数	
波形		波形		波形	

结论：交流电源频率越高，电容容滤波的效果越好。

19. L 型滤波电路仿真：请使用 EWB5.0 软件完成图 3.10-9 所示 L 型滤波电路的搭建。改变 L1 和 C1 参数，验证 L 型滤波电路的滤波效果。

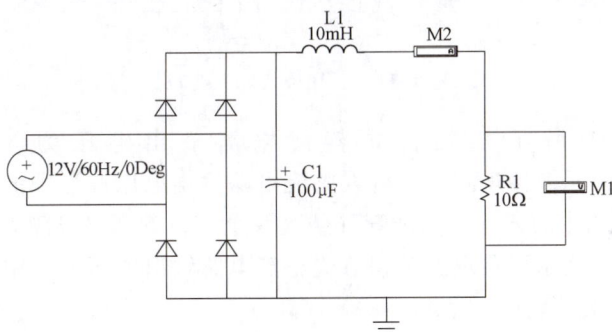

图 3.10-9　L 型滤波电路*

20. π 型滤波电路仿真：请使用 EWB5.0 软件完成图 3.10-10 所示 π 型滤波电路的搭建，验证 π 型滤波电路的滤波效果。

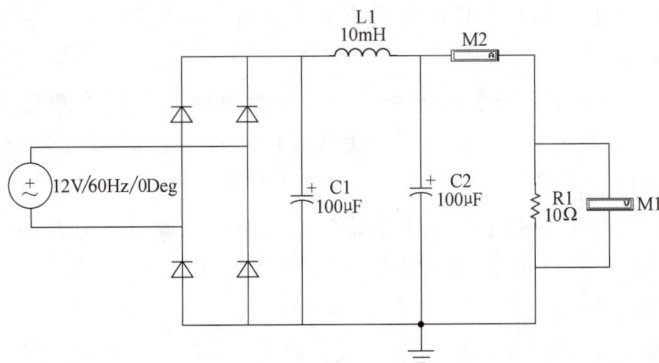

图 3.10-10　π 型滤波电路*

π型滤波电路的滤波效果验证

电压表读数		电流表读数	
输入 AC 波形		输出 DC 波形	

21. 汽车发电机采用的 6 管三相桥式整流电路仿真：请使用 EWB5.0 软件完成图 3.10-11 所示三相桥式整流电路（设置交流电源 V1、V2、V3 的电压为 20V，频率为 60Hz，V1、V2、V3 的初相角（phase）分别为 0°、60°、120°）。

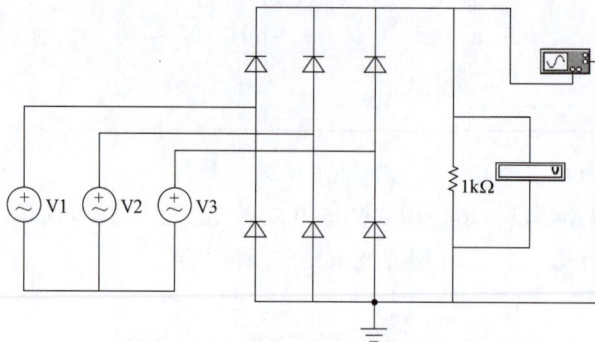

图 3.10-11　三相桥式整流电路*

22. 图 3.10-11 所示三相桥式整流电路输出电压为（电压表读数）_____，用示波器观测三相桥式整流电路输出电压波形中的交流成分（选择 AC 耦合）。断开电路中的某一个二极管（仿真一个二极管断路故障）后电路输出电压为_____，用示波器观测三相桥式整流电路输出电压波形中的交流成分（选择 AC 耦合），波形有变化吗？

注意：

1) 用示波器观测整流电路的输出波形中的交流成分，不拆解发电机就可以知道整流电路有没有二极管损坏。

2) 有同学会问：那为什么不仿真一个二极管断路故障？告诉你：桥式整流电路的任何一个二极管短路了，都会出现连锁反应，导致所有二极管损坏。实际工作中的故障现象是：整车电源短路。

23. 图 3.10-12 是利用半波整流电路、桥式整流电路原理构成的防止电源反接电路（假设负载 R1 要求上端"+"下端"−"电源供电）的应用验证电路。利用单刀双掷开关切换来模拟电源反接效果。

请回答：为什么检测到的半波整流电路构成的防止电源反接电路和桥式整流电路构成的防止电源反接电路的负载 R1 两端的电压都低于 12V？（提示：重复仿真一下图 3.10-9 你就知道了。）

结论： 半波整流电路构成的防止电源反接电路在电源反接时，负载_____（能够/不能）工作。桥式整流电路构成的防止电源反接电路在电源反接时，负载_____

（能够/不能）工作。

图 3.10-12　防止电源反接电路 *

半波整流电路构成的防止电源反接电路		桥式整流电路构成的防止电源反接电路	
开关接通上触点	开关接通下触点	开关接通上触点	开关接通下触点
电流读数	电流读数	电流读数	电流读数
电压读数	电压读数	电压读数	电压读数

24. **稳压二极管的特性仿真测试**：请按图 3.10-13 搭建电路。单击"Edit"查看稳压二极管参数，稳压两极管最主要的两个参数是：齐纳工作电压（俗称：稳压值）和最大耗散功率（仿真软件用齐纳工作电流标称）。

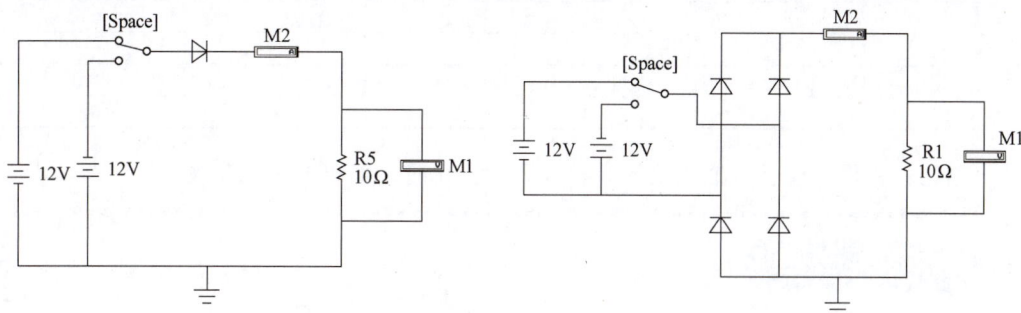

图 3.10-13　稳压二极管应用电路 *

25. 选做：从 1N4372A 型稳压二极管的参数可知：稳压值 $V_Z = 3.011\text{V}$，齐纳工作电流 $I_Z = 0.0202\text{A} = 20.2\text{mA}$。根据 $R1 = (12-3.011)/0.0202$（请注意：这个计算式是怎么得来的？）计算可得电阻 $R1$ 的取值应为_____Ω。请设置 $R1$ 为计算结果电阻值，通过电压表读取稳压管两端的电压值为为_____V。按下表改变电源电压，并填写表中对应测量数据。

设置电源电压值/V	测试得到的电流值	测试得到的电压值
6		
9		
12		
15		
18		

结论：稳压二极管在输入电压在较大范围变化时，输出电压变化极小。

⚙ **名师点评**

1. 稳压二极管构成的稳压电路，输出电流仅数毫安，在电路中作为一般标准（也称：基准）电位信号使用。

2. 稳压二极管构成的稳压电路结构简单，但由于必须串联限流电阻，因此，效率很低。不适合用于为采用直流电源的产品供电。

10.4 实战训练与创新思考

实战子任务：发光二极管试灯制作

实验仪器和材料：旧签字笔笔管（去掉笔芯）、缝纫机针（也可以用大的钢针）、发光二极管、5.1kΩ/0.125W 电阻（5.1k~10kΩ 都可以）、塑料导线（长度1.5m左右）、鳄鱼夹。

（一）任务解说

试灯是汽车电路检测中常用的简易工具。传统试灯采用仪表灯泡作为指示部件，在汽车灯光信号系统电路检测中使用非常方便。但在汽车电控系统中检测与电脑系统传感器信号或电源时，传统试灯因内部灯泡电阻太小，无法进行检测。发光二极管试灯对于不到 0.5mA 的小电流也会有明显的指示作用，更适合小电流电路的检修（注意：两种试灯各有所长）。电路原理图如图 3.10-14 所示。

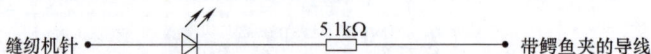

缝纫机针 ●———▷|————[5.1kΩ]————● 带鳄鱼夹的导线

图 3.10-14　发光二极管试灯电路

装配示意图如图 3.10-15 所示。

图 3.10-15　发光二极管试灯装配示意图

（二）工作过程

1. 装配过程。

1）使用的导线要柔软，这样方便使用后收纳。

2）先装配笔管左端部分，并注意导线在笔管的盖帽内侧打结并用热熔胶定位，以防使用时导线扭转导致内部线路断路。

3）缝纫机针和电阻之间的连接不用焊接，可用电阻引线在针尾紧绕 3 圈后用热熔胶固定。

4）不要为了追求美观，将笔管内部的导线拉得太直。

5）针的尖端很锋利，这有利于刺穿检测点相连的导线，但使用和收纳时要注意安全。

2. 功能测试。

（1）功能验证：如图 3.10-16，用稳压电源为发光二极管试灯提供 12V 电压（鳄鱼夹接负极），测试试灯线路连接和指示功能。

（2）功能实测：

1）测试喷油器信号。在实车上将鳄鱼夹加在发动机吊装挂钩或车架上（即搭铁），然后在老师指导下用本任务作品检测喷油器的两条信号线。应该看到：在发动机熄火和起动状态时，喷油器有一条线上的信号是不同的。

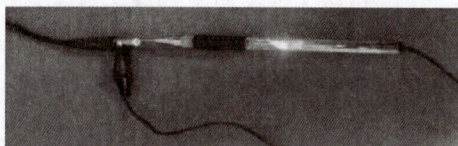

图 3.10-16　发光二极管试灯测试

2）测试节气门位置传感器信号。节气门位置传感器有三条线，分别是+5V、节气门开度信号和接地。反复转动节气门对节气门位置传感器的三条线的信号进行测试。

3. 测试结果讨论。

1）在发动机运行状态时测试，喷油器有一条线上的信号会使发光二极管闪烁。为什么？

2）旋转节气门，节气门位置传感器上有一根线的信号会使发光二极管亮度变化。为什么？

（三）创新思考

1）本任务制作的这个发光二极管试灯存在 2 个缺陷：①缝纫机针容易伤人，不安全；②只适用一种电流方向（鳄鱼夹必须搭铁）。你有办法改进吗？

2）你对这个发光二极管试灯还有其他改进的想法吗？

任务 11　晶体管认知与仿真检测

11.1　应知

1. 按结构分，晶体管分为哪两类？晶体管的三个引脚分别为哪三个极？

2. 晶体管的主要参数有哪些？

晶体管静态工作点的设置

59

3. 晶体管的三个工作状态的内容是什么？

_____

4. 晶体管电路中的两个核心关系式是：

1）电流分配关系：_____

2）电压分配关系：_____

5. 晶体管放大器有哪三种？

_____

6. 依据什么设置晶体管的静态工作点？

_____

7. 差分放大器由两个对称的独立放大器组成，每个放大器对属于共模信号的"电磁干扰"有放大作用吗？简述差分放大器"抗干扰"的基本原理。

_____

_____

11.2 应识

1. 请在图 3.11-1 所示的晶体管符号的各引脚标出对应的引脚名称（即基极、集电极、发射极）和各引脚对应所属的半导体类型（即 NPN、PNP型）。

2. 请上网搜索图 3.11-2 所示常用晶体管的类型（即：PNP 或 NPN），以及各管脚对应的引脚名称。

3. 请上网搜索图 3.11-3 所示"NEN250"元件，了解它是什么元件。

晶体管的检测 1　　晶体管的检测 2

图 3.11-1　晶体管符号

图 3.11-2　常用晶体管

图 3.11-3　NEN250

4. 请上网搜索图 3.11-4 所示"TL431""78L05""78L05"和"MBR404"各元件，了解它们是什么元件。

名师点评

有 3 个引脚的不一定都是晶体管，有 4~6 个引脚的也不一定不是晶体管。

_____ _____ _____ _____

图 3.11-4 　常见 3 脚电子元件

11.3 　应会

1. 晶体管导电特性认知：请从 EWB5.0 软件元件库选择 NPN 型晶体管进行测试，完成图 3.11-5 所示电路搭建（本电路测试完成后，请将图中晶体管换成 PNP 型晶体管测试）。

2. 图 3.11-6 中晶体管符号中下侧有箭头的引脚称为_____极；上侧没有箭头的引脚称为_____极；左侧的引脚称为_____极；这个晶体管是_____（PNP/NPN）。闭合 EWB5.0 软件右上角的仿真开关，操作开关的功能键，使电路接通电源。仿真测得电压表 M1 测量的是晶体管_____极和_____极之间的电压，读数为_____ V；电压表 M2 测量的是晶体管_____极和_____极之间的电压，读数为_____ V；电流表 M3 测量的是流过晶体管_____极的电流，读数为_____；电流表 M4 测量的是流过晶体管_____极的电流。这些测量数据表明晶体管的两个 PN 结都是_____（导通/截止）的。电流表 M4 的测量值为负值，是因为_____。

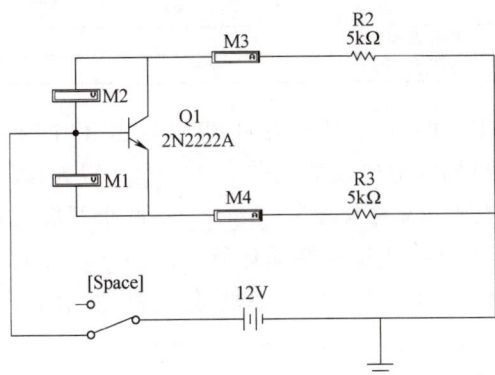

图 3.11-5 　NPN 型晶体管测试电路*

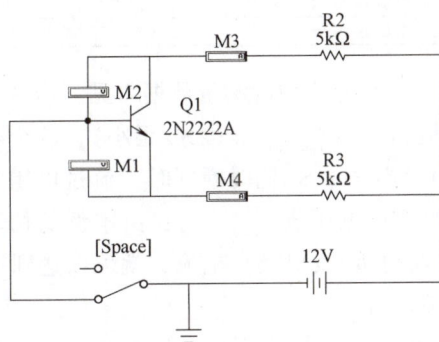

图 3.11-6 　晶体管认知与检测*

3. 请使用 EWB5.0 软件完成图 3.11-7 所示电路搭建。闭合 EWB5.0 软件右上角的仿真开关，操作开关的功能键，使电路接通电源。仿真测得电压表 M4 测量的是晶体管_____极和_____极之间的电压，读数为_____ V；电压表 M3 测量的是晶体管_____极和_____极之间的电压，读数为_____ V；电流表 M1 测量的是流入晶体管_____极的电流，读数为_____；电流表 M4 测量的是流入晶体管_____极

的电流。这些测量数据说明晶体管 C、E 之间是_____（导通/截止）的。

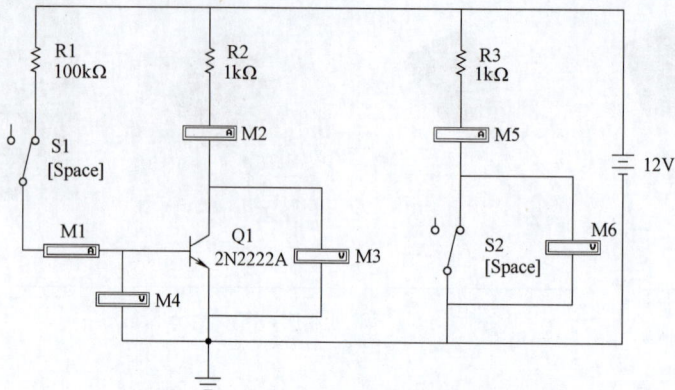

图 3.11-7　晶体管开关特性验证电路

4. 晶体管开关特性验证：请使用 EWB5.0 软件完成图 3.11-7 所示电路搭建。图 3.11-7 所示电路中，电阻 R2、电流表 M2、晶体管 Q1 组成_____（串联/并联）电路。如果把晶体管 Q1 视为开关元件，则这部分电路和由电阻 R3、电流表 M5、开关 S2 组成_____（串联/并联）电路，这两部分电路的基本功能是_____（不同/相同）的。闭合 EWB5.0 软件右上角的仿真开关，操作开关功能键，使 S1、S2 同时闭合，请将仿真测量的结果填入下表：

S1、S2 闭合时			
电阻 R2、电流表 M2、晶体管 Q1		电阻 R3、电流表 M5、开关 S1	
电流表 M2		电流表 M5	
电压表 M3		电压表 M6	
S1、S2 断开时			
电阻 R2、电流表 M2、晶体管 Q1		R3、电流表 M5、开关 S1	
电流表 M2		电流表 M5	
电压表 M3		电压表 M6	

5. 从上表中的测量数据可见：当 S1、S2 同时闭合时，流过电阻 R2 和电阻 R3 的电流值相差_____（很大/很小），两个开关元件两端的电压值相差_____（很大/很小）；当 S1、S2 同时断开时，流过电阻 R2 和电阻 R3 的电流为_____，两个开关元件两端的电压值_____；由本例的仿真测量可见：通过控制晶体管的_____（基极/集电极/发射极）电流，就可以达到控制晶体管的_____（基极/集电极/发射极）电流的目的。

结论：晶体管也可以作为开关元件使用。在汽车电控系统中，控制执行器（如喷油器、继电器等）的电脑内部很多都是采用晶体管作为开关元件的。

6. 图 3.11-7 所示电路中，开关 S1 是用来控制晶体管 Q1 的_____（基极/发射极/集电极）电流。开关 S1 闭合时，电流表 M1 测得的_____（基极/发射极/集电极）电流为_____μA，电流表 M2 测得的_____（基极/发射极/集电极）电流为_____mA；这个结果说明：通过控制晶体管的基极电流，就可以控制晶体管的集电极电流。

结论：晶体管是一种小电流控制大电流的电子元件。

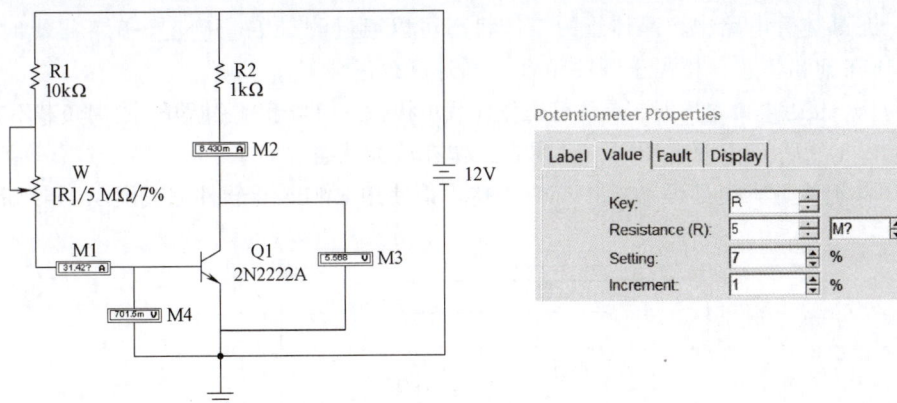

图 3.11-8　晶体管静态工作点设置 *

7. 晶体管的三种工作状态验证：请使用 EWB5.0 软件完成图 3.11-8 所示电路搭建。R1 的作用是防止调整电位器 W 时不小心把电位器电阻调为 0，导致电源电压直接加到晶体管基极造成晶体管损坏。

8. 图 3.11-8 所示晶体管静态工作点设置电路中，电流表 M1 用于测量晶体管的_____极电流，电流表 M2 用于测量晶体管的_____极电流，电压表 M3 用于测量晶体管的_____极到_____极之间的电压，电压表 M4 用于测量晶体管的_____极到_____极之间的电压。

9. 按定义的功能键"R"调整电位器 W 的电阻值（用"CapsLock"键转换调整方向）。假设 R2 是一个额定工作电压 12V 的灯泡，观察电压表 M3 的读数，记录结果填入下表：

电压表 M3 的读数小于 0.5V 时			电压表 M3 的读数大于 11.5V 时		
	最大值	最小值		最大值	最小值
电位器 W 调整率			电位器 W 调整率		
电流表 M1			电流表 M1		
电压表 M4			电压表 M4		
电流表 M2			电流表 M2		
负载 R2 工作状态			负载 R2 工作状态		

注意：负载工作状态是指负载是否正常工作。例如，额定工作电压 220V 的灯泡两端施加 90% 的额定工作电压（200~240V）时，都能够正常；两端只施加 10% 的额定工作电压（22V）时，就认为它不能工作。

10. 由上表数据可见：当晶体管集电极和发射极之间的电压 U_{CE} 很小时，基极电流的变化对集电极电流的变化影响（即：基极电流对集电极电流的控制作用）_____（很小/不变），集电极电流达到了最大值，这时称：晶体管工作在饱和状态。当晶体管集电极和发射极之间的电压接近电源电压时，基极电流的变化对集电极电流的变化影响（即基极电流对集电极电流的控制作用）_____（很小/不变），集电极电流达到了最小值，这时称晶体管工作在截止状态。

63

结论：

1）在晶体管电路中，晶体管的工作状态可以通过测量 U_{CE} 确定。U_{CE} 很小时，晶体管工作在饱和状态，相当于开关闭合，这时负载正常工作。

2）U_{CE} 接近电源电压时，晶体管工作在截止状态，相当于开关断开，这时负载不工作。

3）$0.3V < U_{CE} <$ 电源电压时，晶体管工作在放大状态。

11. 共射极放大电路静态工作点的调整：请使用 EWB5.0 软件完成图 3.11-9 所示电路搭建。

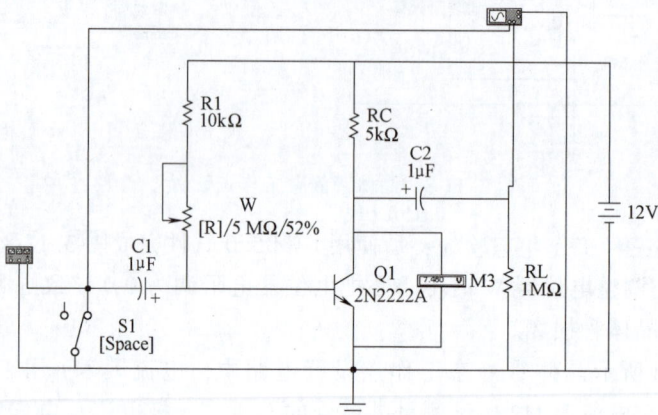

图 3.11-9　共射极放大电路静态工作点的调整 *

名师点评

"静态"是指输入信号为 0 或没用超出控制作用临界点时电路的输入状态（注意：输入信号为 0 时不一定输出信号就为零）。例如，在 1 个"藏宝箱"下面暗藏一个常闭开关（这个开关也可以称为"藏宝箱"压力"传感器"），当"藏宝箱"被搬开时，开关控制的报警喇叭会发出报警声。那么，"藏宝箱"没有被搬开时电路的工作状态就叫"静态"。

12. 闭合 EWB5.0 软件右上角的仿真开关，并使开关 S1 闭合（注意：设置静态工作点时，必须使输入信号为 0）。调整 W，使电压表 M3 测得的 U_{CE} 在 $V_{CC}/2$（即：6V 左右），设置信号发生器参数如图 3.11-10 所示，示波器 2 通道均选择 AC 耦合方式。用示波器观察输入输出信号波形。记录数据填入下表：

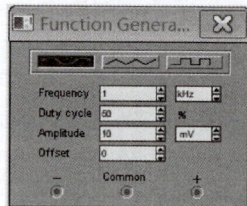

图 3.11-10　参数设置

	X(扫描时基)	波形记录
Y(A 通道)灵敏度		
Y(A 通道)灵敏度		
输入信号最大值 U_i		
输出信号最大值 U_o		
电压放大倍数(U_o/U_i)		
输入信号周期		

结论：共射极放大电路输入信号和输出信号的波形反相。

13. 改变图 3.11-9 中连接在晶体管集电极的电阻 RC 为 10kΩ 和 2kΩ，分别进行仿真测量。记录数据填入下表：

RC 为 10kΩ 时		
X（扫描时基）		波形记录
Y（A 通道）灵敏度		
Y（A 通道）灵敏度		
输入信号最大值 U_i		
输出信号最大值 U_o		
电压放大倍数（U_o/U_i）		
输入信号周期		

RC 为 2kΩ 时		
X（扫描时基）		波形记录
Y（A 通道）灵敏度		
Y（A 通道）灵敏度		
输入信号最大值 U_i		
输出信号最大值 U_o		
电压放大倍数（U_o/U_i）		
输入信号周期		

结论：共射极放大器的电压放大倍数与 RC 有关，RC 越大，电压放大倍数越大。

注意：RC 的取值一般不大于 20kΩ，实际工作中一般采用多级（级联）放大方式解决。电源电压较低时，RC 的取值不能太大。

14. 改变图 3.11-9 中负载电阻 RL 为 100kΩ 和 20kΩ，分别进行仿真测量。记录数据填入下表：

RL 为 100kΩ 时		
X（扫描时基）		波形记录
Y（A 通道）灵敏度		
Y（A 通道）灵敏度		
输入信号最大值 U_i		
输出信号最大值 U_o		
电压放大倍数（U_o/U_i）		
输入信号周期		

RL 为 20kΩ 时		
X（扫描时基）		波形记录
Y（A 通道）灵敏度		
Y（A 通道）灵敏度		
输入信号最大值 U_i		
输出信号最大值 U_o		
电压放大倍数（U_o/U_i）		
输入信号周期		

结论：共射极放大器的电压放大倍数与 RL 有关，RL 越大，电压放大倍数越大。

注意：RL 的大小就是级联在当前放大器后面的放大器的输入电阻，一般都在几十 kΩ 以上。多级放大器后续内容会仿真验证。

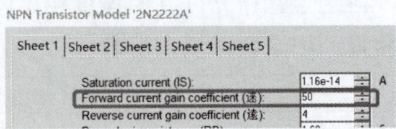

15. 改图 3.11-9 中晶体管 Q1 的 β 值（电压放大倍数）为 100 和 50，如图 3.11-11 所示，分别进行仿真测量。记录数据填入下表：

NPN Transistor Model '2N2222A'

Sheet 1 | Sheet 2 | Sheet 3 | Sheet 4 | Sheet 5

Saturation current (IS): 1.16e-14 A
Forward current gain coefficient (远): 50
Reverse current gain coefficient (远): 4

图 3.11-11　参数设置

β 值为 100 时	
X（扫描时基）	波形记录
Y（A 通道）灵敏度	
Y（A 通道）灵敏度	
输入信号最大值 U_i	
输出信号最大值 U_o	
电压放大倍数（U_o/U_i）	
输入信号周期	

β 值为 50 时	
X（扫描时基）	波形记录
Y（A 通道）灵敏度	
Y（A 通道）灵敏度	
输入信号最大值 U_i	
输出信号最大值 U_o	
电压放大倍数（U_o/U_i）	
输入信号周期	

结论：放大器的电压放大倍数和使用的晶体管的 β 值（放大倍数）有关，晶体管的 β 值越大，放大器的电压放大倍数越大。

注意：一般小信号（mV 输入）放大电路使用放大倍数 50~300 的晶体管。

16. 设置静态工作点的意义：调整图 3.11-9 中的电位器 W，使放大器的静态工作点 U_{CEQ} 分别为 2V 和 10V。记录数据填入下表：

静态工作点 U_{CEQ} 为 2V 时（偏向截止区）		
X（扫描时基）		波形记录
Y（A 通道）灵敏度		
Y（A 通道）灵敏度		
输入信号最大值 U_i		
输出信号最大值 U_o		
电压放大倍数（U_o/U_i）		
输入信号周期		

（续）

静态工作点 U_{CEQ} 为 10V 时（偏向饱和区）	
X（扫描时基）	波形记录
Y（A 通道）灵敏度	
Y（A 通道）灵敏度	
输入信号最大值 U_i	
输出信号最大值 U_o	
电压放大倍数（U_o/U_i）	
输入信号周期	

结论：放大器的晶体管静态工作点 U_{CEQ} 设置不同时，对输出波形有影响。用于交流信号放大时，静态工作点设置在 $V_{CC}/2$ 附近比较好。

注意：当对输出信号有特殊要求时，会有意把静态工作点设置在特殊的位置。例如：如果只希望放大输入信号负半周信号，就需要把静态工作点设置在饱和区附近。

名师点评

任何电路都存在静态工作点的设置，只是在很多电路中没有明确说明。所谓电路的静态工作点可以理解为在电路的初始工作状态时，设计者希望电路工作在什么状态。例如：光控路灯，它的初始状态就是指：当环境的光照度（或亮度）暗到设定的阈值前（这个阈值就是静态工作点，和采用什么元器件构成电路无关），灯是断电（不亮）的。又如：水池水位自动控制电路，当水池里的水位没有达到目标水位（这个目标水位就是静态工作点，检测水位的传感器也许就是一个浮球开关）前，水泵（或电磁阀）是一直通电并向水池供水的，一旦水位超限，水泵（或电磁阀）就停止向水池供水。也就是说：电路的静态工作点是由电路设计者根据实际需要设定的，静态时被控对象可以处在任何特定的工作状态。

17. 请使用 EWB5.0 软件完成图 3.11-12 所示共集电极放大电路（也称射极输出器）搭建。

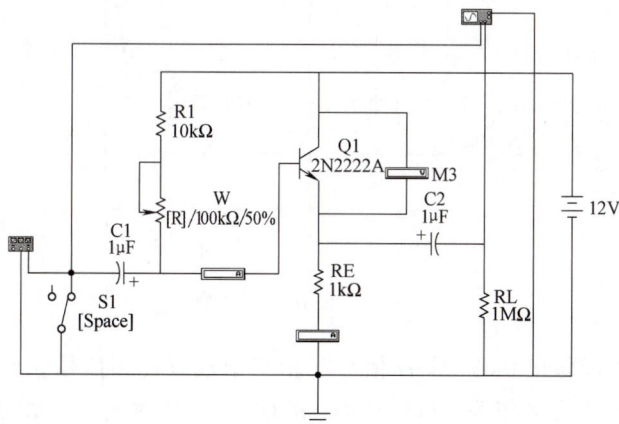

图 3.11-12　共集电极放大电路*

调整电位器 W，使图 3.11-10 所示电路静态工作点 U_{CEQ} 约为 6V，输入 2kHz/10mV 正弦波信号。记录数据填入下表：

共集电极放大电路仿真测试		
X（扫描时基）		波形记录
Y（A 通道）灵敏度		
Y（A 通道）灵敏度		
输入信号最大值 U_i		
输出信号最大值 U_o		
电压放大倍数（U_o/U_i）		
输入信号周期		

从波形图分析：输入信号最大值 U_i _____（=/≈）输出信号最大值 U_o；输入信号与输出信号相位_____（相同/反相）。

结论：共集电极放大电路的电压放大倍数约为 1，即输入电压和输出电压几乎相同。

注意：

1）电压放大倍数约为 1 的放大器也是很有用的，这种放大器的电流放大倍数比较大。它输入电阻也比共射极放大器大很多，而输出电阻小，一般用在电子放大电路的最前级（利用了输入电阻大的特点）和最后级（利用了输出电阻小的特点）。部分汽车电脑驱动喷油器的电路就采用了共集电极放大电路。

2）共基极放大电路一般用于高频电路，汽车电路中极少（汽车收音机内部有用）应用，如果读者有兴趣研究，请你参考任何一本电子技术书中的电路进行仿真探究。

18. 请使用 EWB5.0 软件完成图 3.11-13 所示差分放大电路的搭建。

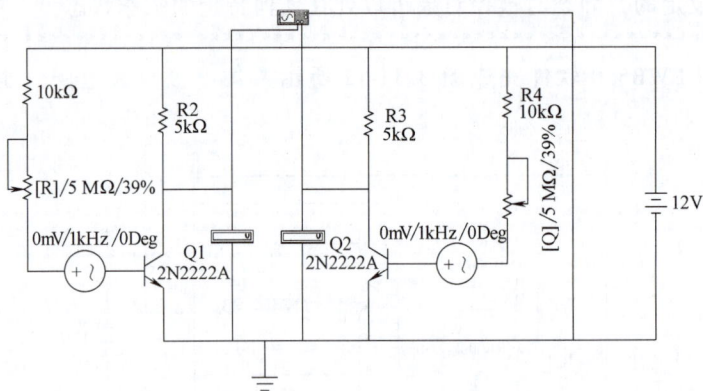

图 3.11-13　差分放大电路*

1）设置交流电源输出 0mV/1kHz 信号（相当于没有输入信号），调整 Q1 和 Q2 的静态工作点都在 6V 左右且相等，以保证 Q1 和 Q2 组成的放大器参数完全一致。设置 2 个交流电源输出 1mV/1kHz 的模拟差模正弦波信号，使用示波器检测 Q1 和 Q2 集电极

和基极波形。记录数据填入下表：

差模信号输入时，差分放大器的 单端输出 时信号检测			
Q1、Q2 基极波形		Q1、Q2 集电极波形	
信号最大值：	信号周期：	信号最大值：	信号周期：

2）设置 2 个交流电源输出 1mV/1kHz 信号。按图 3.11-14 将示波器地线连接到 Q2 集电极，通道 1 连接到 Q1 集电极检测差分放大器双端输出波形。记录数据填入下表：

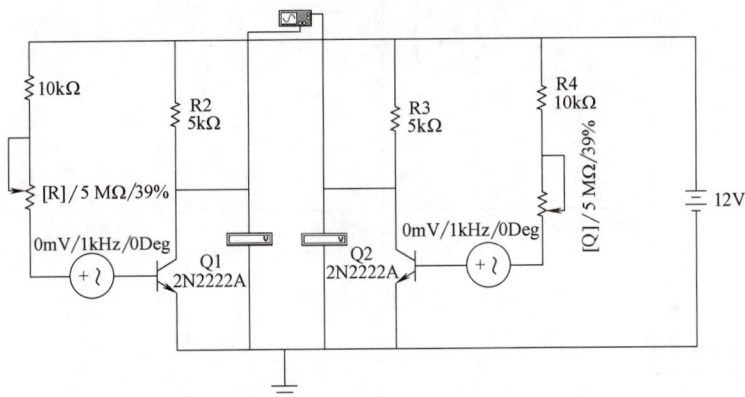

图 3.11-14　差模信号输入检测 *

差模信号输入时，2 个放大器 双端输出 时信号检测	
Q1、Q2 集电极波形	
	信号最大值： 信号周期：

3）旋转 Q1 左侧的交流电源方向后重新连接电路（参见图 3.11-15），模拟输入共模正弦波（两路信号同相）信号。使用示波器检测差分放大器输入的共模信号、单端输出、双端输出的波形。记录数据填入下表：

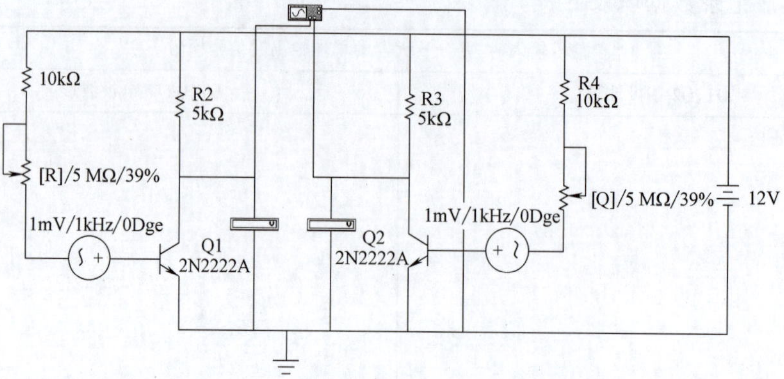

图 3.11-15　共模（干扰）信号输入检测 *

共模信号输入时，差分放大器的 单端输出 时信号检测			
Q1、Q2 基极波形		Q1、Q2 集电极波形	
信号最大值：	信号周期：	信号最大值：	信号周期：
将示波器地线连接到 Q2 集电极，通道 1 连接到 Q1 集电极检测差分放大器双端输出波形			

19. 差分放大电路的抗干扰（干扰信号普遍为共模信号）　请使用 EWB5.0 软件完成图 3.11-16 所示电路搭建。通过测试了解差分放大电路的抗干扰特性。

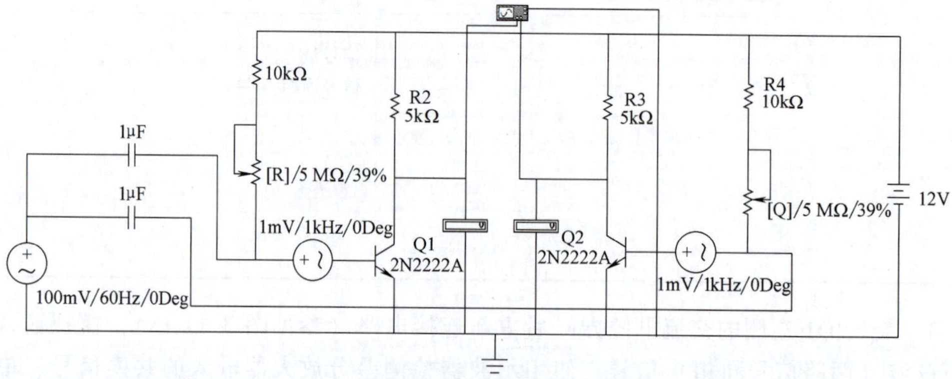

图 3.11-16　差模信号叠加共模信号 *

共模信号输入时,差分放大器的双端输出时信号检测			
Q1、Q2 基极波形		Q1、Q2 集电极波形	
信号最大值:	信号周期:_____	信号最大值:_____	信号周期:_____
差分放大器的双端输出时的信号(将示波器地线连接到 Q2 集电极,通道 1 连接到 Q1 集电极检测差分放大器双端输出波形)			

⚙ 名师点评

1)差分放大电路对属于共模信号的干扰信号具有非常好的"抑制"作用,所有采用双绞线进行远距离传输数据的网络中都采用差分信号,就是因为差分电路具有优异的抗干扰性能。

2)干扰信号(共模信号)就像湖水,差分放大电路的左、右2个放大器就像湖水中的2只桅杆高度不同(有用信号)的小船。无论湖水水位(共模信号)上升还是下降,2只小船的桅杆高度差(无用信号)是不会受到影响的。

20. 振荡器仿真测试:请使用 EWB5.0 软件完成图 3.11-17 所示电路搭建。通过测试了解振荡器电路的特点(注意:由于波形信号是基于软件计算的,所以需要等待 20s 左右电路起振过程才能完成。实际的电路 1mm 都用不了)。

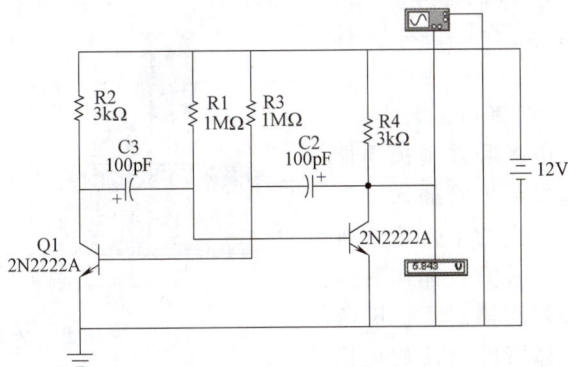

图 3.11-17 振荡器电路

⚙ 名师点评

1)这个电路的名称叫"自激多谐振荡器"。

2)振荡器是放大电路的一种特殊的电路设计,它不需要输入信号,但可以输出交流信号或脉冲信号,即:可以把直流电源输出的直流电能变换成交流电能输出。

3)闪光继电器是振荡器在汽车配件上的典型应用。

11.4 实战训练与创新思考

实战子任务1　晶体管的简单检测

实验工具与材料：数字万用表、晶体管（型号：S9012、S9013、8050、8550）。

（一）任务解说

数字万用表设计有专用晶体管检测插座，只分2步即可完成晶体管的简单检测。

（二）工作过程

1. 找基极，定管型。

从晶体管的结构来看，如图3.11-18所示，晶体管由2个PN结组成。2个PN结的公共电极就是基极。因此，利用万用表"二极管档"找晶体管的基极很容易。

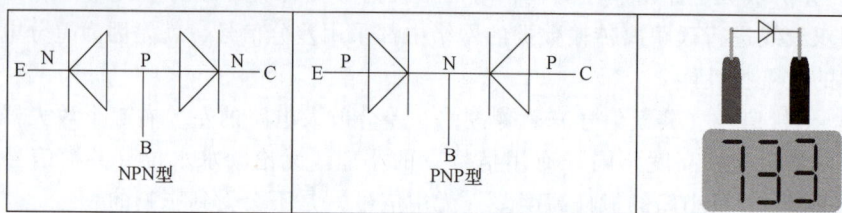

图3.11-18　晶体管结构

特别说明："二极管档"检测到的读数不是二极管的电阻值，而是二极管PN结的正向压降，而且单位是毫伏。建议读者用另一个万用表的电压档同时测一下就知道了。如果接反了，屏幕显示"超量程"。

2. 设档位（h_{FE}），对号入座插管子。

晶体管的2个PN结制造工艺不同，因此使用晶体管时集电极和发射极不能接错。根据管型选择将晶体管插入数字万用表的晶体管检测插座的上排或下排插孔（如图3.11-19）。注意：晶体管的基极不能插错。如果管脚插对了，屏幕显示的 h_{FE} 值（即晶体管的电流放大倍数）就大（30~500）。

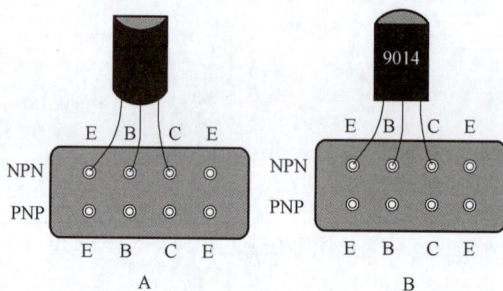

图3.11-19　万用表上的晶体管检测插孔

3. 检测过程。

1）找基极，定管型。选择万用表的_____档位，假设被测的晶体管是NPN型，则红表笔连接到晶体管基极B时，黑表笔分别接晶体管的C或E时，读数为_____（要写出单位）和_____（要写出单位）；并在图3.11-20对应型号的晶体管管脚处标出基极B，将管型写在图3.11-20的晶体管引脚下方。

2）设档位（h_{FE}），对号入座插管

图3.11-20　常见晶体管管型检测

72

子。根据第 1 步的检测，确定 S9012 晶体管的管型是_____型。将万用表的档位开关选择_____档位，S9012 晶体管插在万用表的晶体管检测插座的_____排插孔。当插入晶体管为图 3.11-19 _____（A/B）时，屏幕显示的 h_{FE} 值大，且 h_{FE} 值为_____。说明插入图 3.11-19 _____（A/B）时的晶体管管脚顺序是对的。重复本步，确定其他晶体管引脚脚位，将管脚对应写在图 3.11-21 的晶体管下方。

①常见晶体管的管脚排列顺序有 EBC 和 BCE 两种。

②晶体管的型号很多，种类也很多，一般通过网上查阅生产厂家的晶体管型号的文件获得。

图 3.11-21　常见晶体管脚位检测

名师点评

1）目前仍有很多课本或视频介绍用指针式万用表检测晶体管的方法，这个方法难度大，读者没必要学习。

2）绝大部分晶体管的管脚排列顺序在百度输入晶体管型号就可以查到。因此，用万用表检测晶体管最主要目的是让读者知道万用表有检测晶体管的功能。

3）晶体管的参数很多，检测晶体管有专用的仪器。

实战子任务 2　光控声光报警器的检测

实验仪器和材料：光控声光报警器电路板、万用表、电池等。

（一）任务解说

光控应用的例子很多。例如：光控路灯、汽车前照灯自动变光等。这个电路的功能是：没有光照时，LED 不亮，蜂鸣器也不发出报警声；有光照时，LED 亮，蜂鸣器也发出报警声。

光控声光报警器原理及电路板如图 3.11-22 所示。

（二）工作过程

1. 读图能力。

从图 3.11-22 中的电路原理图可见，传感器（光敏电阻 RGM）和可变电阻 RP1 的连接关系是_____（并联/串联）。光敏电阻 RGM（也可以说是光照度传感器）或可变电阻 RP1 电阻值变化时都会影响晶体管 Q1 的_____（基极/集电极/发射极）电位的变化，进而引起晶体管 Q1 的_____（基极/集电极/发射极）电流的变化。根据晶体管电流放大原理（$I_C = \beta \cdot I_B$）可知，晶体管 Q1 的_____（基极/集电极/发射极）电流也会迅速变化，从而控制 LED 的亮度变化。晶体管 Q1 的集电极电流通过 R1 影响到晶体管 Q2 的_____（基极/集电极/发射极）电流的变化，进而引起晶体管 Q2 的_____（基极/集电极/发射极）电流的变化。从而控制蜂鸣器 SP1 是否发声。如果把 Q2 当作控制蜂鸣器 SP1 的开关，则这个开关电路属于控制_____（火线/接地）型电路。

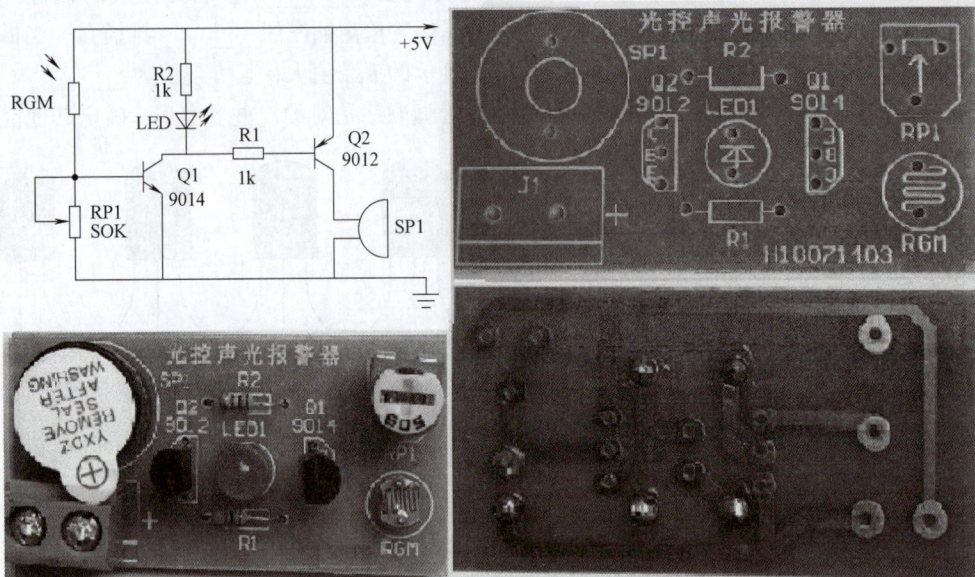

图 3.11-22　光控声光报警器原理图及电路板

2. 电路检测。

这个电路的功能是光控。因此，作为传感器的光敏电阻 RGM 的信号对电路工作状态的影响是关键因素。

1) 在线检测光敏电阻 RGM 的好坏的过程中：_____（必须/不能）给电路板接通 +5V 电源，选择万用表的_____（直流/交流）_____（2V/20V）档对电路进行检测。如果采用电位检测法判断光敏电阻好坏，检测点可以是_____（光敏电阻上端引脚/光敏电阻下端引脚）或_____（可变电阻上端引脚/可变电阻下端引脚），也可以是晶体管 Q1 的_____（基极/集电极/发射极）。

2) 先将图 3.11-22 电路板上的蓝白可变电阻 RP1 旋转到中间位置（成品模块出厂时内部电路已经调好）。检测电位时万用表红表笔连接在晶体管 Q1 的基极，黑表笔应该连接到电路电源的_____（正极/负极）。

3) 用手机手电筒照射光敏电阻，当手机手电筒照射光敏电阻时，万用表测得的电位值读数为_____V，手机手电筒不照射光敏电阻时，万用表测得的电位值读数为_____V；万用表检测到的电位值会明显变化，说明作为传感器的光敏电阻 RGM 基本没问题。

4) 用手遮挡照射到光敏电阻受光面的光，慢慢调整可变电阻，直到 LED 刚好熄灭，此时万用表测得的电位值读数为_____V。这个值叫做"阈值"。"阈值"决定了报警的起控点（这就是静态工作点）。

5) 如果 LED 亮时蜂鸣器不响。应该怎样检测？

_____

_____

74

（三）创新思考

1）本实验用到的这个电路实际生活中可以用在哪里？

2）把 Q2 换成与 Q1 相同型号的 S9014，看看电路功能有什么变化？

3）把光敏电阻和可变电阻的位置对调一下，看看电路功能有什么变化？

⚙ 名师点评

1）经过前一阶段的学习，看懂简单的电路图应该没问题了。从图 3.11-22 中的电路原理图可见：晶体管 Q2 与蜂鸣器是串联的，晶体管 Q2 的 C、E 相当于是控制蜂鸣器的开关的两点。因此，如果蜂鸣器始终不响，可以用一根导线短路一下晶体管 Q2 的 C、E，蜂鸣器响，则说明蜂鸣器没问题。蜂鸣器不响，则使用"跑电路"法检测电源+5V 到地之间连接晶体管 Q2 和蜂鸣器的这一部分电路，如果电路连接没问题，那么就可以判断是蜂鸣器故障了。

2）短路电路中的开关元件是快速判断常规电路故障的常用方法之一，但绝对不能短路负载元件。

3）短路电路中的开关元件必须要确保安全（例如：短路散热风扇开关前，必须注意风扇叶片不会伤害自己或旁边的人或物，短路用的导线可能会发热造成伤害）。

4）绝对不要人为短路高速开关电路中开关元件（例如：电流型喷油器）！因为这类负载只允许极短时间通电，我们无法做到这么短的通电时间。

项目考核

项目3　电子元件常识及EWB5.0仿真软件应用阶段考核

姓名：　　　　　　学号：　　　　　　班级：

编号	考核目标	分项总分	考核内容		分项得分	评分人
1	仿真电路搭建（输入 2kHz/5mV 正弦波信号）	10	R1 10kΩ　R2 5kΩ　C2 1μF　12V　W [R]/5MΩ/41%　C1 1μF　Q1 2N2222A　RL 1MΩ　Ui			
2	设置静态工作点（$U_{CEQ} \approx 6V$）	20				
3	输入/输出信号的波形	30	输入信号波形	输出信号波形		
4	波形数据	30	1. 输入信号最大值： 2. 输出信号最大值： 3. 估算电压放大倍数：$A_u =$			
5	6S 管理	10	1. 操作者造成自己或他人触电、受伤等安全问题，本次实验 0 分 2. 其他每项 2 分			
阶段考核得分：			考核结论：□优秀　□良好　□合格　□不合格			

项目4　多级放大电路与集成电路仿真检测

任务12　多级放大电路认知与仿真检测

12.1　应知

1. 请简述放大器之间的三种耦合方式及其特点。

_____

2. 将2个放大器电压放大倍数都为100的放大器级联组成两级放大器后，总放大倍数是多大？

_____

3. 直接耦合放大器可以放大交流信号吗？

_____

12.2　应识

请说明下表中多级放大器的耦合方式和能放大哪种信号？

IN AMP1 —||— AMP2 OUT	IN AMP1 —⧢— AMP2 OUT	IN AMP1 —||— AMP2 OUT
耦合方式：	耦合方式：	耦合方式：
□交流信号 □直流信号	□交流信号 □直流信号	□交流信号 □直流信号

12.3　应会

1. 两级阻容耦合放大电路检测：请使用EWB5.0软件完成图4.12-1所示两级阻容耦合放大电路搭建。

2. 调整图4.12-1所示电路的两级放大器晶体管的静态工作点 $U_{CE} \approx 6V$。然后设置信号发生器输出正弦波信号、频率为1kHz、峰值为1mV。使用示波器，分别检测Q1和Q2组成各级放大器的电压放大倍数，以及两级放大器的总放大倍数，将结果记录在下表：

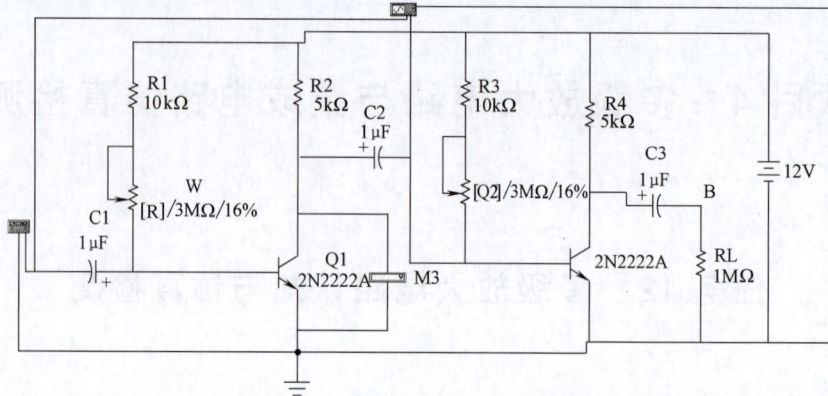

图 4.12-1 两级阻容耦合放大电路 *

第一级放大器的输入输出波形		$U_i =$	$A_{u1} =$
		$U_o =$	
第二级放大器的输入输出波形		$U_i =$	$A_{u2} =$
		$U_o =$	
两级放大器的输入输出波形		$U_i =$	$A_u =$
		$U_o =$	
$A_u = A_{u1} \cdot A_{u2} =$			

提示：将信号发生器换成电池组。定义电池组电压为 1mV 直流电压，用电池组为放大器输入直流信号，用电压表观察 Q1 和 Q2 的集电极电位是否会变化。

3. 两级变压器耦合放大电路检测：请使用 EWB5.0 软件完成图 4.12-2 所示两级变压器耦合放大电路搭建。

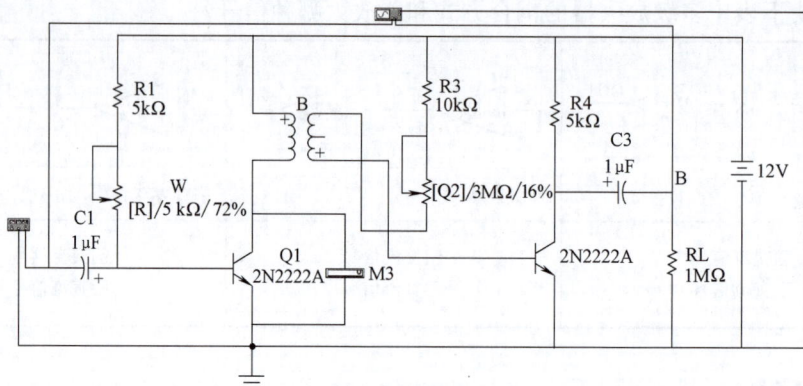

图 4.12-2 两级变压器耦合放大电路 *

4. 调整图 4.12-2 所示电路的两级放大器晶体管的静态工作点 $U_{CE} \approx 6V$。然后设置信号发生器输出正弦波信号、频率为 1kHz、峰值为 1mV。变压器参数设置参加图 4.12-3。使用示波器，分别检测 Q1 和 Q2 组成各级放大器的电压放大倍数，以及两级放大器的总放大倍数，将结果记录在下表：

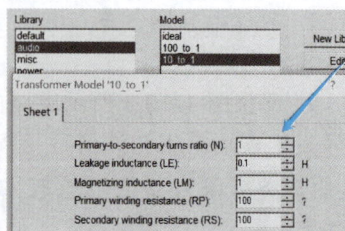

图 4.12-3 参数设置

第一级放大器的输入输出波形	$U_i =$	$A_{u1} =$
	$U_o =$	
第二级放大器的输入输出波形	$U_i =$	$A_{u2} =$
	$U_o =$	
两级放大器的输入输出波形	$U_i =$	$A_u =$
	$U_o =$	

$A_u = A_{u1} \cdot A_{u2} =$

提示：将信号发生器换成电池组。定义电池组电压为 1mV 直流电压，用电池组为放大器输入直流信号，用电压表观察 Q2 的集电极电位是否会变化。

5. 两级直接耦合放大电路检测：请使用 EWB5.0 软件完成图 4.12-4 所示两级直接耦合放大电路搭建。

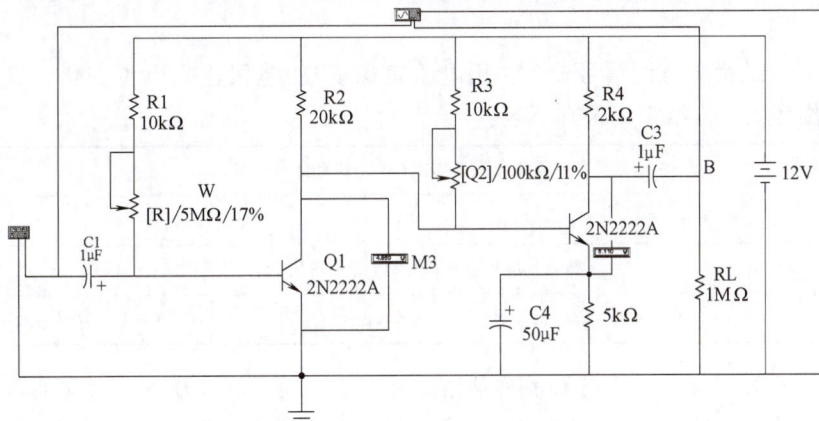

图 4.12-4　两级直接耦合放大电路*

6. 调整图 4.12-4 所示电路的两级放大器晶体管的静态工作点 $U_{CE} \approx 6V$（体验直接耦合放大电路静态工作点前后级影响）。然后设置信号发生器输出正弦波信号、频率为 1kHz、峰值为 1mV。使用示波器，分别检测 Q1 和 Q2 组成各级放大器的电压放大倍数，以及两级放大器的总放大倍数，将结果记录在下表：

第一级放大器的输入输出波形	$U_i =$	$A_{u1} =$
	$U_o =$	
第二级放大器的输入输出波形	$U_i =$	$A_{u2} =$
	$U_o =$	
两级放大器的输入输出波形	$U_i =$	$A_u =$
	$U_o =$	

$A_u = A_{u1} \cdot A_{u2} =$

7. 直流特性检测：将两级直接耦合放大电路的信号输入部分改为电路图左下角电路部分如图 4.12-5 所示。

特别说明：图 4.12-5 所示电路图左下角部分电路是用来模拟输入直流信号的部分。

79

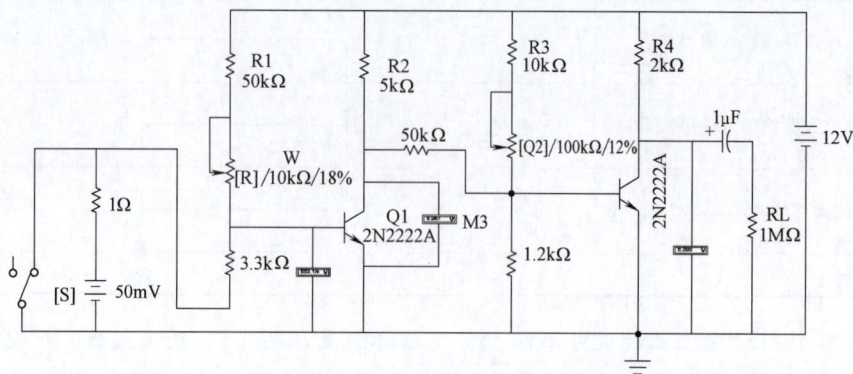

图 4.12-5　两级直接耦合放大电路直流放大特性检测 *

加入 1Ω 电阻是为了通过开关 S 模拟没有直流信号输入时仿真软件判断电源短路出现报警问题。

8. 通过开关模拟直流信号输入，用电压表观察 Q1 基极输入电位变化，以及 Q2 的集电极电位变化。将结果记录在下表：

调整静态工作点（开关 S 闭合）			
$U_{CEQ1} =$		$U_{CEQ2} =$	
输入 50mV 直流信号时（开关 S 闭合）			
$U_{CE1} =$	$A_{u1} = (U_{CE1} - U_{CEQ1})/50mV$	$U_{CE1} =$	$A_u = (U_{CE2} - U_{CEQ2})/50mV$

提示： 图 4.12-4 所示电路调整好静态工作点后，通过软件设置，改变晶体管 Q1 的电流放大倍数，如图 4.12-6 所示，验证直接耦合放大电路前级晶体管参数对后级晶体管静态工作点的影响。

结论： 直接耦合放大电路性能好，但电路状态调整难度大。

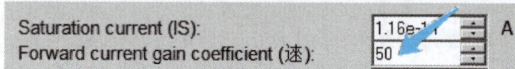

图 4.12-6　参数设置

9. 参照图 4.12-5 所示电路图左下角部分电路。将这部分电路连接在图 4.12-1 和图 4.12-2 电路中，验证阻容耦合、变压器耦合电路不能放大直流信号（即观察 U_{CE2} 会不会因直流信号的输入发生变化）？

结论：

1）直接耦合多级放大电路既可以放大直流信号也可以放大交流信号（即直接耦合多级放大电路是万能的放大器）。

2）阻容耦合、变压器耦合电路都只能放大交流信号，不能放大直流信号。

12.4　实战训练与创新思考

实战子任务　感应测电笔制作

实验仪器及材料： 电烙铁、万用表、S9014 晶体管、电阻、双面万能板（使用单面板夹电池的铜片很难焊接）等。

（一）任务解说

感应测电笔是利用晶体管放大器将绝缘导线辐射出的微弱交流电电磁波信号进行100万倍的放大后驱动发光二极管指示灯来检测绝缘导线内部交流电的。它的主要优点是：不需要破坏绝缘导线外部的绝缘层就可以判断导线是否通了交流电。一般用于检测绝缘导线的断点（导线断点后测不到交流感应信号）。

图4.12-7所示电路是感应测电笔的电路图。其工作原理是：交流感应信号通过高值电阻R1、R2进入Q1基极，经Q1放大β倍的I_{E1}（$I_{E1}=I_E+I_C=I_E+\beta I_B$）又输入到Q2基极，经Q2放大$\beta$倍的$I_{E2}$又输入到Q3基极，经Q3放大$\beta$倍的$I_{C3}$驱动LED发光。假如3个晶体管的放大倍数都是100，则总放大倍数就为：$100\times100\times100=1000000$，也就是说被测的交流感应信号放大了100万倍。

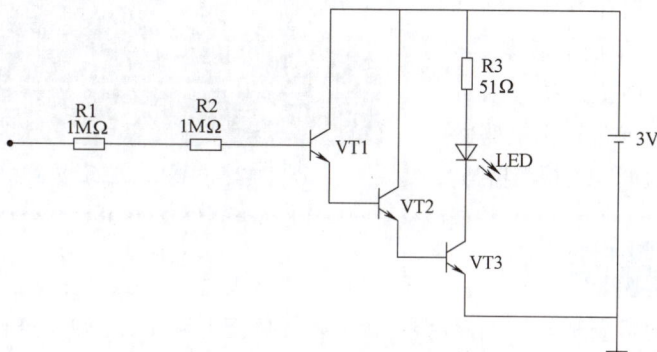

图 4.12-7　感应测电笔电路图

（二）工作过程

1）请使用万用表检测所有元件。

2）请参照图4.12-8完成各元件焊接（装配过程如图4.12-9所示）。

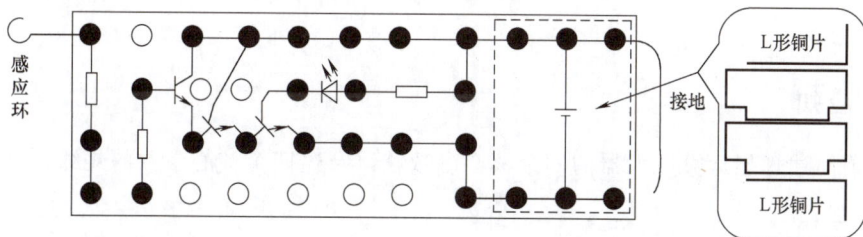

图 4.12-8　感应测电笔元件布局参考图

3）钮扣电池需要用L形铜片夹住，铜片焊接在电路板上。

4）测试方法：

①左手接触电路板接地线，右手接触感应环，这时候LED应发光。

②手接触电路板接地线，将感应环靠近相线，这时候LED应发光。

5）考核"电位检测"功能。组长用导线连接

感应试电笔
功能实测

感应试电笔电
路功能测试

电路板接地线和感应环，考核组员检测 Q3 集电极电位 "Vc =" 检测能力。

6）考核"跑电路"法。组长在电路上设置断点，考核组员的"跑电路"法技能。

（三）创新思考

1）大部分 S9014 晶体管的放大倍数高达 200 倍以上，电路的总放大倍数超过 800 万倍。这会导致附近导线的交流辐射干扰测量结果。怎样降低感应测电笔的灵敏度？

2）人在饮食中摄入盐过多对人健康有害，你可以参考这个电路做一个检测菜中的"盐度"的检测器吗？

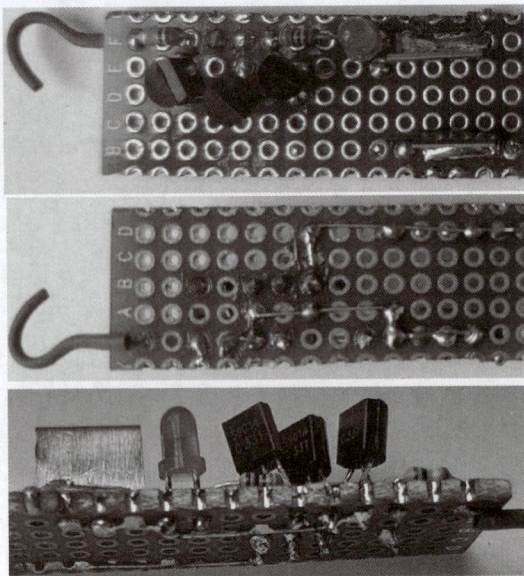

图 4.12-9　感应测电笔电路板参考图

🔵 名师点评

1）网上的感应测电笔电路有些没有画出高值电阻 R1、R2，这样的电路是不安全的；

2）使用 2 个高值电阻是为了防止因天气潮湿导致电阻表面漏电而使用者触电。

任务 13　集成电路认知与仿真检测

13.1　应知

1. 请简述理想运算放大器的四个核心参数，以及这四个核心参数的规律。

2. 运算放大器可以放大直流信号吗？

3. 用集成运算放大器设计的放大电路和用晶体管设计的放大电路哪一个设计方案容易设计一般用途的放大电路？

13.2　应识

请说明下表中运算放大电路的电路名称以及电压放大倍数计算公式。

电路名称：	电路名称：	电路名称：
$A_u = \dfrac{U_o}{U_i} =$	$A_u = \dfrac{U_o}{U_i} =$	$A_u = \dfrac{U_o}{U_i} =$

13.3 应会

1. 反相比例放大电路：请使用 EWB5.0 软件完成图 4.13-1 所示反相比例放大电路搭建。使用电压表读出输入输出信号的电压值。将结果记录在下表：

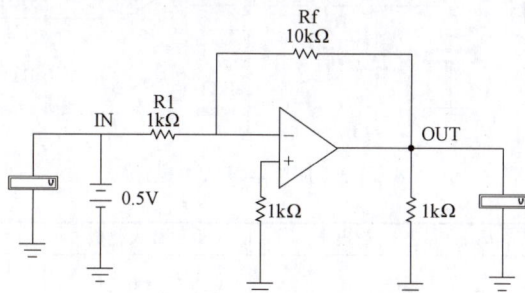

图 4.13-1　反相比例放大电路*

输入电压	输出电压	电压放大倍数	验证公式
$U_i =$	$U_o =$	$A_{u1} = U_o / U_i =$	$A_u = -R_f / R_1 =$
修改 $R_f = 5\text{k}\Omega$			
$U_i =$	$U_o =$	$A_{u1} = U_o / U_i =$	$A_u = -R_f / R_1 =$
修改 $R_f = 500\Omega$			
$U_i =$	$U_o =$	$A_{u1} = U_o / U_i =$	$A_u = -R_f / R_1 =$

2. 同相比例放大电路：请使用 EWB5.0 软件完成图 4.13-2 所示同相比例放大电路搭建。使用电压表读出输入输出信号的电压值。将结果记录在下表：

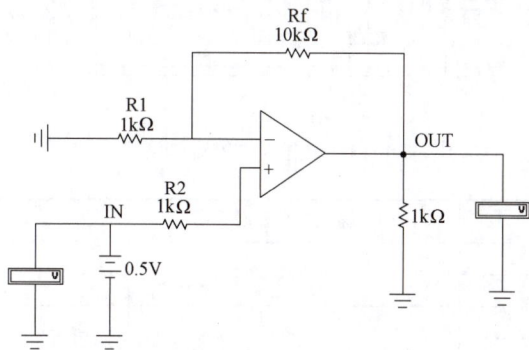

图 4.13-2　同相比例放大电路*

输入电压	输出电压	电压放大倍数	验证公式
$U_i =$	$U_o =$	$A_{u1} = U_o / U_i =$	$A_u = 1 + R_f / R_1 =$
修改 $R_f = 5\text{k}\Omega$			
$U_i =$	$U_o =$	$A_{u1} = U_o / U_i =$	$A_u = 1 + R_f / R_1 =$
修改 $R_f = 500\Omega$			
$U_i =$	$U_o =$	$A_{u1} = U_o / U_i =$	$A_u = 1 + R_f / R_1 =$

注意：放大电路的放大倍数不一定大于 1，放大倍数小于 1 的放大器也是有应用价值的。后面我们会通过测试放大倍数等于 1 的案例进行体会。

3. 加法运算放大电路：请使用 EWB5.0 软件完成图 4.13-3 所示加法运算放大电路搭建。使用电压表读出输入输出信号的电压值。将结果记录在下表：

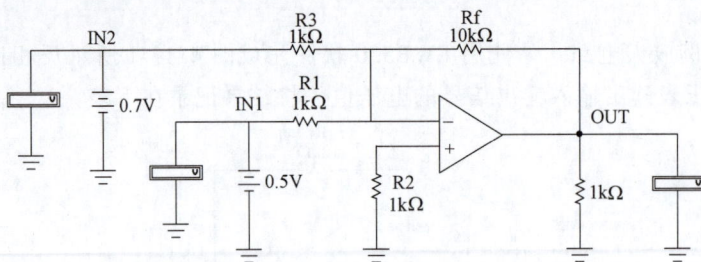

图 4.13-3　加法运算放大电路*

输入电压	$U_{i1+}U_{i2}$	输出电压	电压放大倍数	验证公式
$U_{i1} =$		$U_o =$	$A_{u1} = U_o / (U_{i1} + U_{i2})$	$A_{u1} = -(U_{i1} + U_{i2}) R_f / R_1$
$U_{i2} =$				

4. 电压比较器电路：请使用 EWB5.0 软件完成图 4.13-4 所示电压比较器电路搭建。将结果记录在下表（调整电位，改变 A 点电位）：

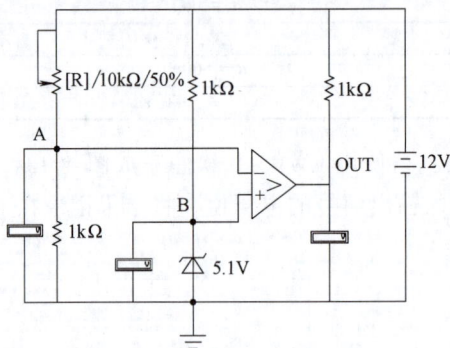

图 4.13-4　电压比较器电路*

输入电压	输入电压比较	输出电压
$U_A =$		$U_o =$
$U_B =$	$U_A > U_B$	
$U_A =$		$U_o =$
$U_B =$	$U_A < U_B$	

名师点评

电压比较器严格地说应该叫做输入电位比较器，它相当于是放大倍数无穷大（一般都大于 40 万倍）的放大器，当同相、反相输入端电位有很小差异时就会使输出的电位在 0 和电源电压（没有中间值）反转。规律是：当 V-＞V+时，$U_o = 0$；当 V-＜V+时，$U_o = +V_{CC}$。

电压比较器应用非常多，比如水位、温度、转角等控制。

13.4 实战训练与创新思考

实战子任务　温度指示器的检测

实验仪器和材料：万用表、稳压电源、温度指示器电路板（图 4.13-5）。

（一）任务解说

电压比较器在单点控制方面应用非常多。例如：使用热敏电阻作为传感器的单点恒温温度控制器、使用可变电阻作为传感器的直线位置（使用直线型可变电阻）转角传感器（使用旋转型可变电阻）等控制。

图 4.13-5　温度指示器电路板（一）

本检测任务用到的温度指示器是利用两个四运算放大器 LM324 集成电路制作的 8 点的温度指示器。

电路原理如图 4.13-6 所示。所有运算放大器的 RF 都没有连接（即：RF＝∞），根据反相比例放大器公式：$A_u = -R_f/R_1 = -\infty/R_1 = \infty$。R1-R9 组成串联电路，所有节点都连接在比较器的同相输入端，而且热敏电阻 R19 和 R10 也组成串联电路，它们的公共节点连接在比较器的反相输入端。当设定好可变电阻 R1 后，所有连接在比较器的同相输入端的节点电位都确定了，特点是：越靠近 R9 的节点，电位越高。当温度升高时，

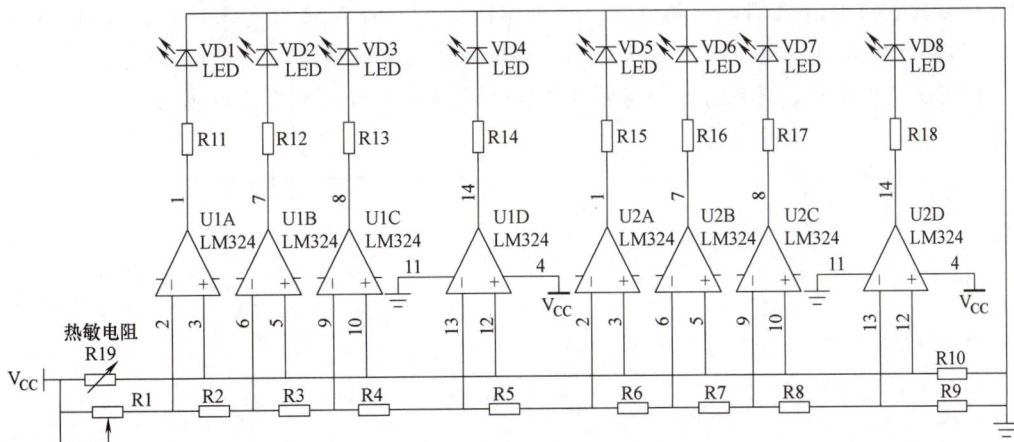

图 4.13-6　温度指示器电路原理图

热敏电阻 R19 电阻值减小，导致连接在各比较器的反相输入端电位升高。根据电压比较器特点：当 $V->V+$ 时，$U_o=0$；当 $V-<V+$ 时，$U_o=+V_{CC}$。所有 $V-<V+$ 的电压比较器都输出 $+V_{CC}$，对应的 LED 就亮了。

（二）工作过程

1. 功能测试。

功能验证测试请参考图 4.13-7 所示电路板标注。用稳压电源为电路板提供 +12V 电压。用电烙铁靠近 R19，观察到靠近电路板_____（左侧/右侧）的 LED 逐步点亮，移开电烙铁，观察到靠近电路板_____（左侧/右侧）的 LED 逐步熄灭；说明靠近电路板左侧的 LED 亮，则 R19 检测到的温度_____（高/低）。

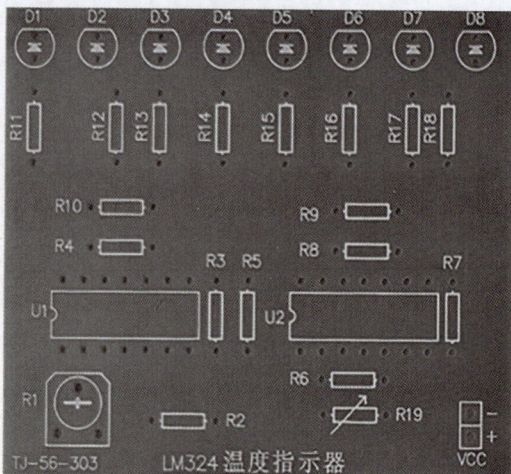

图 4.13-7　温度指示器电路板（二）

2. 故障检测（请老师在电路板上设故障）。

1）所有 LED 都不亮。

2）中间的 LED5 不亮，其他都亮。

3）所有 LED 都亮，没有温度指示功能。

提示：

1）只要有 LED 亮，则说明供电基本正常。

2）由于当 $V-<V+$ 时，$U_o=+V_{CC}$。所有满足 $V-<V+$ 的电压比较器都输出 $+V_{CC}$，对应的 LED 就亮了。

（三）创新思考

本实验测试的温度指示器是否可以改造一下电路作为蓄电池电压指示器？

提示：不用电烙铁对热敏电阻 R19 加热（即：保持热敏电阻 R19 处于室温），断开 R1 和热敏电阻 R19 之间的连接（即：断开 R1 与 V_{CC}），用稳压电源 +5V 输出接 R1 左端，热敏电阻 R19 左边引脚接稳压电源可调输出端，缓慢调节电压在 6~18V 之间变化。观测 LED 变化规律。再参考本任务图 4.13-6，也许你就知道该怎么改电路了。

项目考核

<table>
<tr><td colspan="7" align="center">项目 4　多级放大电路与集成电路仿真测试阶段考核</td></tr>
<tr><td colspan="7" align="center">姓名：　　　　　　学号：　　　　　　班级：</td></tr>
<tr><td>编号</td><td>考核目标</td><td>分项总分</td><td colspan="2">考核内容</td><td>分项得分</td><td>评分人</td></tr>
<tr><td>1</td><td>仿真电路搭建能力</td><td>20</td><td colspan="2"></td><td></td><td></td></tr>
<tr><td rowspan="3">2</td><td rowspan="3">电路读图与仿真检测</td><td rowspan="3">40</td><td colspan="2">1. 上图路中如果把 R3 和 LED 看作负载元件，则控制元件是_____</td><td></td><td></td></tr>
<tr><td colspan="2">2. 分别仿真测量开关闭合和断开时 OUT 点的电位：
V_{OUT1} =
V_{OUT2} =</td><td></td><td></td></tr>
<tr><td colspan="2"></td><td></td><td></td></tr>
<tr><td rowspan="2">3</td><td rowspan="2">温度指示器检测</td><td>20</td><td colspan="2">1. "跑电路"法查找电路断点；</td><td></td><td></td></tr>
<tr><td>10</td><td colspan="2">2. 检测 U_{1D} 同相输入端（12 脚）的电位</td><td></td><td></td></tr>
<tr><td>4</td><td>6S 管理</td><td>10</td><td colspan="2">1. 操作者造成自己或他人触电、受伤等安全问题，本次实验 0 分；
2. 工具及实验现场整理</td><td></td><td></td></tr>
<tr><td>5</td><td colspan="2">阶段考核得分：</td><td colspan="2">考核结论：□优秀 □良好 □合格 □不合格</td><td></td><td></td></tr>
</table>

项目5　数字电路仿真检测

任务14　数字电路认知与仿真检测

14.1　应知

1. 什么是数字信号？

2. 高电平、低电平哪一个大？

3. 电源电压为+5V 的数字电路，高、低电平范围多大？

4. 方波和矩形波的占空比有什么特点？

5. 简述空调鼓风机 PWM 调速原理。

14.2　应识

1. 图 5.14-1 中，如果用高电位表示高电平 1，请用向左的斜画线表示出高电平区域，向右的斜画线表示出低电平区域。

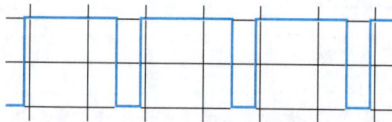

2. 如果图 5.14-1 是示波器 A 通道检测喷油器的波形。示波器的时基为 10ms/div，电平值为 5V/div（灰色线网格），那么这个信号的主要参数是：

图 5.14-1　示波器 A 通道检测喷油器的波形

1）周期是多少个 10ms？

2）高电平电位值是多少伏？

3）高电平脉冲宽度是多少毫秒？

4) 低电平脉冲宽度是多少毫秒? _____

5) 请计算这个喷油脉冲信号的占空比。_____

_____

14.3 应会

1. 假设汽车的霍尔式轮速传感器某时刻的输出信号频率为 0.5kHz,电源电压为 9V,占空比为 50% 的方波信号。请为信号发生器设置这些参数来模拟霍尔型轮速传感器,并用示波器检测这个信号。将结果记录在下表:

周期		波形
高电平电位值		
高电平脉冲宽度		
低电平脉冲宽度		
占空比		

2. 想一想,上题 1 中假如车轮转速提高了,波形数据会怎样变化?

_____

3. 用信号发生器模拟汽车的喷油器某时刻的驱动信号的参数设置为 1kHz,电源电压为 12V,占空比为 80% 的方波信号。请用示波器检测这个信号。将结果记录在下表:

周期		波形
高电平电位值		
高电平脉冲宽度		
低电平脉冲宽度		

总结: 从题 1~3 可见,用波形发射检测信号时,无论是传感器(霍尔式轮速传感器)的输出信号还是执行器(喷油器)的驱动信号,检测方法都是一样的,区别仅在于读出的数据不同。

14.4 实战训练与创新思考

实战子任务 实车检测信号波形检测

实验仪器和材料: 发动机台架或实车、示波器、数字万用表等。

(一)任务解说

随着电子检测技术的迅速发展,采用数字信号高速传输的传感器越来越多,仅用万用表对电控系统检测已经无法满足现代汽车检测的要求。

一般数字万用表每秒测量 3 次数据,因此无法检测高速变化的信号。很多维修人员因为很少使用示波器,而感觉示波器很难用。使用示波器不仅可以观察到信号的波形,而且还能检测到信号的幅度以及信号之间的相位关系。

请通过网络搜索阅读"捷达 5 气门发动机大修后起动困难"案例。

通过仿真使用示波器，大家已经掌握了示波器的主要使用方法，已经具备了实车使用示波器检测信号波形的基础。

（二）工作过程

1）请实车检测霍尔式轮速传感器或凸轮轴位置传感器波形信号，并记录两个不同转速时的波形和数据。

转速＿＿＿＿时的波形和数据	
周期	波形
高电平电位值	
高电平脉冲宽度	
低电平脉冲宽度	
占空比	

转速＿＿＿＿时的波形和数据	
周期	波形
高电平电位值	
高电平脉冲宽度	
低电平脉冲宽度	
占空比	

讨论：霍尔式轮速传感器不同转速时输出信号的高电平电位值、占空比的变化规律如何？

2）请实车检测喷油器波形信号，并记录发动机转速 800r/min 和 1200r/min 时的波形和数据。

发动机转速	波形
周期	
高电平电位值	
高电平脉冲宽度	
低电平脉冲宽度	
发动机转速	波形
周期	
高电平电位值	
高电平脉冲宽度	
低电平脉冲宽度	

3）高手选做：请实车检测 CAN 总线波形信号，并记录波形和数据。

CAN 信号电平	波形
CAN＝0 时	
CAN-H 电位值	
CAN-L 电位值	
CAN＝1 时	
CAN-H 电位值	
CAN-L 电位值	

（三）创新思考

汽车局域网总线（不只是 CAN）虽然是一项高技术数据传输系统，但核心技术是在各电控单元内部。在检测维修工作中，只需把它看作是采用两路（即 CAN-H 和 CAN-L 波形）镜像对称方式实现了强抗干扰的一种传输数据网络。检测时注意：

1）汽车总线局域网系统是一个智能系统，汽车总线系统具有非常强大的自诊断功能。汽车总线局域网系统出现故障时，应先使用故障诊断仪读取故障码来确定故障范围或部位。

2）当其中一路出现故障（断线或搭铁）时，数据仍然可以低速（这是由于抗干扰能力差造成的）传输，对数据传输速度要求不高的单元仍然可以工作。

3）CAN-H 和 CAN-L 波形是镜像对称（以 2.5V 为对称轴）的。

4）CAN-H 和 CAN-L 的两端都连接了 120Ω 的终端电阻（见图 5.14-2），因此，CAN-H 和 CAN-L 线之间的电阻为：120Ω/2 = 60Ω。

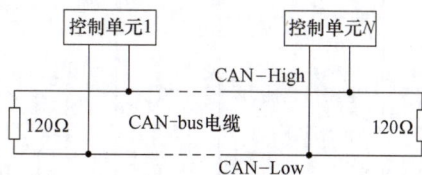

图 5.14-2　CAN 总线结构图

5）CAN-H 和 CAN-L 线路的电路结构如图 5.14-2。因此，CAN-H 和 CAN-L 的对地电阻也应该基本相同（这个思路主要用于判断某一条 CAN 线路异常时的初步检测）。

名师点评

1）数据传输中，系统的抗干扰能力和数据传输效率有很大关系。就像打电话一样，信号不好时，报给对方一个电话号码可能需要重复很多次才能成功。

2）在没有示波器的情况下，可以使用发光二极管试灯对 CAN-H 和 CAN-L 进行初步检测。将发光二极管试灯一端搭铁，另一端连接到 CAN-H 或 CAN-L，只要能看到发光二极管闪烁，就表示这条线上有数据传输。另外，总线上只要有数据传输一般都没问题。不要因为有人说总线可能存在（不要考虑太多的"万一"）数据相位的问题，就否定检测自己的结论（万一遇到特殊问题正好跟师傅或技术主管学习一下）。CAN-H 或 CAN-L 上的数据相位出错的几率非常小。

项 目 考 核

项目5　数字电路仿真检测阶段考核

姓名：　　　　　学号：　　　　　班级：

编号	考核目标	分项总分	考核内容	分项得分	评分人
1	电路搭建能力	20	1. 在仪器库中取出信号发生器和示波器(5分) 2. 如图连接信号发生器和示波器(5分)  3. 设置连接到示波器 CH1 的导线为红色,CH2 的导线为蓝色(10分)		
2	仪器调试能力	40	1. 设置信号发生器输出 1kHz/5V,记录矩形波信号(20分) 2. 调整示波器,使示波器屏幕显示 2 路波形(20分)		
3	数据读识能力	30	数据记录: 周期(10分)： 最大值(10分)： 脉冲宽度(10分)：		
4	6S 管理	10	1. 操作者造成自己或他人触电、受伤等安全问题,本次实验 0 分 2. 其他每项 2 分		
5	阶段考核得分：		考核结论:□优秀　□良好　□合格　□不合格		

项目6 汽车功能模块检测

任务 15 直流电动机调速控制模块检测

人体红外线
开关测试

15.1 应知

1. 模块化电路的主要特点是什么？

_____

2. 简述闪光继电器的功用和使用闪光继电器构成的闪光电路特点。

_____

3. 简述发电机电压调节器的功用和主要工作过程。

_____

_____

4. 简述在线测试法和离线式测试法的区别。

_____

_____

_____

15.2 应识

1. 通过外观识别哪些是闪光继电器和普通继电器。

2. 简述 JFT149F 型电压调节器模块的功用。

_____

_____

_____

3. 简述维修线的用途。

_____

_____

_____

15.3 应会

1. 请画出采用离线检测法检测 JFT149F 闪光继电器的示意图。

2. 请在实验室离线检测法检测一个闪光继电器，并记录闪光继电器型号，画出闪光继电器脚位图，并在对应位置标出名称（符号）。

3. 请在台架或实车上采用在线检测法，检测转向灯闪光继电器各脚位不同状态的数据，并填写下表相关内容。

转向灯闪光继电器测试数据（在线检测法）				

4. 请在实验室用离线检测法检测一个发电机电压调节器，画出发电机电压调节器测试连线示意图，并记录其型号、上限电位值、下限电位值。

15.4　实战训练与创新思考

实战子任务　直流电动机调速控制模块检测

实验仪器和材料：直流电动机调速控制模块、稳压电源、12V 直流电动机、示波器等。

（一）任务解说

现代汽车使用的散热风扇、空调鼓风机等调速普遍采用 PWM 调速方式。PWM 调速方式最大的优点就是：效率高（调速元件消耗电能很少）。

（二）工作过程

1. 功能测试。

请按图 6.14-1 模块接线说明连接稳压电源和直流电动机，调节调速控制模块的调速旋钮，观察电动机转速变化（如果有转速表更好）。

2. PWM 波形观测。

请将示波器连接到模块输出接线柱，观测调速旋钮在不同位置时驱动直流电动机的信号波形。并画出电动机在低、中、高转速时的波形。依据波形计算波形的占空比。

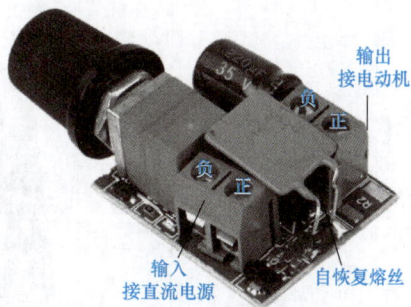

图 6.15-1　直流电动机调速控制模块

（三）创新思考

1. 请将 12V 直流电动机换成 12V 汽车转向灯灯泡，感受 PWM 调光效果。

2. 请将 12V 直流电动机换成 10Ω 左右的大功率电阻，感受 PWM 调温效果。

提示：PWM 控制方式的本质是通过高速控制负载的通、断电时间比例来控制负载的有效功率，而加在负载两端的电压在通电瞬间仍然是电源电压。因此，PWM 控制方式是一种调节负载功率（简称：调功）的方式。

项 目 考 核

项目6　汽车功能模块检测阶段考核

姓名：　　　　　　学号：　　　　　　班级：

编号	考核目标	分项总分	考核内容	分项得分	评分人
1	网络资料获取能力	20	通过网络搜索简述这个模块的特点和应用方法。 WSTECH AC/DC CONVERTER INPUT:AC85-250V　DC O/P OUTPUT:DC12V 1A　+12V 0V		
2	发电机电压调节器模块离线检测的线路连接	50	可以使用手机上网查找资料。 1. 画出测试电路图：(20分) 2. 错接1根线扣10分。电源线接错本项计0分		
3	发电机电压调节器模块检测	20	1. 模块上限电压：＿＿＿＿＿＿＿ 2. 模块下限电压：＿＿＿＿＿＿＿		
4	6S管理	10	1. 操作者造成自己或他人触电、受伤等安全问题,本次实验0分		
			2. 工具及实验现场整理		
5	阶段考核得分：		考核结论：□优秀 □良好 □合格 □不合格		

项目 7　无线遥控入门

任务 16　无线遥控认知与遥控模块检测

遥控开关的测试

16.1　应知

1. 老人在用手杖"捅"电风扇的档位，这种控制方式属于有线遥控还是无线遥控？

_____

_____

2. 楼道的声控路灯属于有线遥控还是无线遥控？

_____

3. 无编码遥控和编码遥控哪种遥控形式防盗效果好？

_____

_____

4. 主教材项目 7 的任务 16 中，关于铁将军防盗系统的安装步骤 "6) 剪开车头锁开关到点火发生器之间的连线，按图 7.16-6 分别连接主机的上熄火线到车锁（剪开的导线有电的一端），下熄火线到点火器。"实际意义是什么？（提示：剪开车头锁开关到点火发生器之间的连线后，就是切断了点火模块的电源线，发动机会因为没有高压点火而立刻熄火。）

_____

_____

5. 车辆防盗系统一般有两个遥控器。最近发现其中一个遥控器的可遥控距离越来越近时，应首先考虑以下哪一项：

1）遥控器老化了。

2）防盗系统主机快要坏了。

3）遥控器内部电池快没电了。

4）遥控器编码芯片坏了。

_____

16.2　应识

1. 图 7.16-1 为某摩托车电路图。图中转向灯为_____（控制相型/控制搭铁型）电路；起动继电器为_____（控制相型/控制搭铁型）电路。

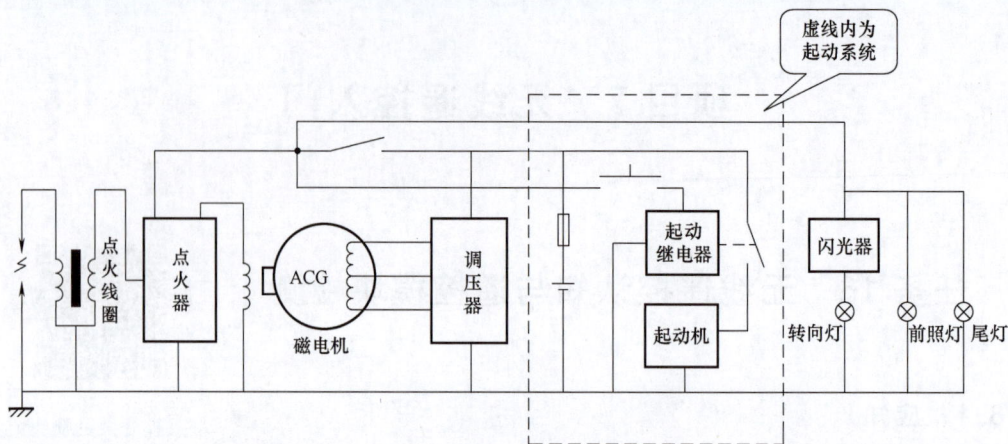

图 7.16-1　某摩托车电路图

2. 某同学按图 7.16-1 所示的电路加装摩托车无线防盗器后，其他功能都正常，只缺少遥控启动功能，请根据图 7.16-1 回答以下问题：

1）用万用表电压档检测防盗器主机起动线与起动开关的接头处电位，万用表应选择_____档，万用表的黑表笔应连接到_____，万用表的红表笔应连接到_____。

2）摩托车熄火后，不按下遥控"起动"按键，电压表的读数应该为_____；按下遥控"起动"按键，电压表的读数应该为_____。

3）如果在上一步检测时，不按下遥控"起动"按键，电压表的读数应该为 12V 左右，按下遥控"起动"按键，电压表的读数仍然是 12V 左右；说明可能是主机起动线错接到了图 7.16-1 所示的起动开关_____（左边／右边）线脚对应的导线。

3. "大山"师傅在遇到上题同样故障时，他首先恢复了改装步骤 5 改装的电路，在重复验证了 1-4 改装步骤的相关功能的基础上。用万用表电压档直接检测主机起动线上的电位，从而证明主机是否有故障？如果主机正常，不按下遥控"起动"按键，电压表的读数应该为_____；按下遥控"起动"按键，电压表的读数应该为_____。否则，就说明故障在主机内部。（提示：检修工作中不怕少量的重复验证，最怕没有目的的乱改线路。）

提示：看懂电路图很重要！

16.3　应会

1. 防盗器基本功能的验证（安装步骤 1~3）。

_____

_____

2. 连接与"寻车键"相关的电路并验证功能（安装步骤 4）。

_____

_____

3. 排除不能遥控起动故障。

16.4　实战训练与创新思考

实战子任务　四路无线遥控模块检测

实验仪器和材料： 稳压电源、示波器、遥控发射模块（图 7.16-2）、遥控接收模块（图 7.16-3）、发光二极管等。

图 7.16-2　发射模块电路板

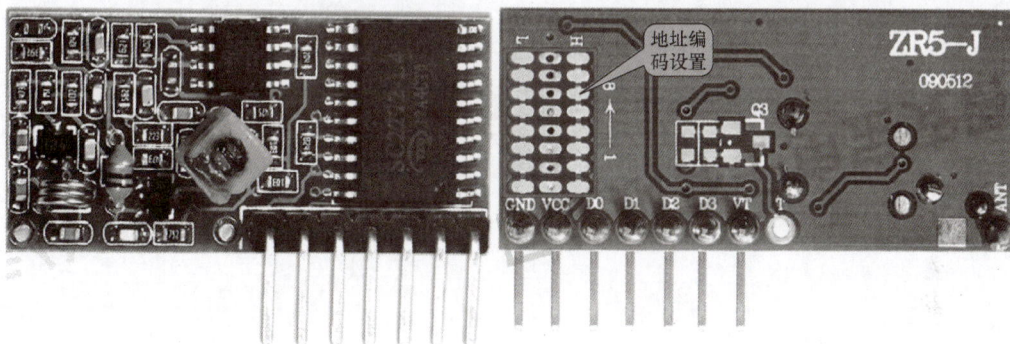

图 7.16-3　接收模块电路板

（一）任务解说

现代汽车遥控防盗系统普遍采用带编码的遥控技术。带编码的遥控系统基本结构都差不多，主要区别在于采用哪一种编码芯片。因此，检测方法也差不多。

图 7.16-2、图 7.16-3 所示的带有地址编码遥控发、收模块的编码和解码芯片分别为 SC2262 和 SC2272，与某公司生产的 PT2262/PT2272 通用编解码芯片功能相同。遥控发射模块有四个按键，遥控接收模块有对应的 D0～D3 四个输出引脚。

带有地址编码的遥控系统，遥控发射模块与遥控接收模块只有地址码相同（俗称：配对）时，收、发数据才能被正确识别。图 7.16-2、图 7.16-3 所示的遥控发、收模块右侧的所有 8 位地址编码焊点（三列盘中间那一排）都没有焊接到相邻的"L"和"H"焊盘，这时的地址编码即为 8 位"悬空"。由于图 7.16-2、图 7.16-3 所示的遥控发、收模块的地址编码相同，因此发、收模块是"配对"的，可以实现遥控识别。如图 7.16-5 在遥控接收模块的 VT、D0～D3 脚连接发光二极管，接收到数据信号时，对

应遥控器按键的发光二极管亮。

（二）工作过程

1. 功能验证测试。

请参考图 7.16-4 所示使用稳压电源为接收模块提供 5V 电源，并为遥控模块安装配套的电池。按下遥控模块按键（遥控模块的电源指示灯会闪烁），应可观察到接收模块对应的 LED 灯亮了，VT 脚的 LED 闪烁。借用另外一组的遥控模块，可以发现遥控模块是通用的。

2. 改变地址编码测试。

将遥控接收模块右侧的 8 位地址编码焊点最上面 "1" 焊盘和它左侧的 "L" 焊盘接通，这时会发现所有遥控器都 "失灵" 了。将本组遥控发射模块右侧的 8 位地址编码焊点最上面 "1" 焊盘和它左侧的 "L" 焊盘接通，这时，遥控又恢复正常了。但其他组的遥控模块却不能对本组模块试试遥控了。这就是 "配对"。

图 7.16-4　接收解码板测试电路

3. 信号波形检测。

请使用示波器检测接收模块 VT 脚的波形并记录。

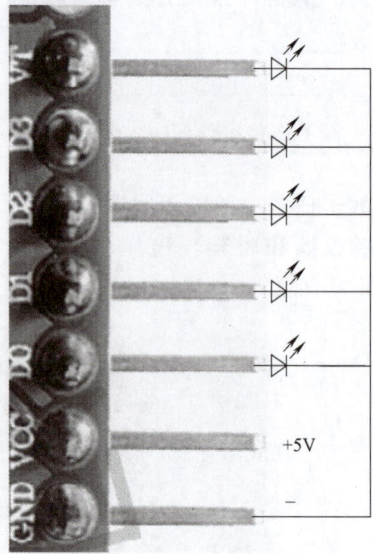

1）遥控解码模块的输出信号普遍为 TTL 电平（+5V）信号，也可以用前面制作的发光二极管试灯检测。

2）对于使用所有配套遥控器都出现遥控距离逐渐变短的故障，说明故障在遥控接收部分。可以拆开防盗电脑壳体，在电脑板上找到遥控接收模块（如图 7.16-5），用螺钉旋具调整红色圈指示的可调电感磁芯（每次调整很小一个角度，移开螺钉旋具后，按遥控器上的任意按键，如遥控距

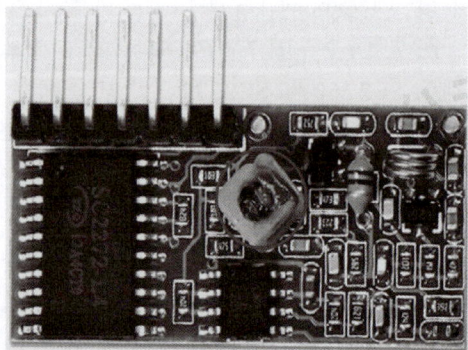

图 7.16-5　遥控接收模块

离减小，则反方向调整电感），一般都可以修复。修复后用热熔胶固定电感磁芯即可。

（三）创新思考

1）如果两辆车的遥控器相互干扰你知道是什么原因吗？

2）你能使用本实验遥控模块制作一个遥控灯吗？请画出电路图并提供需要另外添加材料的实物图片、价格、淘宝网购物链接地址。

项目考核

项目7　无线遥控入门阶段考核

姓名：　　　　　　学号：　　　　　　班级：

编号	考核目标	分项总分	考核内容	分项得分	评分人
1	网络资料获取能力	20	查找1路"兆美家"智能遥控开关资料，画出网络资料提供的测试电路接线图		
2	模拟应用能力测试	50	使用电烙铁作为负载连接电路 		
3	知识迁移能力测试	20	这个电路板上与遥控距离有关的可调电感在哪里？怎样调整？ 		
4	6S管理	10	1. 操作者造成自己或他人触电、受伤等安全问题，本次实验0分		
			2. 工具及实验现场整理		
5	阶段考核得分：		考核结论：□优秀　□良好　□合格　□不合格		

项目 8 直流电动机认知与主要信号检测

任务 17 直流有刷电动机的认知与主要信号检测

17.1 应知

1. 简述有刷电动机的优点和缺点。

优点：＿＿＿＿＿＿＿＿＿＿＿＿＿＿＿＿＿＿＿＿

缺点：＿＿＿＿＿＿＿＿＿＿＿＿＿＿＿＿＿＿＿＿

2. 怎样使有刷电动机反转？

＿＿＿＿＿＿＿＿＿＿＿＿＿＿＿＿＿＿＿＿＿＿＿

＿＿＿＿＿＿＿＿＿＿＿＿＿＿＿＿＿＿＿＿＿＿＿

3. 有刷电动机调速有哪几种常用方法？

＿＿＿＿＿＿＿＿＿＿＿＿＿＿＿＿＿＿＿＿＿＿＿

＿＿＿＿＿＿＿＿＿＿＿＿＿＿＿＿＿＿＿＿＿＿＿

＿＿＿＿＿＿＿＿＿＿＿＿＿＿＿＿＿＿＿＿＿＿＿

＿＿＿＿＿＿＿＿＿＿＿＿＿＿＿＿＿＿＿＿＿＿＿

17.2 应识

1. 上网搜索"电刷架"，写出图 8.17-1 中 1～3 元件的名称。

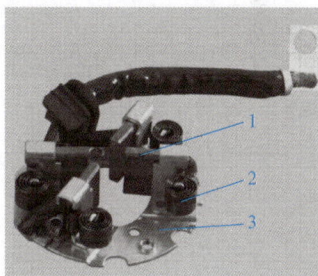

图 8.17-1 电刷架

1—＿＿＿＿＿＿＿＿＿＿＿＿＿＿＿＿

2—＿＿＿＿＿＿＿＿＿＿＿＿＿＿＿＿

3—＿＿＿＿＿＿＿＿＿＿＿＿＿＿＿＿

2. 上网搜索"电刷"，画出两种以上的电刷示意图。

3. 上网搜索"电刷弹簧"，画出两种以上的电刷弹簧示意图。

17.3 应会

1. 怎样用继电器控制直流电动机正、反向转动？

_____

_____

_____

2. 怎样根据电刷长度判断直流电动机电刷是否该换了？

_____

_____

_____

17.4 实战训练与创新思考

实战子任务 直流电动机串联电阻调速和 PWM 调速检测

实验仪器和材料： 稳压电源、函数信号发生器、12V 直流有刷电动机（刮水器或玻璃升降器电机）、转速表等。

（一）任务解说

直流有刷电动机调速主要有串联电阻调速和 PWM 调速两种方式。请使用汽车刮水器电动机或玻璃升降器电动机做如图所示 8.17-2 的电路的调速实验，体验串联电阻调速和 PWM 调速的特点。

（二）工作过程

1. 分别按图 8.17-2a 和图 8.17-2b 所示的两种调速电路连接线路。

R	Rb	VD	VT
5Ω/10W	300Ω/0.5W	IN4001	TIP122

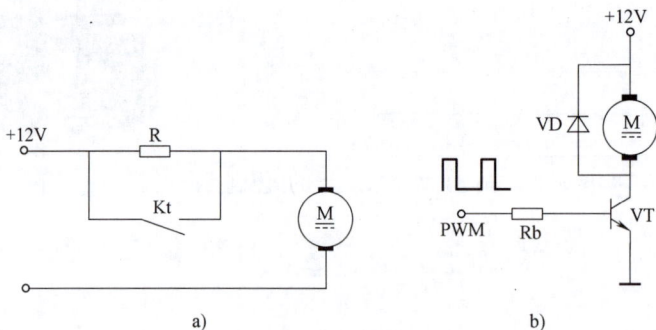

图 8.17-2 两种调速电路

其中，如果找不到 5Ω/10W 的电阻，可以将 5Ω/1W 的电阻浸入水中代替；二极管 VD 的型号也可以是其他型号的 1A 以上的整流二极管；晶体管 TIP122 是 NPN 型达林顿晶体管，可以代用的也很多，请上网搜索 TIP122 代用型号；PWM 信号请用实验室的信

号发生器输出幅值 5V 左右的信号。并通过信号发生器的占空比旋钮调整信号。

2. 调整函数信号发生器输出矩形波的占空比，使两个测试电路电动机的转速基本相同。

3. 测试验证。

1）当两个电动机上的电压相同时，电阻 R 的发热量大，还是晶管 VT 的发热量大？

2）用 2 个 5Ω/10W 电阻串联代替 R，电动机转速怎样变化？两个 5Ω/10W 电阻发热量怎样变化？

_____

_____

3）用示波器观测 PWM 波形，占空比大时电动机转速变快还是变慢了？

_____

（三）创新思考

电阻降压调速和 PWM 调速的基本特点是什么？为什么现代汽车中电阻降压调速被 PWM 调速取代了？

_____

_____

任务 18　直流无刷电动机的认知与主要信号检测

18.1　应知

1. 简述无刷电动机的优点和缺点。

优点：_____

缺点：_____

2. 简述无刷电动机和有刷电动机在结构上有什么不同。

_____

_____

3. 简述霍尔传感器是用来检测什么的。

_____

_____

4. 根据输出信号分类，霍尔传感器有哪些种类？

_____

_____

5. 锁定型霍尔传感器在磁铁的 S 极面对传感器标志面且接近传感器时，传感器输出什么电平信号？磁铁的 S 极面离开传感器后，传感器输出什么电平信号？

_____

_____

6. 锁定型霍尔传感器和非锁定型霍尔传感器可以互换使用吗？

_____

_____

7. 检查无刷电动机 3 相线圈主要有哪 2 项内容？需要检测哪些参数？

_____

_____

8. 检查无刷电动机的 3 个霍尔传感器时主要检测哪些参数？这些参数有什么特点？

_____

_____

_____

18.2　应识

1. 上网搜索元件型号，确定图 8.18-1 所示的元件中哪个是晶体管？哪个是霍尔传感器？

图 8.18-1　电子元件辨识

2. 图 8.18-2 为某型号无刷电动机的驱动板，请解释电路板上各接线焊盘的标注意义。

图 8.18-2　某型号无刷电动机的驱动板

1）电源的焊盘标注字符：_____

2）连接无刷电动机 3 相线圈的焊盘的标注字符：_____

3）连接霍尔传感器的焊盘的标注字符：_____

4）连接调速电位器的焊盘的标注字符：_____

无刷电动机关
键元件认识

18.3 应会

1. 某无刷电动机驱动板与无刷电动机体接线端子的标注如下表，请用画线法连接驱动板和电动机。

无刷电动机驱动板	画线区	无刷电动机体接线端子
+V$_{CC}$		H$_A$
GND		H$_B$
U		H$_C$
V		+5V
W		MA
H$_A$		MB
H$_B$		MC
H$_C$		GND
+5V		

2. 王刚同学课外创新实验时网购了一套无刷电动机驱动器和无刷电动机，完成接线后，发现电动机转向与他开发的装置要求相反。请写出改变电动机转向的方法。

_____

_____

_____

18.4 实战训练

实战子任务　无刷电动机的认知与主要信号检测
实验仪器和材料：稳压电源、函数信号发生器、24V 无刷直流电动机、转速表等。

无刷电动机拆解

无刷电动机测试

（一）任务解说

无刷直流电动机在现代汽车的空调鼓风机、散热风扇以及电动汽车上已经开始普遍应用。本任务是本门课的各项技能的综合测试，也是本门课的各项技能的总结。本任务的目标是：认知无刷电动机结构；了解无刷电动机的基本分类和工作原理；学会检测无刷直流电动机主要信号。

（二）工作过程

1. 无刷电动机（如图 8.18-3 所示）的主要

图 8.18-3　无刷电动机实物图片

电路连接。

连接器 脚位	1	2	3	4、5	6、7	8	9
功能	电动机起动	霍尔传感器电源	转速输出	接搭铁	电动机电源	调速	转向控制
信号参数	低电平起动	+5V	脉冲	电源负极	+24V	5V PWM	+5V 高电平逆时针运转

（1）线路连接 无刷电动机的接线比较复杂，请按下表的插接器线脚定义连接电路。

1）无刷电动机驱动板的电源正、负极绝对不能接反，一旦接反，驱动板就会烧坏报废。

2）转动过程中不允许改变转向信号。建议转向信号在接通+24V电源前先连接好。

3）PWM信号请使用信号发生器产生。

4）霍尔传感器电源、电动机电源、信号发生器要共地（地线接在一起）。

（2）无刷电动机实训板（图8.18-4）上电动机的拆解与核心元件认知

1）拆下转子轴卡簧，拆下转子和安装板（图8.18-5）。

2）永磁转子认知。请手拿小的条形磁铁伸入拆解的转子轴与磁体中间，并将条形磁铁的 N 极朝向转子，旋转转子，利用磁体同极相斥，异极相吸原理判定转子磁极位置，并在图8.18-6中画出磁极位置分布示意图。

2. 无刷电动机的测试。

（1）定子线圈检测 图8.18-7中的圆圈所示焊点是三相线圈的同名端，它们通过PCB的敷铜线连接在一起的。因此这个无刷电动机的定子线圈是"Y"型连接方式。

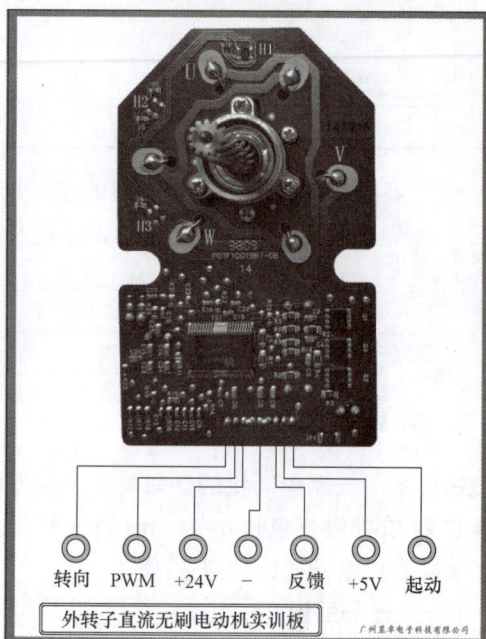

图 8.18-4 无刷电动机实训板

请用万用表检测 U、V、W 相线圈的电阻，验证三相电动机"三相线圈的电阻值相同"的特点，并记录检测到的数据。

$R_U =$ _____

$R_V =$ _____

$R_W =$ _____

请用信号发生器为无刷电动机的 PWM 端子输入 +5V 的矩形波信号（占空比约50%），使电动机中速运转。用示波器检测 U、V、W 相的波形信号：

图 8.18-6　转子磁极位置分布

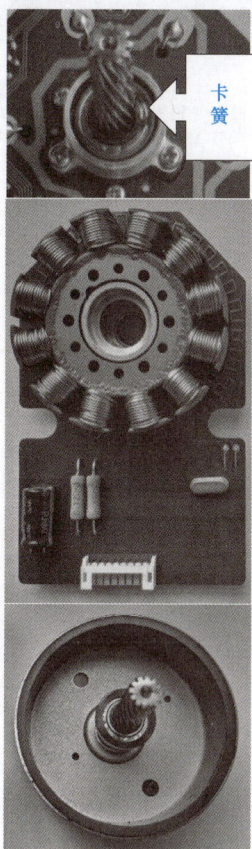

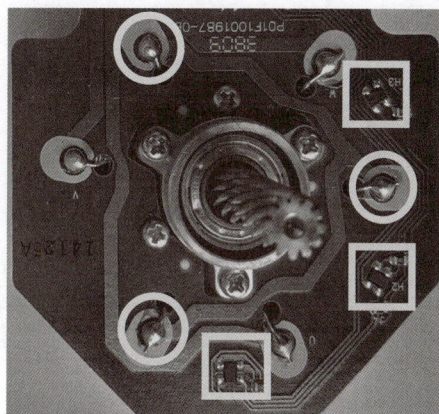

图 8.18-5　无刷电动机拆解

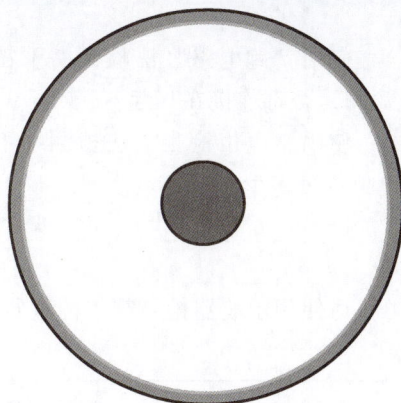

图 8.18-7　定子部分电路板

U 相波形	V 相波形	W 相波形

U 相波形信号的最大值＿＿＿＿＿＿＿＿＿；

V 相波形信号的最大值＿＿＿＿＿＿＿＿＿；

W 相波形信号的最大值＿＿＿＿＿＿＿＿＿。

（2）霍尔传感器信号的检测　图 8.18-8 中的方框所示焊点是三个 STO-143 封装的锑化铟霍尔传感器的位置，它们的外观是相同的，安装位置的分布特点是：处于转子的永磁体环的正下方（这里检测到的转子磁场比较强），三个霍尔传感器安装位置的圆心角为 60°。

霍尔传感器的引脚如图 8.18-8。1（+）、3（－）脚为电源输入，2、4 脚为信号

109

输出。

1）使用"跑电路"法检测一下霍尔传感器 H1、H2、H3 的对应电源脚是否都连接在一起？

2）使用"电位检测"法检测一下霍尔传感器 H1、H2、H3 的 1 脚电位各是多少？

图 8.18-8　锑化铟霍尔传感器

$V_{H1\text{-}1} =$ ＿＿＿＿＿＿＿＿　　　　$V_{H2\text{-}1} =$ ＿＿＿＿＿＿＿＿

$V_{H3\text{-}1} =$ ＿＿＿＿＿＿＿＿

3）请使用示波器检测霍尔传感器 H3 的 2、4 引脚的信号波形。并记录波形及波形数据。

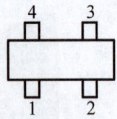

霍尔传感器 H3 的 2、4 引脚的信号波形	
霍尔传感器 H3 的 2 脚信号波形	霍尔传感器 H3 的 4 脚信号波形
信号周期：＿＿＿＿　信号最大值：＿＿＿＿	信号周期：＿＿＿＿　信号最大值：＿＿＿＿

（3）无刷电动机的调速测试　请用信号发生器为无刷电动机的 PWM 端子输入+5V 的矩形波信号，缓慢调节占空比在 0～100% 变化，观测电动机的转速变化规律。

＿＿＿＿＿＿＿＿＿＿＿＿＿＿＿＿＿＿＿＿＿＿＿＿＿＿＿＿＿＿＿＿＿＿＿＿＿

＿＿＿＿＿＿＿＿＿＿＿＿＿＿＿＿＿＿＿＿＿＿＿＿＿＿＿＿＿＿＿＿＿＿＿＿＿

（4）选做　使用示波器的两个通道同时检测霍尔传感器 H1、H2、H3 中的 2 个传感器的波形，并对比信号特点。

＿＿＿＿＿＿＿＿＿＿＿＿＿＿＿＿＿＿＿＿＿＿＿＿＿＿＿＿＿＿＿＿＿＿＿＿＿

＿＿＿＿＿＿＿＿＿＿＿＿＿＿＿＿＿＿＿＿＿＿＿＿＿＿＿＿＿＿＿＿＿＿＿＿＿

＿＿＿＿＿＿＿＿＿＿＿＿＿＿＿＿＿＿＿＿＿＿＿＿＿＿＿＿＿＿＿＿＿＿＿＿＿

项 目 考 核

项目8　直流电动机认知与主要信号检测阶段考核

姓名：　　　　　学号：　　　　　班级：

编号	考核目标	分项总分	考核内容	分项得分	评分人
1	无刷电动机拆解工艺技能与主要配件认知能力	20	1. 拆解无刷电动机实训板上的无刷电动机（10分）		
			2. 说明无刷电动机主要配件的名称和作用（10分）		
2	无刷电动机主要接线端子的认知能力	20	说明无刷电动机实训板上各连接端子的作用		
3	核心电子元件认知能力	10	1. 指认出无刷电动机实训板的电路板上的霍尔元件，并说明其作用(5分)		
			2. 指认出无刷电动机实训板的无刷电动机定子绕组的位置，并根据定子绕组的接线特点，说明定子绕组的连接方式是"△"型还是"Y"型？(5分)		
4	核心信号检测能力	40	1. 使用万用表检测无刷电动机实训板上的+24V 和+5V 电压(10分)		
			2. 用示波器检测无刷电动机实训板上的PWM 信号(10分)		
			3. 用示波器检测无刷电动机实训板上的三相绕组的驱动信号(10分)		
			4. 用示波器检测无刷电动机实训板上的霍尔元件输出信号(10分)		
5	安全操作和 6S 管理	10	1. 操作者造成自己或他人触电、受伤等安全问题，本次实验 0 分		
			2. 工具及实验现场整理		
6	阶段考核得分：		考核结论：□优秀 □良好 □合格 □不合格